ENTRE O AMOR E A GUERRA

ZIBIA GASPARETTO

Romance ditado pelo espírito Lucius

NOVA EDIÇÃO

© 1975, 2017 por Zibia Gasparetto
© Carrigphotos/Getty Images
© ktmoffitt/Getty Images
© iStock.com/ ru_

Coordenadora editorial: Tânia Lins
Coordenador de comunicação: Marcio Lipari
Capa e projeto gráfico: Jaqueline Kir
Preparação e revisão: Equipe Vida & Consciência

1ª edição — 30 impressões
2ª edição — 3ª impressão
5.000 exemplares — março 2020
Tiragem total: 325.000 exemplares

**CIP-BRASIL — CATALOGAÇÃO NA PUBLICAÇÃO
(SINDICATO NACIONAL DOS EDITORES DE LIVROS, RJ)**

L972e
2. ed.

    Lucius (Espírito)
    Entre o amor e a guerra: nova edição / ditado por Lucius ; [psicografado por] Zibia Gasparetto. - 2. ed., reimpr. - São Paulo : Vida & Consciência, 2017.
    320 p. ; 23 cm.

    ISBN 978-85-7722-544-6

    1. Romance espírita. 2. Obras psicografadas. I. Gasparetto, Zibia, 1926-. II. Título.

17-42666   CDD: 133.93
                               CDU: 133.9

Todos os direitos reservados. Nenhuma parte desta edição pode ser utilizada ou reproduzida, por qualquer forma ou meio, seja ele mecânico ou eletrônico, fotocópia, gravação etc., tampouco apropriada ou estocada em sistema de banco de dados, sem a expressa autorização da editora (Lei nº 5.988, de 14/12/1973).

Este livro adota as regras do novo acordo ortográfico (2009).

Vida & Consciência Editora e Distribuidora Ltda.
Rua das Oiticicas, 75 – Parque Jabaquara – São Paulo – SP – Brasil
CEP 04346-090
editora@vidaeconsciencia.com.br
www.vidaeconsciencia.com.br

ENTRE O AMOR E A GUERRA

ZIBIA GASPARETTO
Romance ditado pelo espírito Lucius

SUMÁRIO

Prólogo 7
Capítulo I – A organização socorrista 11
Capítulo II – O campo de batalha – O diário de Denizarth... 17
Capítulo III – O lar de Ludwig 27
Capítulo IV – O falso Kurt Miller.................................... 41
Capítulo V – As bodas 45
Capítulo VI – A prisão... 53
Capítulo VII – Sevícias e libertação 63
Capítulo VIII – Início da volta 75
Capítulo IX – A resistência 87
Capítulo X – O disfarce... 99
Capítulo XI – Finalmente o lar.. 107
Capítulo XII – A doutrina consoladora 117
Capítulo XIII – A revelação 133
Capítulo XIV – O atentado 143

Capítulo XV – A rendição alemã em Paris 153
Capítulo XVI – A recompensa 167
Capítulo XVII – A decepção 175
Capítulo XVIII – O caminho de Damasco 183
Capítulo XIX – Duas almas se encontram 203
Capítulo XX – Uma esperança? 209
Capítulo XXI – Mensagem de paz 215
Capítulo XXII – No caminho 227
Capítulo XXIII – A adoção 239
Capítulo XXIV – O presente de fim de ano 249
Capítulo XXV – Cego fanatismo 267
Capítulo XXVI – *Frau* Eva 273
Capítulo XXVII – A tragédia – fim do diário de Denizarth 283
Capítulo XXVIII – O amparo do plano espiritual 289
Capítulo XXIX – O sublime perdão 297

"SOMOS TODOS IRMÃOS.
ESPÍRITOS CRIADOS
PELO MESMO PAI."

PRÓLOGO

Em que pesem a dedicação e o amor de Deus e dos espíritos luminares voltados com abnegação às tarefas sacrificiais em favor do progresso espiritual da humanidade, não se tem conseguido evitar a consumação da tragédia e da dor nas manifestações das necessidades humanas a expandir-se por meio de suas experiências na conquista árdua dos valores morais e reais da vida.

Há séculos o Senhor vem derramando bênçãos e revelações consoladoras buscando orientar e educar os homens para conduzi-los à felicidade e à paz.

Entretanto, nos entrechoques do egoísmo e da ambição, do orgulho e da vaidade, vêm eles se digladiando mutuamente. Guerras, lutas, crimes sociais, políticos, a estabelecerem toda sorte de consequências reparadoras e diligentes na reconquista do equilíbrio.

Abençoada dor que acorda a criatura! Abençoada luta que cria condições de reajuste e de progresso! Ideal sublime que nos faz pensar em um mundo sem dor nem guerra, onde todos se ajudem e se amem! Onde o respeito e a amizade, a dedicação e o amor estabeleçam padrões de igualdade de direitos, e todas as classes sociais possam conviver sem se digladiarem com prejuízos recíprocos. Onde todos se estimem e as fronteiras entre as raças e países sejam abertas, sem armas ou barreiras. Onde a política seja utilizada visando ao bem de todos no sagrado ministério do progresso!

Utopia!..., dirão muitos. Parece-me ver o sorriso descrente da maioria, mas eu respondo: meta obrigatória do futuro. Destino para o qual fomos criados. Evolução!

Entretanto, nada parece mais distante do panorama atual da Terra do que essa conquista. O mundo conturbado geme envolto em crises e guerras, protestos e terror, cataclismos e sofrimentos.

A moral parece ter desaparecido e o materialismo ganha novos surtos estabelecendo conflito, ovacionando o vício.

Todavia, a obra de redenção prossegue inexorável. As leis da Justiça Divina, imutáveis, dão a cada um segundo suas obras. E o tempo, amigo constante, encarrega-se de restaurar a verdade na intimidade do ser.

A humanidade encontra-se dividida em dois grandes grupos: os que sabem e os que ignoram. Os que já entenderam e os que estão cegos.

Nós desejamos cerrar fileiras com aqueles que acreditam no futuro do espírito, no progresso da humanidade terrena e trabalham para apressá-lo, na certeza de que Deus nos faculta a alegria de colaborarmos em sua obra, muito embora estejamos conscientes de nossa inferioridade e de nossos débitos perante as leis divinas.

E justamente por tantas vezes ter sido soldados da violência, decidimos batalhar pela paz.

Assim, nós, espíritos desejosos de fazer o bem, nos reunimos em torno de instrutores abnegados e nos dispusemos ao trabalho, cada um dentro do campo de atividades que nos compete.

Dessa forma, atendendo aos dispositivos de nosso trabalho, nos reunimos em assembleia no plano espiritual. Nossa arma, o amor; nosso objetivo, o esclarecimento; nosso desejo, a conquista da paz e da libertação do homem.

Que Jesus nos abençoe.

Lucius

São Paulo, 30 de março de 1974.

CAPÍTULO I

A ORGANIZAÇÃO SOCORRISTA

O céu estava estrelado, e a noite, agradável. No imenso e acolhedor salão, reunimo-nos como de hábito nos últimos dias, realizando nossa preparação para o ingresso no grupo de trabalhadores que em nossa colônia espiritual dispunha-se a colaborar em favor da paz.

Campos da Paz, agrupamento espiritual de acolhimento e socorro à humanidade terrestre, dedicava enorme contingente de auxiliares e benfeitores a essa tarefa, não só procurando restabelecer a paz na Terra, mas também recolhendo, assistindo e encaminhando as vítimas das guerras e da violência no mundo.

A Fraternidade das Enfermeiras Internacionais, dirigida pelo espírito abnegado de Florence Nigthingale, envidava os maiores esforços nesse campo, desvelando-se em todos os setores.

Era com profundo respeito que olhávamos seus vultos diligentes, trabalhando sem cessar, numa demonstração inegável de dedicação e renúncia.

Foi com emoção que ouvimos a prece da enfermeira Rose, iniciando a reunião, e, logo após, as palavras firmes da enfermeira Lee, concitando-nos à tarefa.

Descreveu-nos o que se passava no mundo, o horror que a ameaça constante de nova guerra despertava em cada coração.

Conhecíamos os problemas das mortes nos campos de batalha. Conhecíamos, em parte, a que arrastamentos as paixões podem conduzir o homem espicaçado pelo ódio e pela guerra.

Funda emoção nos acometeu quando ela concluiu:

— Companheiros! Unamo-nos para lutar pela paz! Nossa luta é de amor e alegria, de esperança e luz. Sabemos que as casas de socorro de nosso plano ainda abrigam espíritos dementados pela luta sangrenta. Sabemos dos resgates dolorosos que muitos necessitam enfrentar ainda na restauração da paz que destruíram. Sabemos que os homens precisam aprender a amar e a sentir Jesus com o coração. A humanidade carece mais do que nunca do conhecimento da vida espiritual. Da crença na reencarnação e na eficácia da justiça divina, que ninguém jamais conseguiu burlar! É preciso que os homens saibam que toda quebra da paz representa duro esforço na restauração do eterno bem. Companheiros! É isso que precisamos falar aos homens, a cada coração, a cada lar, a cada espírito. Por isso, nos reunimos aqui. Vamos servir a Jesus, unidos e confiantes, sem medo das falanges das trevas que, se locomovem incessantemente, envolvendo os homens na hora difícil que estamos enfrentando. Deus é alegria e paz. Jesus é vitória do bem. Trabalhemos e, certamente, unidos, poderemos realizar com alegria e coragem novas sementeiras de amor.

Eu estava comovido. Um entusiasmo enorme fortaleceu em meu coração o desejo da luta.

Depois da prece singela e comovente, a reunião encerrou-se e esperei a instrutora que iria designar-me a tarefa.

A enfermeira Lee aproximou-se distendendo um sorriso:

— Estou contente por contarmos com você.

Apertei a mão que me estendia com carinho.

— Sinto-me feliz por estar aqui. Aguardo com alegria o momento de iniciarmos nossa tarefa.

— Sim. Temos acompanhado o grupo com que você colabora na Terra e temos estado com eles no intercâmbio amigo. Chegou a hora de seguirmos. Você quer material para um novo livro endereçado a nossos irmãos terrenos e acho que temos um caso especial.

Interessei-me:

— Já conseguiu?

— Sim. Venha comigo.

Acompanhei-a. Atravessamos o parque harmonioso e belo que circundava o local das reuniões e caminhamos alguns quarteirões. Alcançamos um edifício claro e de linhas retas. Entramos. Atravessamos o *hall* e ingressamos em um pequeno salão, onde um casal de aspecto moço palestrava em voz baixa ao lado de um menino aparentando uns nove anos.

Apesar de serenos, eles estavam um pouco pálidos, demonstrando que convalesciam. O menino, embora em melhores condições espirituais, pois sua cabeça estava nimbada de luz, parecia preocupado e um pouco impaciente.

Vendo-nos, correu a nosso encontro e, abraçando a enfermeira, disse:

— Você veio! Esperava com impaciência! Precisamos ajudá-lo. Eu o amo tanto! Precisamos fazer algo por ele!

— Certamente, meu filho — tornou ela com firmeza. — Confiemos em Jesus, que não nos desampara.

O casal levantou-se e se aproximou saudando-nos:

— Temos feito tudo, mas, ele não fala noutra coisa.

O menino olhou ansioso para a enfermeira e explicou:

— Tenho sentido seus pensamentos de angústia e de dor. Pensa em mim com frequência e não encontrou ainda a paz. É preciso que ele saiba que não sofri. Ele não sabe. Martiriza-se recordando minha morte! Tem sofrido muito. Desejo ajudá-lo. Eu lhe devo tanto, mas agora nada posso fazer. Só Deus e vocês podem ajudar-me!

A enfermeira alisou-lhe os cabelos louros e com serenidade tornou:

— Você teria suficiente calma para vê-lo? Poderia conter-se?

— Certamente — volveu ele calmo. — Compreendo que minha tarefa na Terra era curta nessa encarnação e sinto-me bem. Mas, não posso pensar em mim enquanto ele sofrer.

A jovem senhora olhou-nos com emoção e pediu:

— Eu também gostaria de fazer algo por ele. Temos orado, mas sua dor é enorme. Todos lhe devemos tanto!

— Naturalmente. A gratidão é um sentimento nobre e justo. Apreciamos suas orações em favor de nosso amigo e delas necessitamos.

Sorrindo, olhou para mim dizendo:

— Este é nosso amigo Lucius, que integra o grupo de trabalho que deverá participar do auxílio a nosso tutelado.

Sorri comovido quando os três me olharam com esperança. Ela continuou:

— Muito bem. Amanhã viremos buscá-lo para iniciarmos nossas providências em favor dele. Há um grupo que presta socorro na Terra e iremos com eles — dirigindo-se ao menino, tornou: — Você virá conosco.

O rosto do pequeno iluminou-se.

— Quanto a vocês, ainda é cedo para reverem a paisagem terrestre. Daqui, poderão orar mandando-nos pensamentos bons e otimistas.

Os dois concordaram imediatamente.

O rosto expressivo do menino atraía minha simpatia, e sua vibração amorosa transmitia-nos grande sensação de paz.

Conversamos mais algum tempo e, quando saímos, não pude deter a curiosidade:

— Esse menino desencarnou há pouco tempo?

— Sim. Há pouco mais de seis meses. Sei o que pensa. Com tanta luz, por que ainda se detém em uma casa de tratamento? É um espírito abnegado e bom. Poderia ter ido para planos mais altos, desenvolver sua forma física, tomar inclusive a aparência da encarnação anterior, mas não quer fazê-lo porquanto deseja antes ajudar as pessoas que ama.

— O casal que o acompanha?

— Sim. Foram seus pais na Terra. Mas não têm ainda sua compreensão, e a presença do filho lhes faz enorme bem. Desencarnaram violentamente durante a Segunda Guerra Mundial, deixando o filho órfão na Terra, e passaram longos anos de sofrimentos e de revolta, de preocupação e de desequilíbrio. A presença do menino devolveu-lhes a alegria, e ele vem com amor e carinho trabalhando seus corações, preparando-os para as revelações sublimes da vida maior. Também, como viu, há alguém na Terra que ele ama muito e deseja ajudar.

— É o caso que me falou?

— Sim. Mas eu não desejo truncar suas impressões dando meu parecer. Amanhã iremos até lá e você mesmo tomará contato com a realidade.

Apesar da curiosidade, não quis perguntar nada. Chegamos ao prédio onde a enfermeira Lee residia. Ao nos despedir, ela sorriu dizendo:

— Amanhã, às oito da noite.

— Está bem — respondi. — Até amanhã.

Foi com certa impaciência que esperei o dia imediato. Na hora exata nos reunimos. O menino nos esperava sereno, embora o brilho de seu olhar denunciasse alegria.

Juntamo-nos ao grupo de enfermeiras assistentes que acompanharia alguns médicos que se dedicavam anonimamente ao socorro da humanidade sofredora.

Após uma comovente e delicada prece, partimos rumo ao orbe terreno.

Sempre me emociona rever Paris.

As recordações, apesar dos anos e dos séculos decorridos, acordam em nossos espíritos sentimentos doces e ternos. Esquecemos os sofrimentos e as lutas, para conservar apenas a suave saudade de um local onde vivemos, amamos e aprendemos.

Era noite de verão. Nosso grupo desmembrara-se, permanecendo apenas o menino, a enfermeira Lee, uma assistente e eu.

Dirigimo-nos a uma casa não muito distante do centro. Seu aspecto era bem cuidado. Entramos. Apesar do trato, o ambiente era triste e pesado. Reuniam-se para o jantar. Um casal idoso, uma jovem senhora e um menino, sentados ao redor da mesa, comiam em silêncio e sem apetite. Havia tristeza em cada semblante.

— Denizarth precisa alimentar-se. Novamente sem jantar...

Foi o comentário que ouvi da velha senhora, mas acompanhei o grupo, que parecia familiarizado com a casa e dirigiu-se ao quarto.

Sentado em uma poltrona com a cabeça entre as mãos, um homem, moço ainda, parecia imerso em tristes pensamentos. Acercamo-nos dele. Não sentiu nossa presença. A um gesto de *miss* Lee, voltei minha atenção para o cérebro de nosso amigo, que estava envolto por grossa camada de fluido cinzento-escuro, descendo pelo epigástrio, alcançava também o plexo solar. Era natural que não sentisse fome com as funções biológicas paralisadas e as glândulas gustativas impossibilitadas de ativar o fluxo da mucosa estomacal.

— Observe sua mente — disse-me a enfermeira.

Fixei o frontal e pude, admirado, focalizar uma cena brutal.

— É só o que ele pensa — observou comovido o menino, afagando-lhe a cabeça com extremado carinho.

— Sim. É um caso de cristalização mental. Temo-lo observado há algum tempo e agora nossos superiores determinaram auxílio direto e objetivo. Nosso irmão é credor de grande estima no plano espiritual.

Olhei para ela curioso.

— Venha comigo um instante. Vou dar-lhe o que precisa.

No canto do aposento havia uma escrivaninha e dentro da gaveta um caderno manuscrito.

— É o diário de Denizarth. Leia-o. É a história que você procura.

— Agora?

— Sim. Você tem tempo. O atendimento de nosso amigo vai deter-nos aqui por algumas horas. Fique à vontade.

Aproximei-me do móvel e concentrei firme o pensamento nas páginas do caderno, que permanecia fechado dentro da gaveta. Com respeito e carinho, devidos aos segredos daquele coração, a história iria começar…

CAPÍTULO II

O CAMPO DE BATALHA

— *O DIÁRIO DE DENIZARTH* —

Debaixo de um cerco odioso nos aglomerávamos qual corja esfaimada e sedenta na trincheira escura.

A noite interminável bramia à nossa volta, pactuando com o inimigo implacável, escondendo-o sorrateiramente de nossos fuzis apontados e de nossos olhos esbugalhados, que queriam penetrar-lhe as sombras tenebrosas.

Respiração suspensa, todos os sentidos canalizados no olfato e na audição. As mãos nervosas crispadas na coronha. Uma sensação de enjoo e de terror. Sabíamos que estávamos perdidos. O inimigo nos encurralara em um perigoso cerco. Caváramos a trincheira e sabíamos que iria nos servir de cova. Um gosto terrível de sangue nos subia à boca.

Éramos pouco mais de vinte, mas estávamos dispostos a vender caro a vida.

Os minutos sucediam-se lentamente. Horrível era aquele silêncio, aquele esperar, aquela tensão.

— Por que não vêm os miseráveis? — gritou alguém, logo sendo contido pelo capitão que nos chefiava.

— Todos nós estamos nervosos. Cale-se. Não vamos precipitar os acontecimentos.

Apertou o soldado contra o peito, abafando-lhe a voz. O rapaz soluçava em crise. O ambiente, a cada minuto, mais e mais se tornava irrespirável.

De onde viriam primeiro? Quando atacariam?

Mesmo que não fôssemos atacados, nossos víveres se tinham reduzido consideravelmente. Quase nada nos restava de alimentos, e a água ia escasseando.

Alguns companheiros descansavam enquanto estávamos de vigília e despertaram da modorra em que se tinham envolvido para pseudorrepouso. Vieram render a guarda e por nossa vez nos debruçamos no fundo da trincheira para tentar descansar.

Impossível dormir. Apesar de estarmos naquele inferno há pouco tempo, havíamos enfrentado muitos perigos, porém, jamais vivido instantes tão dramáticos. A violência e o inesperado ataque alemão, nossas linhas desmanteladas, vencidas, não sabíamos sequer o que acontecera à nossa guarnição.

Não sei quanto tempo decorreu, se descansei ou dormi, só me recordo de que de repente as metralhadoras começaram a funcionar. De um salto, apertei o fuzil e dei no gatilho.

As granadas explodiram pouco além e alguns dos nossos, atingidos, rolaram entre gritos de dor e golfadas de sangue.

À ordem de sair e tentar um corpo a corpo, obedecemos incontinente. Na noite que já esmaecia aos primeiros dealbares da aurora, transformada em luz, ao ruído incessante da batalha, enfrentamos os inimigos conseguindo reconhecê-los pelo uniforme, em que a suástica brilhava terrivelmente.

Nesse instante, o brilho de uma lâmina atingiu-me o olhar. Num segundo compreendi o perigo iminente. Desviei rápido e a baioneta raspou-me o braço, do qual o sangue jorrou abundante. Ataquei-me com o atacante num supremo esforço para defender a vida.

Rolamos ambos por um barranco e nossa luta era de vida e de morte.

A certa altura, meu antagonista bateu a cabeça em uma pedra, atordoando-se por um segundo, o que me deu tempo para abatê-lo a golpes com o revólver que saquei rapidamente.

Nesse exato instante, vi imenso clarão, enquanto, sentindo dor aguda no ombro direito, perdi os sentidos.

Quando acordei, já amanhecera de todo. Acreditei sonhar. Sentia-me muito fraco. A meu lado o alemão que eu atingira estendia-se morto.

O chão estava sujo de sangue e as moscas enxameavam sobre os corpos estendidos. Vi diversos companheiros por perto. Todos mortos.

Não consegui levantar-me. Sentei-me a custo. Estava tonto. Pude ver, apesar disso, que estávamos em plena ribanceira.

Não nos tinham visto porque estávamos em terreno baixo. Recuperara bem o equilíbrio quando ouvi ruído de motor. Ao mesmo tempo, vozes falavam em alemão.

Senti-me apavorado. Eles ainda estavam por perto. Se me vissem, por certo me matariam. Não costumavam recolher inimigos feridos. Apenas aprisionavam os que podiam seguir adiante para os campos de concentração e trabalhos forçados.

Como observei anteriormente, não nos tinham visto porque estávamos em terreno baixo. Havia árvores copadas a nos encobrir.

Entretanto, se eu ficasse por ali, ferido e sem víveres, condenava-me à morte lenta e sem esperança de socorro.

Foi quando me ocorreu uma ideia audaciosa. Rápido, comecei a tirar a roupa empapada de sangue do soldado inimigo que derrubara. A tarefa foi difícil porque eu estava sem forças, ferido; o corpo do alemão era pesado e começava já a enrijecer-se.

Desnudei-o e gastei certo tempo em vesti-lo com minhas roupas e em vestir-me com as dele. Para meu plano, precisava até das roupas íntimas.

De um dos bolsos caiu um retrato, e o rosto inocente de uma adolescente deu-me uma estranha sensação de susto.

Parecia-me estar vivendo em outro mundo, em um pesadelo terrível. Guardei o retrato no bolso dele e, quando senti que estava pronto, comecei a gemer alto.

Pelo ruído, percebi que, livres de nossa presença, tinham acampado perto, alimentavam-se e cuidavam dos feridos.

Depois de muito gemer, fingindo-me mal, percebi que dois padioleiros, dando por minha presença, vieram até onde eu estava e, calmos, colocaram-me na maca.

Embora receoso, fechei os olhos, fingindo estar sem sentidos. O plano dera resultados.

Não desejava muito, apenas uma chance de viver. Se fosse descoberto quando estivesse melhor, talvez ficasse prisioneiro por algum tempo ou, se tivesse sorte, até a guerra acabar.

Contava enganá-los durante algum tempo. De minha mãe eslava e de meu pai francês, herdara uma semelhança acentuada com o tipo ariano.

Só a morte iminente, o instinto de conservação puderam dar-me calma, principalmente por saber que aquela era minha única saída, se quisesse sobreviver.

Colocaram-me ao lado de outra maca, sobre um caminhão. Um enfermeiro, vendo-me gemer, deu-me água, que bebi sôfrego. Conservava-me calado. Não podia falar sem me revelar. O pior é que não entendia nada do que diziam.

Resolvi guardar silêncio. Tinha muita fome e extrema fraqueza. Perdera muito sangue.

O caminhão pôs-se em movimento. Enquanto viajávamos, percebi que o enfermeiro, cansado, recostara-se para dormir. Os outros três feridos estavam em piores condições, dormindo ou desacordados.

Levantei a cabeça e vi na mochila que estava ao lado da maca um pedaço de pão. Agarrei-o como quem agarra o maior bem do mundo. Estava duro e mofado. Comi assim mesmo. Senti-me reconfortado.

Para onde iríamos? Não sabia. Adormeci, vencido pelo cansaço, apesar da dor aguda que sentia no ombro e da situação perigosa e especialíssima em que estava envolvido.

Quando acordei, a princípio, não me recordei bem dos últimos acontecimentos. Num sobressalto, de repente, rememorei tudo. Relancei o olhar pelo quarto e vi que me encontrava em uma antiga casa solarenga transformada em hospital.

O salão, onde certamente se tinham realizado muitas recepções festivas, era cenário agora do traumatismo da guerra.

Algumas camas, dispostas de maneira a aproveitar melhor o espaço existente, e macas formavam a enfermaria em que me encontrava.

Alguns conversavam com alguma animação, enquanto outros gemiam em prostração e sofrimento.

Uma enfermeira, vendo-me abrir os olhos, acorreu pressurosa. Era de fisionomia agradável, apesar da impossibilidade de entender-lhe as palavras. Verificando o esforço que fazia para provocar uma resposta, procurei demonstrar completo alheamento.

Tomei, naquele momento crítico, a deliberação de simular um trauma psíquico.

Ela tentou com voz carinhosa provocar uma manifestação de minha parte. Porém, conservei um mutismo obstinado. Diante de sua insistência, fingi um ataque de terror, abrindo muito os olhos, fixando um ponto distante, demonstrando medo e sofrimento. Com um gesto carinhoso, procurou acalmar-me. Dirigiu-se em seguida a um homem de avental branco e fisionomia cansada, que acabara de entrar no salão.

Conversaram. Percebi que falavam de mim. Aproximaram-se. Ele me tomou o pulso, deu-me palmadinhas amigáveis no ombro que não estava ferido, em seguida voltou-se e deu algumas instruções à enfermeira, retirando-se em seguida.

Suspirei aliviado. Parecia-me que não havia perigo imediato. O mais cruel era não compreender o que diziam. Saber se não haviam desconfiado de mim. Assim decorreram alguns dias.

Até quando poderia levar avante aquela farsa? Estar em convivência direta com o inimigo me enojava. Eram eles os assassinos de meus companheiros. Criaturas que eu aprendera a temer e a odiar. Todavia, era minha vida que estava em jogo.

Mantinha-me em constante vigilância, a fim de que não viesse a fracassar demonstrando minha verdadeira identidade.

Sabia que o inimigo era astuto, mas a vontade de viver manteve-me calado. Pelo menos, estava a salvo das lutas, meu ferimento sendo tratado, a alimentação razoável.

Às vezes, isolado, no silêncio forçado, jungido à solidão pela barreira de um idioma estranho, voltava-me para dentro de mim mesmo, recordando o passado feliz, a universidade que não chegara a concluir, as doçuras do lar, entre uma irmã querida, uma mãe amorosa e um pai elegante, sóbrio, mas principalmente delicado, cortês, correto e digno.

Fechava os olhos e as lembranças vinham-me à mente, tão nítidas que, ao abri-los de novo, a princípio, custava a reintegrar-me à dura realidade, no triste pesadelo que todos vivíamos.

Muitos se perguntam o porquê da guerra. Alguns optam por ela, outros a planejam no jogo desmedido das ambições. Eu, porém, nem a planejara, nem tivera ambição política, nem sequer pudera optar. Vira minha pátria ameaçada e não tivera outra opção senão a de sair para salvaguardar nossos lares em perigo.

Jamais tivera vocação para armas de fogo, nem para matar, porém vira-me na contingência de violentar minha natureza para defender a própria vida e a dos companheiros. A amizade, o trabalho de equipe, isso eu já conhecia. Foi o que me ajudou a enfrentar a dureza das batalhas sem enlouquecer.

Não sentia ódio, mas, com o correr do tempo, vendo amigos tombar esvaindo-se em sangue, vendo vilas e cidades subjugadas, mulheres violentadas, crianças mortas, meu coração começou a enrijecer e a pensar que o inimigo também matava sem remorsos e sem tristezas.

Não sei o que teria sido de mim naqueles dias sem a lembrança de minha felicidade perdida no convívio dos meus.

Os dias se sucederam e comecei a melhorar fisicamente com muita rapidez.

O ferimento no ombro já estava bem e quase não doía.

Certo dia notei que havia regozijo no ambiente. Não podendo compreender-lhes as palavras, aprendera a ler os sentimentos na expressão de suas fisionomias. Sabia quando estavam alegres e imaginava que estavam conseguindo novas vitórias.

O médico entrou em nossa enfermaria anotando no prontuário de cada um, dando instruções, e a enfermeira o assistia.

Chegando ao meu leito, deteve-se e conversaram naturalmente sobre mim. Parecia-me que decidiam sobre meu destino, porquanto, estando em perfeitas condições físicas, não podia permanecer no hospital. Entretanto, não podia voltar à linha de frente porque não estava no domínio de minha sanidade mental.

Controlando a ansiedade, olhava-os indiferente, procurando demonstrar alheamento completo.

Na verdade, aquela convivência estreita com eles tornara algumas palavras familiares a meus ouvidos e intuitivamente começava já a compreendê-las.

Ouvi perfeitamente quando ele disse a palavra "volta". Depois de alguns minutos, a enfermeira retornou e começou a arrumar meus poucos pertences.

Pela sua fisionomia amável percebi que não desconfiava de nada. Era evidente que iam me mandar para outro lugar. Para onde? Para a linha de frente?

Talvez eu pudesse fugir e reencontrar minha companhia.

Olhando-me com certa tristeza, a enfermeira ensaiou algumas perguntas. Sorri para ela com ar estúpido, mas conservei-me mudo.

Dando um suspiro resignado, nada mais disse.

Muitas vezes, para que a encenação se tornasse convincente, eu tomava atitudes esporádicas, iguais aos soldados que estavam no hospital. Perfilava-me no cumprimento, batendo com força os calcanhares. Aprendi a rir com eles, procurava copiar-lhes os costumes ao máximo.

Deu-me um uniforme limpo, uma capa, pois estávamos no inverno, uma mochila, algumas provisões e conduziu-me ao *hall* de entrada, onde alguns soldados atendiam as ocorrências.

Apontou-me para um dos oficiais que se postava atrás de uma mesa em uma atitude rígida. Ele me encarou duramente e seu olhar deu-me calafrios. Parecia querer penetrar em minha alma. Olhei para ele, perfilei-me e fiz a continência nazista.

Pareceu-me mais tranquilo. Rabiscou algumas palavras em um papel, assinou e a enfermeira o colocou em minha mão, mostrando-me o bolso interno da jaqueta para que guardasse bem. Obedeci.

Outros também estavam aguardando a ordem de saída, e a enfermeira recomendou-me a um deles, com certeza pedindo que me orientasse. O soldado concordou.

Pouco depois, um caminhão estacionava diante do prédio, e a uma ordem embarcamos na carroceria abrigada.

Eu ardia por sair, para tentar verificar onde estava. Era uma cidade pequena e naquela manhã estava deserta, não sei se com receio dos alemães ou por falta de trabalho.

Foi com imensa tristeza que vi o caminhão afastar-se. Pelos raros camponeses que divisei, consegui compreender que ainda estávamos na França.

Se conseguisse fugir, talvez alguém pudesse esconder-me. Mas como sair do meio dos soldados sem despertar suspeitas?

Arquitetei um plano. Podia dar certo.

Ao passarmos frente a um tanque, simulando forte crise de nervos, quis atirar-me para fora quando o caminhão diminuiu a velocidade. Todavia, fui dominado pelo braço forte do soldado a quem tinha sido recomendado. Com palavras evidentes de conforto procurou acalmar-me.

Nesse momento, meu terror era bem verdadeiro. Não sabia aonde estavam me levando. Era necessário fugir.

A custo acalmei-me, esperançoso de que durante a viagem novas oportunidades surgissem, possibilitando a fuga.

Viajamos durante horas e, ao entardecer, chegamos a Putschyaden. Durante a viagem, a oportunidade da fuga não se verificou. Passávamos pelas linhas dominadas por eles, e fugir seria arriscar a vida.

Resignado, procurei poupar energias, pois não sabia quando as necessitaria, mas queria estar em forma quando acontecesse.

Na estação de Putschyaden desembarcamos e na gare aguardamos o comboio que nos levaria rumo, para mim, ao desconhecido.

A estação era quase deserta, e o silvo das locomotivas, não muito frequente. Finalmente embarcamos. Eu, com o coração temeroso, vigiado pelo soldado inimigo, dispensando-me desvelos de amigo, envolvido em uma terrível situação, deixei-me conduzir aparentando serenidade.

Para onde iria? Para a morte, para a prisão, para a guerra? No momento ignorava completamente meu destino.

CAPÍTULO III

O LAR DE LUDWIG

Viajamos a noite toda. Apesar de bem agasalhados, fazia muito frio e nossos corpos estavam gelados. Sabia que estava em país inimigo. Sentia-me inseguro apesar da farda que me cobria o corpo.

Durante dois dias viajamos naquele trem parando apenas de quando em quando, mas nosso capitão poucas vezes nos permitiu descer.

Convivendo com eles, perguntava-me constantemente se não estava, dessa forma, atraiçoando meus amigos mortos, meus familiares queridos, minha pátria distante. Mas, a vida é preciosa e, enquanto a sentimos palpitar ao nosso redor, lutamos por conservá-la. Sentia-me como um traidor.

Minha angústia não passava despercebida aos companheiros, mas notei que a achavam natural, considerando-me talvez um doente mental, tão comum ao deixar o campo da batalha.

Apesar de tudo, foram cuidadosos comigo. Para eles, eu representava um igual, e talvez cada um se sentisse temeroso de encontrar-se algum dia nas condições de desmemoriado.

Foi esse zelo que não me permitiu escapar durante o trajeto.

Numa manhã fria, cinzenta, desembarcamos, finalmente, em Dresden. Deus sabe o calafrio que me percorreu a espinha ao perceber que estávamos na Alemanha.

Meus companheiros mostravam-se alegres e efusivos. Riam muito, apesar do cansaço. A cidade pouco sofrera com a guerra.

Muita gente correu à estação procurando encontrar amigos, parentes ou conhecidos entre os recém-vindos, e muitos os encontravam. Quando isso ocorria, soluços nervosos, risos incontroláveis chegavam a nossos ouvidos. Tal era a euforia da chegada que, por um momento, achei que poderia escapar. Porém, para onde ir?

Eu temia que a uma investigação mais séria me descobrissem.

Fiquei parado sem saber o que fazer, mas, logo Ludwig, a quem eu fora recomendado pela enfermeira, conduziu-me pelo braço.

Saímos da estação e alguns caminhões já nos esperavam para seguir ao alojamento.

Não podia ocultar meu nervosismo e Ludwig dirigia-me palavras de calma, temeroso talvez que eu lhe causasse problemas.

Por toda a cidade notavam-se o movimento de tropas e a pujança dos armamentos, o que me causava imensa preocupação quanto à duração da guerra.

Apresentamo-nos no alojamento e meu companheiro entregou ao encarregado a carta que o capitão lhe dera, naturalmente um relatório sobre meu caso.

Algumas palavras soavam já mais familiares aos meus ouvidos, como "memória" ou "cumprimentos", "comida", "almoço", "jantar", "doente".

Ouvi algumas referências sobre o meu caso enquanto o oficial, com olhos astutos e penetrantes, examinava-me impiedoso.

Consegui sustentar-lhe o olhar, procurando aparentar certa imbecilidade na fisionomia. Parecia que não desconfiara.

Devolveu-nos a carta e despediu-nos com a saudação protocolar que acompanhei sem balbuciar palavra, imitando os gestos de meu companheiro.

Ele me olhou entre alegre e indeciso. Coçou a cabeça e depois pareceu decidir-se. Conduziu-me pelo braço à saída do alojamento. Falava comigo contente, convidando-me a segui-lo. Acompanhei-o com certo prazer. Sentia enorme alívio por poder sair do destacamento.

Meu companheiro, olhos alegres, abraçava-me de vez em quando, dirigindo-me palavras que me pareciam amigas.

Era um rapaz jovem, e seu rosto claro, um tanto irritado pelo rigor do inverno, era regularmente bonito. Seus louros cabelos anelados davam-lhe traços de um adolescente. Pela primeira vez reparei bem em sua fisionomia, que agora se transformava pela alegria imensa que refletia.

Na rua, eu estava com fome, mas não sabia usar o dinheiro que nos haviam dado no alojamento, nem pedir para comer. Esperei que meu acompanhante também sentisse fome. Entretanto, ele nem parecia sentir outra coisa além de impaciência.

Foi aí que compreendi: ele regressava à sua casa!

Embora odiasse todos os inimigos, não pude deixar de pensar em como me sentiria feliz se também estivesse regressando ao lar.

Calei meus sentimentos íntimos e dispus-me a segui-lo em silêncio como até ali.

Tomamos um táxi e dentro de uns quinze minutos paramos em pequena vila nos arrabaldes da cidade.

Ludwig atirou uma moeda ao motorista e correu para o portão de madeira vermelha, encimado por uma sineta que ele tilintou sem parar.

Gritos femininos, latidos de cães, abraços, exclamações de alegria, beijos, soluços, lágrimas.

Malgrado meu ódio, meus companheiros mortos, meus problemas, senti-me comovido.

Era tanta alegria ao meu redor, tanto carinho, tanta manifestação de amor familiar, que algumas lágrimas desceram pelo meu rosto.

Foi quando deram pela minha presença. Ludwig, abraçado à mãe, ainda moça, de cabeça guarnecida por grossa trança

29

sedosa, largo avental bordado, olhos azuis muito límpidos, contou-lhe minha história. Logo, a jovem de olhos tão azuis e cabelos sedosos como a mãe, traje semelhante, e a menina de sardas e duas tranças esvoaçantes a agitarem-se com seus movimentos irrequietos de criança, alegre, olharam-me com tristeza, talvez lamentando-me a sorte.

Fiquei corado, não sei se de vergonha ou de repulsa pela situação delicada em que me encontrava, quando a comovida senhora depositou em minhas faces dois sonoros beijos de boas-vindas.

Era natural que assim fosse. Estava contente com a volta do filho e sentia pena de minha solidão.

Cumprimentei, desajeitado, as mãos que me estendiam e procurei sorrir para aqueles rostos corados e emocionados.

Levaram-me a um pequeno quarto nos fundos da casa e recomendaram-me que estivesse à vontade.

Fiquei tranquilo. Parecia-me que, por enquanto, o perigo estava afastado.

A casa era modesta, mas muito limpa e bem cuidada. Fazia já muito tempo que eu não tinha um quarto só para mim e uma cama limpa para dormir. Tomei um banho, conforme tinham-me indicado, e voltei à sala em busca de algo para comer. O cheiro de café, de presunto e pão quente fazia-me, por momentos, esquecer meus problemas, tornando distante tudo o mais que não fosse o conforto presente.

A mesa estava posta e Ludwig, sentado, convidou-me ao repasto. À cabeceira da mesa, um ancião olhava-nos com pequeninos olhos penetrantes e lúcidos.

— Meu avô.

Compreendi o que Ludwig me disse. Curvei a cabeça atencioso no cumprimento que havia aprendido a imitar e dei a saudação militar.

O velhinho olhou-me sério e para surpresa minha não correspondeu a meu cumprimento. Novamente ouvi Ludwig contar minha história ao velho senhor, que calmo sorvia sua xícara de chá.

Senti-me meio sem jeito. O velho não parecia impressionado com as palavras do neto. Somente uma vez olhou-me fixamente, continuando depois a tomar seu chá.

Confesso que foi com impaciência que tomei assento à mesa preparada com tanto carinho e deliciei-me com as iguarias caseiras.

Sentia-me envolvido por estranhos sentimentos, metido em uma aventura que só Deus sabia como haveria de terminar. Sentia de certa forma inveja de meu companheiro por estar em casa, mas, ao mesmo tempo, reconhecia que me tinham recebido como a um filho que regressasse depois de longa ausência.

Após o repasto, que para mim foi principesco, dirigi-me ao quarto e, porta fechada, atirei-me ao leito. Adormeci, um sono tranquilo como há muito não o fazia.

Acordei na manhã seguinte assustado e surpreso, ouvindo cantos alegres e uma voz infantil a chamar-me na janela do quarto:

— Kurt... Kurt...

Era o nome que me haviam dado no hospital de campanha, porquanto no bolso interno de meu uniforme havia as iniciais K.M., e ao qual eu me habituara a atender.

Abri a janela, controlando o desejo que sentia de falar, de conversar com alguém, de derrubar a tremenda barreira da solidão em que era forçado a viver, e acenei-lhe uma saudação que ela retribuiu com algumas frases que não pude compreender.

Estava admirado. Dormira o resto da tarde e a noite inteira sem acordar.

Senti que precisava, de alguma forma, mostrar-me grato pela hospedagem que me ofereceram.

Vesti-me. Entrei na cozinha, onde me foi oferecido chocolate quente e pão preto com geleia.

Não vi Ludwig. Tinha resolvido pagar minha hospedagem. Pensando bem, não podia dever favores ao inimigo, ao povo que eu desejava odiar por serem culpados dessa guerra que ceifara já muitas vidas.

Desejei mostrar-me gentil e delicado. Se algum dia viessem a descobrir a verdade, haveriam de saber que um francês sabe ser fidalgo, cortês, agradecido e cavalheiro.

Sabia que a propaganda nefasta dos que forjam a guerra havia disseminado coisas odiosas sobre os aliados e um secreto impulso impelia-me a mostrar que estavam sendo enganados.

Parecia-me que sobre meus ombros pesava naquele momento toda a honra e o orgulho do povo francês.

Além do mais, compreendia que, estando os moços na linha de frente, todo o trabalho da retaguarda ficara a cargo das mulheres e dos velhos, que colaboravam para dar continuidade à vida de rotina, colocados frente a tarefas rudes e inusitadas.

Por isso, não estranhei que, estando praticamente no campo, tanto mãe como as filhas e com certeza também o avô estivessem às voltas com o trabalho duro.

Desci a rampa leve que conduzia ao quintal que pude verificar bastante extenso e procurei com o olhar encontrar algo que pudesse fazer.

Metida em grosseira calça de zuarte, a jovem irmã de Ludwig cortava lenha, manejando com certa perícia pesado machado.

Sem hesitar, dirigi-me a ela e, silencioso como sempre, comecei a trabalhar continuando o serviço. A moça, surpreendida a princípio, depois sorriu com satisfação e alívio. Indicou-me a cinta grossa de couro onde deveria enfeixar a lenha e levá-la para a cozinha.

Apesar de não estar habituado àquele serviço, o exercício fez-me bem ao espírito cansado.

Cheguei até a sentir desejos de cantar. Controlei-me, contudo, receoso de trair-me. Para todos os efeitos eu era um neurótico de guerra que sob o traumatismo da luta havia perdido a fala e a memória. Devia simular estar aprendendo as coisas, o que foi fácil, porquanto jamais havia rachado lenha.

Tão grande era meu receio de ser descoberto que não me esquecia de simular em certos momentos um alheamento que estava longe de sentir.

Naquele dia trabalhei o quanto pude. Depois da lenha, o conserto do portão dos fundos, depois a caiação do galinheiro, que naqueles dias duros era uma verdadeira mina de ouro.

Ludwig pareceu satisfeito com minhas atividades. Olhava-me com alegria por ver-me fazer o que ele não podia. Sua licença não era grande e dentro em breve deveria voltar ao campo de luta. Havia muitos negócios a resolver e, segundo compreendi, a presença de uma moça que ele amava e com a qual desejava estar o máximo de tempo.

Confesso que me foi dificílimo conseguir fingir. A simplicidade do lar, a vida em família faziam-me nostálgico e colocavam-me fora do problema da guerra.

Contudo, à noite, reunidos em torno do rádio, a família discutia política e ouvia as últimas notícias.

Aprendi logo que cada alegria deles deveria representar uma derrota para nós, os franceses. Na verdade, eles venciam em toda linha. Eram nesses momentos que mais difícil se me tornava estar ali. Qualquer coisa dentro de mim queria gritar contra eles, dizer que os invasores, os ambiciosos, os ditadores não podiam ganhar a guerra.

Mas, encerrado em meu mutismo habitual, muitas vezes, fingi não ouvir as notícias, mostrando-me indiferente e distante.

Fechava os olhos e fingia dormir, receoso de que pudessem ler neles toda a minha revolta, toda a minha angústia.

Até quando ficaria em casa de Ludwig? Iria com ele quando expirasse o prazo de sua licença? Ardia por saber, mas estava impossibilitado de perguntar.

Durante os dias que se seguiram, consegui harmonizar-me com os costumes da família.

Percebi que se sentiam bem com o auxílio que eu lhes prestava e, principalmente, por terem os homens em casa, o que lhes transmitia maior segurança.

Até o velho avô já me olhava com mais tolerância, embora nunca me tivesse dirigido a palavra.

Meus ouvidos estavam já se habituando ao alemão e, na avidez em que me encontrava, percebia que o idioma aos poucos ia-se-me parecendo mais compreensível.

Decorridos os oito dias da licença de Ludwig, a alegria retraiu-se diante de sua próxima partida. Eu não sabia para onde deveria ir. Na véspera de sua partida, chamou-me com ar solene. Atendi, indo encontrá-lo sério e triste. Levantou o olhar firme, procurando falar devagar para que eu o entendesse. E eu pude, mais fixando seus olhos do que lhe entendendo as palavras, ver através deles a confiança, a determinação e a fé.

Despedia-se de mim como de um companheiro e recomendava-me com gestos eloquentes que permanecesse em sua casa enquanto não pudesse lutar, uma vez que estava em condições de ajudar, nos trabalhos duros daqueles dias, a seus familiares.

Compreendi tudo quanto me quis dizer, embora apenas pudesse entender algumas palavras. Para ser sincero, não encontrava meios de fugir ao embaraço que a singularidade da situação me causava. Na verdade, sentia-me como um ladrão, recebendo uma prova de confiança que não sabia se conseguiria cumprir. Eu me considerava um inimigo, um intruso, e vindo de um campo tão tenebroso de batalha não me era fácil, em tão pouco tempo, esquecer os companheiros mortos, as moças violentadas, as crianças abandonadas, o sorriso sendo substituído pelo terror da suástica tenebrosa que a todos dizimava, concretizando a ambição de um líder ensandecido.

Naqueles dias, apesar da simplicidade do lar alemão recordar-me meu próprio lar, não podia desejar-lhes sorte e felicidade sem atraiçoar meus mais íntimos sentimentos.

Vencendo a desagradável impressão de falsidade e traição que a confiança de Ludwig me proporcionava, procurei demonstrar minha gratidão, concordando em permanecer na casa até que estivesse em condições de voltar ao exército.

Não sabia se conseguiria enganá-los por muito tempo. Tinham-me fotografado e tirado impressões digitais para posterior identificação. Eu sabia que um dia haveriam de constatar que minha ficha não constava em seus registros.

Contudo, era sincero num ponto. Não pretendia molestar a família de Ludwig. Meu ódio contra o inimigo não me impedia de raciocinar que me competia respeitar o lar que me dera abrigo com tanta boa vontade.

Foi um dia muito triste para a família a partida de Ludwig. O olhar de sua mãe brilhava mais do que de costume e ela mal tocou nas refeições. As duas irmãs esforçavam-se por desanuviar o ambiente, porém, nada podia mudar tanto o olhar endurecido da mãe como o silêncio condenatório do avô.

No dia imediato, a rotina caseira desenvolveu-se pontualmente, embora os olhos vermelhos de *frau* Eva revelassem uma noite maldormida. Porém, de seus lábios finos e enérgicos não partiu uma queixa sequer.

Naquele dia, meditando sobre a angústia e o sofrimento de todas as mães diante da brutalidade da guerra, pensando nos olhos azuis e suaves de minha mãe, distante, que deveria estar pensando no filho ausente, senti-me no dever de dispensar-lhe atenções especiais.

Entretanto, *frau* Eva olhava-me com vago rancor, talvez a se perguntar por que caprichos do destino seu Ludwig partira e eu permanecia ali, protegido e tranquilo.

Senti seu pensamento e compreendi o egoísmo materno que coloca o "seu" filho em primeiro plano.

Trabalhamos muito naquele dia. Parecia que *frau* Eva queria cansar o corpo para não pensar na partida do filho.

Por isso, à noite, a menina Elga, vencida pelo cansaço, cedo se recolheu, e o velho avô, fumando seu cachimbo, parecia mais mudo do que o habitual. A jovem Ana recolheu-se também. Somente *frau* Eva costurava sem cessar, como se terminar o cerzido fosse caso de vida ou de morte.

Fui deitar-me. Era uma noite fria. Comecei a ler um livro que apanhara na sala, mas não conseguia entender quase nada. A luz bruxuleante da lâmpada a óleo não me deixava enxergar bem. Apaguei-a.

Por muito tempo permaneci engolfado em meus pensamentos íntimos. Subitamente, tive a atenção despertada por um soluço dolorido. Prestei atenção.

Alguém chorava sentidamente. A tensão da trincheira desenvolvera-me a audição e a noção de direção. Logo percebi que os soluços partiam do quarto ao lado, onde Ana dormia.

Senti-me desagradavelmente impressionado. Não gostava de ver mulher chorar. O som continuava triste e abafado. Pobre moça. Talvez tivesse ocultado seu sofrimento para não traumatizar a mãe, mas na solidão de seu quarto dava livre curso a sua mágoa diante da partida do irmão, que naturalmente devia amar.

Mas, eu nada podia fazer. Na delicada situação em que me encontrava, não era a criatura indicada para consolar ninguém. Limitei-me a ficar de olhos abertos no escuro, ouvindo os soluços doridos de Ana, pensando na brutalidade da guerra a devorar a juventude de um povo, enlutando o coração das mães e das irmãs, das esposas e da nação.

E, sem poder conter a emoção, chorei. Chorei de raiva, sentindo-me impotente diante da coragem destruidora da ambição humana que arrasta os povos às lutas fratricidas.

No dia seguinte, levantei-me um pouco mais tarde. A noite fora dura e os pesadelos voltaram a molestar-me, fazendo-me retornar à selvageria das batalhas. Encontrei as mulheres trabalhando silenciosas, embora seus olhos estivessem vermelhos e pisados.

Fixei Ana, que procedia à limpeza do quintal, manejando a vassoura com rapidez. Quantos anos poderia ter? Talvez uns dezoito. Seus olhos cinzentos estavam profundamente tristes. Embora suas mãos estivessem maltratadas pelo trabalho duro, seu rosto era delicado, bem como seus cabelos trançados com simplicidade, caindo-lhe pela espádua esquerda. Mesmo vestida com roupas simples e folgadas, seu corpo era delicado, não possuía a robustez que eu imaginava como atributo das jovens alemãs.

Pensando em seus doridos soluços, fui ajudá-la e confesso que teria gostado de confortá-la em sua dor.

Parece que Ana entendeu minha manifestação de conforto, porque suavizou um pouco o olhar quando se dirigiu a mim.

Talvez tenha sido naquele dia que tudo começou. Não posso explicar, mas a presença da jovem Ana principiou a chamar minha atenção de um modo especial.

Sentia sua presença quando estava na sala, e um calor me aquecia o coração quando lhe ouvia a voz cantante e suave.

Ainda hoje não posso explicar como aconteceu, nem que mistérios insondáveis conduzem o coração humano. Talvez para meu coração jovem e afetuoso, acostumado ao amor um tanto livre em minha terra, aquela abstinência forçada dos contatos afetuosos de uma mulher me tivesse conduzido os sentimentos de maneira tão imprevista quanto avassaladora.

Por vezes, nossas mãos se tocavam durante o trabalho e eu ficava imaginando tomá-la nos braços, amando-a com toda a força de minha juventude.

Ana também se emocionava com meu contato. Enrubescia e eu sentia que seu corpo tremia como folha agitada pelo vento. Sabia que se a beijasse a teria submissa; entretanto, um certo pudor me interceptava os passos. Afinal, ela era uma alemã! Uma inimiga!

Onde estava meu patriotismo? Amá-la não seria trair meus companheiros, tripudiando sobre minha consciência?

Ao mesmo tempo, lembrava-me da invasão alemã violentando nossas mulheres, ofendendo os nossos sentimentos mais puros. Por que haveria de ter escrúpulos? Não estaria no direito de fazer o mesmo?

A guerra perverte nosso raciocínio, e a moral se reduz diante das tragédias e da crueza dos acontecimentos, onde atuam os mais negros instintos.

Uma tarde, estava regressando do quintal onde terminara de ajuntar lenha para a lareira, enquanto *frau* Eva e Elga serviam o chá na sala em companhia de alguns vizinhos. Ao entrar na despensa, esbarrei imprevistamente em Ana, que ia sair. Nosso choque foi tremendo. Coloquei a lenha no chão e, sentindo a emoção dominar-me, tomei-a nos braços, beijando-a com violência e apertando-a contra o peito. Incontida emoção tomou conta de mim. Beijei-a repetidas vezes, sentindo que Ana abandonava-se em meu braços. A custo, soltei-a.

Enquanto ela saía da despensa, procurando recompor seu rosto, eu lutei por dominar a emoção que me envolvia a alma.

Senti que precisava de Ana e naquele momento daria tudo para tê-la de novo nos braços. Contudo, não podia arriscar-me.

Estava bem protegido naquela casa e, na medida do possível, desejava permanecer ali. O que seria de mim em um país estranho, sem poder falar, compreendendo quase nada, naquela época difícil, sem poder trabalhar? Passaria dificuldades e talvez fosse até descoberto.

Mas, a excitação provocada por Ana era enorme e passei a desejar novamente estar a sós com ela. Todavia, naquele dia não foi possível, por isso, embora ansioso, tive que me conformar.

Recolhi-me ao pequeno quarto de dormir. Deitei-me. Não conseguia conciliar o sono.

Altas horas, alguém bateu levemente na porta. Trêmulo de ansiedade, abri, quase não acreditando que meu desejo se realizava.

Ana entrou rapidamente, envolta em uma manta. Fechei a porta com mãos trêmulas. Ela esperou que eu a tomasse nos braços e a conduzisse ao leito, e naquele instante tudo o mais foi esquecido.

O monstro da guerra, nossos problemas, nossas lutas, nossas decepções, tudo desapareceu de nossa vida, enquanto estávamos nos braços um do outro.

Eu não pensei em meus amigos mortos, nem nas jovens francesas desonradas, nem na França distante, nem na Alemanha odiada.

Naquele instante, sentia vibrar meu coração de amor e só a custo conseguia sofrear o desejo de dizer-lhe palavras de carinho e de ternura, de gratidão e de compreensão.

Há quanto tempo não sentia o carinho de uma mulher?

O tempo, quando vivemos no inferno da guerra, se eterniza e se alonga. Parece que estávamos vivendo outra vida, em meio a um pesadelo insano e interminável.

Por isso, esquecemos tudo no instante em que estivemos juntos. Sabíamos que o amanhã era incerto. Se Ana, diante dessa alternativa, viera a meu encontro, eu tinha mais certeza de que, de um momento para outro, tudo poderia estar irremediavelmente perdido.

Achei natural que ela viesse e sua atitude comoveu-me profundamente, embora não ousasse confessar.

O amanhã por certo nos separaria, mas o hoje era nosso e deveríamos vivê-lo.

Procurei apagar da mente qualquer pensamento que pudesse toldar nossa felicidade e a ela nos entregamos prazerosamente. E quando, alta madrugada, Ana se foi, fiquei ainda insone e perturbado, mas senti novo calor banhando meu coração.

CAPÍTULO IV

O FALSO KURT MILLER

Um mês já fazia que Ludwig partira. Nossa vida, apesar das dificuldades, dos racionamentos e dos problemas emocionais, transcorria em relativa calma.

Ana, sempre que possível, ia ao meu quarto, embora guardássemos as aparências durante o dia. Não me envergonho de dizer que estava apaixonado por ela. Dócil, meiga e suave!

Trabalhávamos juntos nas tarefas caseiras e nos sentíamos felizes por estarmos próximos um do outro.

Uma noite, reunidos em torno do rádio transmissor, após as costumeiras palavras do *Führer*, algumas das quais eu já conseguia compreender, ouvimos desusado rumor à nossa porta.

Um carro parou e logo uma patrulha irrompeu casa adentro. Eram conduzidos por um sargento que, arrogante, conversou com *frau* Eva, que diligente fora recebê-los.

Percebi que falavam a meu respeito e pensei ter chegado meu momento. Se pudesse, teria fugido.

Porém, o sargento dirigiu-se a mim proferindo a saudação militar. Respondi com o gesto, procurando esconder a preocupação que me ia na alma. Convidou-me a acompanhá-lo.

Vesti a túnica militar e, procurando adotar atitudes naturais, fui com eles, acenando para os que ficaram, com cordialidade. Para onde me levariam? Teriam descoberto alguma coisa?

Pela atitude amistosa do sargento, alimentei esperanças de poder ainda, desta vez, não ser descoberto.

No quartel, fui levado ao alojamento e fizeram-me entender que deveria apresentar-me ao posto médico às sete horas da manhã seguinte.

Dormi mal naquela noite. A algazarra dos outros soldados, contando suas aventuras, fazendo piadas, irritava-me. A incerteza, a insegurança tiravam-me o sono.

O pouco que dormi, sonhei com as batalhas, revi amigos mortos, cenas sangrentas. Acordei agitado, nervoso.

Apresentei-me na enfermaria na hora aprazada. Fui examinado meticulosamente. Passei por raios X, extraíram-me líquido do encéfalo e sangue para exame, fui levado à radioscopia.

Sofri com os exames, principalmente por estar perfeitamente bem de saúde, bem demais, o que poderia causar suspeitas.

Redobrei a vigilância, a fim de representar bem meu papel. Procurava, por vezes, mostrar-me lúcido para depois fingir alheamento e tristeza.

Por três dias os médicos me examinaram. Depois, para experimentar-me, levaram-me a um treinamento de rotina com exercícios de tiro.

Eu sabia que não tinham desconfiado de mim. Procuravam saber se eu estava em condições de voltar à ativa. Por isso, ao primeiro tiro dei sinais de extremo nervosismo e atirei-me ao chão simulando pavor.

Esfreguei o rosto na terra do chão para feri-lo um pouco, a fim de dar realismo a meu drama interior.

Alguns homens me seguraram levantando-me, conduzindo-me imobilizado. Eu ia de olhos arregalados, rosto ardendo, sujo de terra e sangue, estrebuchando, ora rindo sinistro, ora chorando.

Aplicaram-me um sedativo, adormeci. Quando acordei, não sabia quanto tempo havia passado. Fingi-me triste, esquivo, demonstrando não ouvir nem entender nada.

Fui novamente conduzido ao médico. Mais uma vez fingi indiferença e alheamento.

Naquela mesma tarde soltaram-me, depois de me colocarem nas mãos um documento com fotografia e o nome de Kurt Miller, concedendo-me licença por incapacidade física.

Saí com o coração palpitando de alegria. Poderia ter-me ido embora dali para sempre. De posse do documento, não me seria difícil trabalhar aqui e ali para manter-me. Porém, a figura de Ana surgia-me na mente como um ímã a conduzir-me de retorno à casa de Ludwig.

Sentia ímpetos de voltar à França, procurar os meus. Todavia, sabia que os alemães tinham tomado Paris e estremecia ante a possibilidade de os meus terem perecido.

Na casa de Ana, eu poderia aguardar o momento propício de voltar à pátria. Sem meios de locomoção, caminhei muito e, quando dei por mim, estava diante do portão de madeira pintado de vermelho, ansiando por entrar e ouvir a voz cantante de Ana dizendo palavras que eu mal entendia, mas que me pareciam ser a coisa mais linda que eu jamais ouvira.

Entrei. *Frau* Eva tomava chá ao lado do avô, calado como sempre. Elga tecia e Ana avivava o fogo da lareira.

Vendo-me entrar, um pouco desajeitado, tiritando de frio, *frau* Eva estendeu-me uma xícara de chá, Elga ofereceu-me uma cadeira, e Ana estendeu-me uma manta sobre as pernas.

Não posso explicar meus sentimentos naquele instante. A naturalidade com que fora recebido dava-me extraordinária sensação de conforto. Parecia estar voltando ao lar; entretanto, esse lar jamais poderia ser o meu, porquanto um mar de sangue nos separava e, se soubessem a verdade, na certa me entregariam às autoridades.

Enquanto sorvia o chá, tentei afastar os pensamentos desagradáveis. Ali havia calor, havia paz, havia Ana, e era preciso aproveitar enquanto durasse.

Não haveria mais de pensar senão no presente. Por enquanto, o passado deixaria de existir. Permaneceria mergulhado no esquecimento, até quando fosse preciso para minha sobrevivência.

CAPÍTULO V
AS BODAS

Estávamos em meados de junho de 1940.

A primavera cobria de verde os campos de Dresden, e o céu coloria-se de intenso azul, envolvendo os corações dos homens numa vã tentativa de convidá-los à paz.

Na verdade, as coisas não eram fáceis para todos nós. Se era verdade que a Alemanha vencera grandes campanhas, conseguindo subjugar a Polônia, a Tchecoslováquia, a Bélgica e a França, encontrara grande e valente obstáculo a seus planos absolutistas nas condições excepcionais de resistência da velha Bretanha, que sofria rude castigo, mas, dominada pela força coesa de seu povo, não esmorecia, oferecendo-lhes constantes dificuldades.

Apesar da aliança com a Itália, a Alemanha realizava prodígios de esforço para sustentação da luta. O racionamento era duro. Muitas mulheres trabalhavam nas fábricas do Exército, de munições e de confecções de roupas para os soldados.

Constatando o poderio bélico da Alemanha, eu temia que a guerra já estivesse perdida.

Apesar disso, dolorosa sensação de decepção senti desabrochar no coração quando pelo rádio ouvi a notícia do armistício.

A França invadida, dominada, assinara armistício com a Alemanha! Vi o contentamento nos olhos das mulheres da casa na esperança de que a guerra acabasse ali. Eu sentia, todavia, que aquela vitória representava apenas o começo. Sabia que a ambição nazista não se contentaria com ela. Temia que eles avançassem sempre até que não pudessem ser derrotados.

Pensei na tristeza dos meus. Na humilhação de meus compatriotas. Na ocupação arrogante do inimigo.

Ouvira o apelo de De Gaulle para a reação da França Livre e sentira-me inclinado a retornar ao lar. Mas, de que maneira poderia fazê-lo? O que adiantaria, se os alemães dominavam Paris, subjugando a França, apesar do armistício?

Estava resolvido a esperar que a guerra acabasse de verdade. Imaginava o espetáculo doloroso de ver os meus humilhados e vencidos sem nada poder fazer.

Ludwig não voltara para casa nenhuma vez e algumas poucas cartas suas, recebidas pela família com grande alegria, provocavam sempre alívio, mas, ao mesmo tempo, tensão. Não sabíamos onde se encontrava, porquanto não lhe era permitido contar-nos o local exato. Sabíamos apenas que no sul da França.

Meu romance com Ana prosseguia.

Acredito que todos tenham compreendido nosso amor, porquanto ele extravasava em nossos olhos, em nossos gestos, na constante procura de proximidade que demonstrávamos.

Naqueles cinco meses de convivência, eu já compreendia regularmente o alemão. Contudo, não me sentia com coragem de falar porquanto jamais conseguiria disfarçar minha origem pronunciando com perfeição as palavras.

Porém, com infinita paciência, Ana começou a ensinar-me a escrever, o que me era relativamente fácil procurando copiar-lhe as palavras. Julguei conveniente demonstrar certo embaraço para evitar desconfianças, mas era inacreditável como uma só palavra escrita podia transmitir nossos pensamentos.

Pude, assim, tomar conhecimento de muitas coisas sobre Ana. Inclusive que detestava a guerra, que amava as flores, a música e a família, guardando sensibilizada todas as pequenas recordações de sua infância.

Pude saber também que seu pai fora gravemente ferido na guerra em 1914 e jamais se recuperara, vindo a falecer após muitos anos de sofrimentos acerbos.

O avô, pacifista por índole, tornara-se taciturno e fechado após a morte de seu único filho. Odiava a guerra. Por ele, seu neto teria fugido e desertado em vez de servir a pátria.

Ludwig, como eu, deixara a universidade para enfrentar a luta. Porém, considerava a guerra uma necessidade para devolver à sua pátria as antigas glórias, restabelecendo seus domínios nos territórios que perdera com a derrocada de 1918.

Fora educado assim nas escolas que cursara, aceitara os princípios nazistas de rearmamento e reorganização das forças armadas que colocassem seu país em condições de ser respeitado e temido por todo o mundo.

Quando Adolf Hitler restabeleceu o serviço militar obrigatório, foi um dos primeiros a se inscrever. Frequentemente, orgulhava-se disso.

Certa noite, ouvindo as notícias costumeiras pelo rádio, quase me revelei. A Alemanha aceitara a colaboração da França ocupada, assinando acordo com Petain.

Deu-me vontade de gritar, por meus amigos mortos, pelas inúmeras vidas, pelo imenso sofrimento de todo um povo humilhado e ferido. Pensei em regressar.

Agora, não me seria difícil conseguir chegar a Paris, com os documentos que possuía. Mas, como deixar Ana? Habituara-me à sua meiguice, ao seu rostinho redondo, ao seu olhar manso e úmido.

Nessa noite, Ana veio ter comigo. Parecia assustada e aflita. Estendeu-me um pedaço pequeno de papel no qual, à luz bruxuleante da vela, pude ler sobressaltado:

Eu: mãe; você: pai!

De repente, pareceu-me que o chão fugia debaixo dos pés. Olhei para ela, que esperava ansiosa minha reação. Fiquei aturdido.

Embora fosse uma probabilidade perfeitamente possível e até de certo modo comum, jamais estivera em minhas cogitações.

Olhei para Ana. Seus olhos brilhavam emotivos e não tive coragem de demonstrar-lhe toda a angústia que me envolvia o coração. Procurei aparentar reconhecimento e afeto, abraçando-a com carinho, enquanto sua letra redonda traçava no papel as palavras: "Eu te amo".

Impossível descrever minha emoção. Que fazer? Contar-lhe a verdade? Afinal, agora minha pátria colaborava com a dela. Mas, de que forma explicar-lhe que era estrangeiro e inimigo de sua pátria e mesmo de seu irmão?

Quando Ana se retirou, não pude conciliar o sono. Um filho alemão! Eu! Não pude furtar-me a doloroso sentimento de vergonha.

Enquanto os meus lutavam, morriam, sofriam para defender a pátria, eu me ligara ao inimigo, não só aceitando-lhe o auxílio, mas também gerando um filho que talvez viesse me a odiar mais tarde.

Senti mais vontade de fugir dali. Voltar à minha terra. Acabar com a farsa que me salvara a vida.

Na tarde do dia imediato, recebemos a visita do pastor.

A certa altura, as meninas saíram, e a atmosfera ficou tensa. Percebi que alguma coisa estava no ar.

Sozinho diante do ministro, tendo ao lado *frau* Eva, mais séria do que o usual, e a um canto o velho avô calado e pensativo, senti ligeiro pânico.

Teriam descoberto a verdade?

A certa altura, *frau* Eva escreveu para mim:

Ana mãe. Kurt pai. Pastor dia do casamento.

Compreendi. Todos sabiam a verdade sobre nós dois. A severidade de *frau* Eva apontava-me o caminho correto que desejava.

O pastor, preocupado, olhava-me fixamente, querendo descobrir o que me ia na alma naquele instante.

O avô fixava-me também o olhar percuciente e enérgico. Senti-me encurralado. Que fazer? Sabia que precisava concordar.

Mas, havia uma saída.

Tomando papel, escrevi com mão que procurei tornar insegura:

Não sei meu nome.

Pelo olhar trocado entre *frau* Eva e o pastor, pareceu-me que ambos já haviam discutido o assunto.

O pastor disse-me:

— O senhor casa com os documentos que tem. Quando melhorar, acertaremos tudo.

Assenti. Logo marcaram a cerimônia para o dia seguinte. Eu me sentia como a aranha que se enrola nas próprias teias. Não tinha coragem de falar a verdade. Temia as consequências imediatas que podiam advir.

Não podia continuar naquela incômoda posição de haver abusado da hospitalidade daquela casa, sem oferecer reparação.

Confesso que fiquei apavorado. Não dormi naquela noite. Restava-me o recurso de fugir; por vezes, pensei nisso como única solução.

Mas, havia Ana e a consciência acusando-me sem parar. Caminhei pelo quarto, indeciso e infeliz. Estava já amanhecendo quando tomei a resolução de ficar.

Afinal, que valor podia ter um casamento religioso com um nome que não era meu? Acabei por encontrar algumas vantagens. Poderia viver mais livremente com Ana e proteger-me ainda mais, o tempo suficiente para que a guerra tomasse outro rumo e me permitisse voltar à pátria, sem o terror da ocupação inimiga, ou para combater pela libertação de minha terra.

Quando a situação me fosse mais favorável, partiria. E, com o passar dos anos, tanto eu como Ana haveríamos de esquecer.

Era a solução razoável, justa e plausível. Pelo menos, era aquela que mais me convinha.

Procurei não pensar na criança que iria nascer. Não podia acostumar-me à ideia de ter um filho alemão. Eu trazia muito viva em minha mente a lembrança do campo de batalha, e o inimigo ainda era inimigo para mim.

Às nove horas da manhã, Ana e eu, um tanto trêmulos e calados, comparecemos à presença do pastor, que viera à nossa casa realizar a cerimônia. Trouxe, para ajudá-lo, a esposa, que nos envolvia em olhares curiosos e maliciosos.

Os olhos de *frau* Eva brilhavam um tanto tristes e o avô nos fitava imperturbável. Só Elga parecia mais alegre.

Após a preleção, o pastor uniu nossas mãos. Ana tremia, e seus olhos confiantes e esperançosos procuraram os meus. Senti-me abafado. Tive vontade de gritar a verdade e sair dali com o pouco de decência que poderia ainda demonstrar.

Mas não fiz nada. Calei. Aceitei Ana como esposa legítima diante de Deus e dos homens, até que a morte nos separasse. O ato estava consumado.

Procurando ocultar os pensamentos, consegui demonstrar uma alegria que estava longe de sentir. Antes do início daquele pesadelo, jamais poderia supor que fosse capaz de tanto controle.

O silêncio absoluto durante meses, que me impedira de extravasar as emoções por meio das palavras, e a noção do perigo iminente conduziram-me a uma autoanálise, desenvolvendo-me o senso de observação de forma extraordinária.

Bastava-me um olhar para observar detalhes que a maioria, ou mesmo eu, em outros tempos, não notaria. Foi assim que percebi tanto a preocupação de *frau* Eva como a circunspecção do avô, a ansiedade brilhando no olhar de Ana e a mórbida curiosidade da sorridente esposa do reverendo.

À simples cerimônia entoaram um hino que me tocou o bastante para fazer-me pensar nos meus, na fisionomia jovem de minha mãe, na doçura de minha irmã e na fisionomia serena de meu pai.

Após os cumprimentos, havia cerveja fresca e bolo conseguidos com algumas dificuldades.

Quando todos se foram e encontrei-me a sós com Ana, desagradável constrangimento me envolveu. Contudo, ela, com naturalidade, reiniciou suas atividades domésticas e eu procurei ajudá-la como de costume.

Carregou seus pertences para meu quarto e pareceu-me um pouco acanhada ao arrumar suas roupas íntimas na gaveta da cômoda.

Confesso que me senti um pouco grotesco. A situação era nova e no fundo me comovia. Ana era o único laço afetivo que me aquecia o coração naquela solidão. E eu precisava de carinho e de amor.

Fechei a porta do quarto e, desejoso de esquecer, abracei-a com carinho. Ana descansou sua cabeça em meu peito e eu pensei em como teria sido bom tê-la conhecido sem guerra, sem hipocrisia, sem barreiras ou temor. Meus olhos marejaram, e num movimento brusco afastei-a de mim.

Longe de se magoar, ela me olhou nos olhos longamente. Depois pegou o lápis e escreveu:

Esqueça guerra. Hoje alegria. Amanhã, ninguém sabe. Juntos enquanto pudermos.

Entendi. Ana também sofria, temia minha volta ao *front*, receava por minha vida. Queria tornar felizes os momentos e os dias que ainda podíamos estar juntos. Tinha razão.

Enquanto pudesse, esqueceria todas as barreiras e viveria com ela todos os momentos felizes enquanto durassem.

Abracei-a novamente e permanecemos longamente quietos, sentindo a emoção nos acelerando o coração, resolvidos a viver intensamente o tempo que nos fosse possível.

Naquele instante, nosso amor derrubou todas as barreiras que teimavam em refrear meus sentimentos e pude, enfim, esquecer os problemas que me afligiam o coração.

A partir daquele dia, nossa vida aparentemente pouco mudou. Exercíamos as mesmas atividades cotidianas, mas, nosso afeto mútuo mantinha-se constante.

As notícias não eram promissoras de paz e todos na Alemanha confiavam na vitória com uma certeza que raiava ao fanatismo.

Irritavam-me os discursos do *Führer*, sua prepotência e principalmente a maneira pela qual se referia a seus inimigos.

Sabia que o nazismo utilizava a propaganda como uma de suas maiores forças para a politização das massas, mas, era inegável que eles avançavam em todas as frentes. Às vezes, não conseguia disfarçar o nervosismo e, em algumas ocasiões, percebi o olhar curioso do avô pousado sobre mim.

Ele tinha para mim o efeito de uma ducha fria. Imediatamente me reequilibrava.

O tempo foi passando.

Ana tecia pequeninas peças de roupa delicada para o filho que deveria nascer. Mas, eu não gostava de vê-las. Preferia pensar que ele não existia. Deliberadamente buscara ignorá-lo para não ter que voltar a meus problemas de consciência.

Apesar de julgar-me extremamente liberal, o filho alemão causava-me aversão. Representava a prova concreta de minha traição aos princípios da honra e da moral, colocando minha satisfação pessoal acima do dever e do patriotismo.

Ao mesmo tempo, penalizava-me o fato de essa criança vir a um mundo tão sórdido, devorado pela guerra. Sentia-me também responsável por isso.

Por mais que pensasse ou me mortificasse, não encontrava uma maneira de sair daquela situação, a não ser quando a guerra terminasse, se conseguisse sobreviver.

Eu não sabia que a vida pode ser mais terrível do que a morte, e um espírito encarcerado pode sofrer muito mais do que um corpo prisioneiro.

CAPÍTULO VI
A PRISÃO

    Nosso filho nasceu no dia 15 de maio de 1941. Ainda hoje estremeço recordando aqueles dias terríveis. Durante os meses que antecederam seu nascimento, passamos por inúmeras dificuldades.
    Apesar de seu estado, Ana, assim como a mãe e a irmã, tinha sido recrutada para as fábricas de material bélico e era obrigada a dar cinco horas de trabalho por dia.
    Quanto a mim, observado amiúde pelo Exército, fingia desequilíbrio e incapacidade psíquica.
    A Ana não passou despercebida minha preocupação em parecer doente mental. Algumas vezes, notei certo ar de desprezo em seu rosto. Julgava-me covarde. Afinal, seu irmão lutava no *front* e eu demonstrava interesse em permanecer ao lado das mulheres, no conforto do lar.
    Mas, ao mesmo tempo, pensava que pelo amor que lhe dedicava não queria afastar-me, e então redobrava seu carinho procurando fazer-me sentir o quanto me amava.
    Eu não podia agir diferente. A guerra prosseguia sem nenhuma esperança de paz. Apesar de a Alemanha estar avançando vitoriosa, as coisas também para nós estavam difíceis.

A alimentação da população, que era racionada, escasseava. Os campos estavam sendo lavrados por velhos, mulheres e crianças, assim mesmo quando não estivessem cosendo e trabalhando para o Exército.

A produção diminuíra e o alimento que chegava da Polônia, da Tchecoslováquia e da França era requisitado para as tropas.

A guerra delongava-se e a batalha da Inglaterra estava longe de ser ganha. A resistência de seu povo heroico causou sérios embaraços à ação germânica, que contava capitalizar essa vitória em menor espaço de tempo.

Os terríveis submarinos alemães não estavam conseguindo vencer a brava esquadra britânica. Além disso, a Real Força Aérea causava grandes estragos em zonas de abastecimento e transporte alemãs.

Dresden não era visada pelos aliados, embora possuísse algumas fábricas de material bélico. À noite, as luzes eram desligadas para não sermos alvo fácil dos inimigos. Havia abrigos antiaéreos, e o povo era treinado para resguardar-se em caso de bombardeio.

Eu preferia não sair de casa porquanto temia ser visto, receoso de que alguém pudesse investigar minha vida.

A desconfiança era constante naqueles dias, e até os mais amigos olhavam-se temerosos, guardando suas impressões íntimas, furtando-se às confidências.

Naquele dia, Ana sentiu-se mal ao amanhecer. Permaneci com ela, que durante o dia inteiro gemia de vez em quando, e eu corria a chamar *frau* Eva, que era entendida naqueles assuntos.

Veio a noite e nós, para podermos conservar o lampião aceso, vedamos todas as frestas e janelas do quarto para que a patrulha não viesse nos importunar.

Apagamos a lâmpada ao ouvirmos o ruído de aviões e o sinal de alarme para nos recolhermos aos abrigos. Ficamos sustendo a respiração, apavorados pelos gemidos de Ana.

Os aviões passaram, sem ter atirado bombas, e se foram. A noite também foi terminando e, nos albores da manhã cálida que nascia, meu filho também nasceu.

Não poderia explicar meus sentimentos naquele instante. Seu vagido encheu o quarto, como a nos lembrar que a vida é ininterrupta, e embora muitas estivessem sendo precocemente destruídas, outras despontavam por sob os escombros a reclamar seu inexpugnável direito de viver.

Mas, eu pensei: "Valeria a pena?".

Fitei Ana, cujo olhar orgulhoso e sereno contemplava o minúsculo rostinho rosado, que descansava em seus braços.

Apesar de tudo, a felicidade estampava-se-lhe na face. O milagre da vida a multiplicar-se por intermédio dela deixara-a maravilhada.

Aproximei-me. Ela sorriu. Pegou-me a mão e roçou-a levemente nas faces veludosas e suaves do recém-nato.

Olhei para ele. Dormia sereno. Tão frágil e dependente. Era meu filho.

Seus traços ainda impronunciados recordavam-me a fisionomia de meu pai. Não era louro como Ana, seus cabelos eram castanhos como os dele.

Qualquer coisa brotou inesperadamente dentro de mim. Um sentimento de íntima felicidade, de ternura e amor fez-me pousar delicado beijo na testa pequenina.

Compreendi que jamais poderia deixar de amar meu filho. Não me importava sua nacionalidade, sua ascendência, nem a guerra, nem a política. Meu amor por ele estava muito acima desses condicionamentos da sociedade humana.

Pensei que jamais poderia ir embora deixando-o ali. Comecei a acalentar o sonho de poder voltar à França em companhia de Ana e de nosso filho quando a guerra acabasse.

Afinal, a França oficialmente cooperava com a ocupação, e o armistício vigorava, embora a Resistência já começasse a lutar esporadicamente.

Não me sentia culpado pela guerra. Não a desejara e jamais lutara a não ser para me defender do ataque e da invasão estrangeiros.

Mas, ao mesmo tempo, sabia que não poderia enganar Ana eternamente. Como receberia a verdade? Ouvia-a, às vezes, extravasar seu desprezo pelos Aliados, antegozando confiante a vitória completa da Alemanha, e sentia-me infinitamente triste, porque naqueles momentos não a via como esposa, mas a sentia como inimiga.

Depois do nascimento de nosso filho, nossa vida continuou normalmente. Os dias sucediam-se entre o trabalho constante e os sustos dos possíveis bombardeios ingleses.

É interessante observar que, quando tudo vai bem e nossa vida decorre normalmente, nos tornamos mais sensíveis e suscetíveis. Porém, quando ela se transforma em drama e o cotidiano se apresenta eivado das incertezas e dos perigos de um trágico desfecho, vamos nos endurecendo, enrijecidos pelo horror e pelo desespero.

Para mim, a guerra significava o inferno. Em muitos momentos senti-me insuportavelmente deprimido e cansado.

Apesar de tudo, eu podia, dadas as circunstâncias, considerar-me um homem de muita sorte. Esse era o argumento que me habituara a usar para elevar minha moral nas horas de abatimento.

Já estava cansado de viver daquela forma. Sem poder falar, em terra estranha, ameaçado por múltiplos perigos.

Entendia regularmente o alemão, mas receava falar. Sabia que trairia minha nacionalidade.

E a guerra parecia interminável! Não havia conquista que saciasse a ambição desmedida de Hitler. Primeiro a Polônia, depois a Finlândia, a Dinamarca, a Holanda, Luxemburgo, França, Iugoslávia, Grécia e, agora, a Rússia!

A Alemanha parecia invencível! A guerra, interminável!

Eu evitava sair. A presença de um moço que aparentava saúde, quando todos os jovens estavam na guerra, provocava desconfiança e cochichos. Corria pelos arredores a notícia de que eu sofria das faculdades mentais. Enlouquecera no campo de luta. De certa forma, foi bom que o boato se espalhasse, porquanto ninguém ousava frequentar nossa casa e, quando isso ocorria, quase sempre eu não comparecia à sala, o que contribuía para fortalecer essa opinião.

Certa noite, estávamos, como de costume, reunidos em torno do receptor ouvindo as notícias.

Como de hábito, os alemães alcançavam brilhantes vitórias na Rússia, o que arrancava de Elga exclamações de alegria.

Frau Eva havia muito não se entusiasmava com as novas radiofônicas. Seus olhos cansados estavam fixos no cerzido que executava habilmente, sem que demonstrasse alguma emoção. Percebia que ela estava cansada.

Seu filho na guerra, a falta de notícias, tudo a impedia de vibrar, porquanto não sabia se seu Ludwig estava bem ou se uma daquelas vitórias poderia ter-lhe custado a vida.

Tive pena dela e pensei em minha mãe. Julgar-me-ia morto?

O velho avô fumava impassível seu velho cachimbo e Ana ninava nosso Karl.

Foi quando ouvimos o ruído de passos no alpendre e em meio ao tilintar dos metais a voz forte do soldado gritando:

— Abram em nome do *Führer*!

Estremeci. A que viriam? *Frau* Eva foi atendê-lo e ele, sem dizer mais nada, entrou acompanhado de mais seis homens.

Dirigindo-se a mim depois da saudação militar, disse-me:

— Kurt Miller, venha comigo.

— Para quê? — perguntou Ana, assustada. Ela temia minha mobilização, mas, eu receava coisa pior.

— Ordens superiores. Deve nos acompanhar imediatamente.

Pelo seu tom e pelo seu olhar, receei o pior. Contudo, procurei não deixar transparecer minhas emoções e apressei-me a vestir o velho uniforme.

Beijei Ana e o bebê, e acenei para Elga. Curvei a cabeça diante do avô e de *frau* Eva.

Confesso que senti um aperto no coração.

Voltei-me ainda uma vez para contemplar os que ficavam no aconchego morno daquele lar. Podia ser que eu não mais voltasse. Pressentia que a hora era de perigo e precisava estar preparado para poder vencer.

Colocaram-me no carro, entre dois soldados, e rumamos para o quartel.

Eu procurava aparentar calma e sei que minha fisionomia não revelava o estado de exaltação interior no qual eu me encontrava.

Concentrava todo meu potencial auditivo nos lábios dos soldados, procurando sondar minha real situação.

Por que me levavam àquela hora da noite? Eu, um soldado licenciado da ativa? Por que eles se conservavam calados, denotando estar de serviço sem relaxar sua posição de sentido diante de um companheiro de igual divisa?

Temia perceber na atitude deles uma captura e não uma intimação. Chegamos. Fui conduzido à presença do capitão. Não sei se de propósito ou não, o mesmo que me recebera em minhas periódicas visitas ao destacamento.

Depois da saudação oficial, tenso, aguardei que se pronunciasse.

Vi sobre a mesa uma ficha preenchida na qual figurava meu retrato. Felizmente, com uniforme alemão.

O capitão olhou-me severo e entendi quando disse:

— O senhor não é Kurt Miller.

Mesmo procurando controlar as emoções, senti que o sangue me fugira das faces. Olhei para ele, fingindo não compreender, abanando negativamente a cabeça.

Não se dando por achado, ele continuou:

— Sabemos que você não é Kurt Miller. Quem é você? Como se chama?

Fingi não ter compreendido, mas irritado, o capitão avançou para mim, colocando a mão em meu braço, apertando com força. Havia em seu olhar uma cega determinação.

— Não adianta calar. Descobriremos quem é e para que país trabalha. Temos bons métodos para quem se recusa a falar! E não adianta fingir: eu sei que você me entende.

Foi como se o teto desabasse sobre mim. Não temia a morte propriamente, mas, sabia que, quando queriam que alguém confessasse fosse o que fosse, acabavam sempre conseguindo.

— Sempre desconfiei de você! É diferente dos nossos! Ainda vou provar que estava certo.

Procurando ganhar tempo para pensar, eu negava tudo, balançando a cabeça energicamente.

Fiz sinal que desejava escrever.

Olhando-me fixamente, o capitão estendeu papel e lápis, e curioso esperou.

Não precisei me esforçar para demonstrar abalo nervoso. Eu estava mesmo assustado. Parecia que o acontecimento rompera a cortina de dissimulação que, até então, eu conseguira criar.

Escrevi trêmulo:

"Não sei meu nome. Disseram eu Kurt. Capitão não sabe?"

Estendi-lhe o bilhete. Arrancou-mo da mão violentamente. Ao lê-lo, empertigou-se.

— Muito bem. Vamos estudar seu caso.

Aproximando seu rosto do meu, continuou, colérico:

— Você ainda vai falar. Esquecerá a mudez e falará mesmo que seja para gritar!

E dirigindo-se à porta gritou:

— Soldado! Leve-o à Enfermaria 2 e deixe-o lá.

E para mim:

— Amanhã cedo conversaremos.

Olhei-o procurando demonstrar certa inconsciência. Guardava ainda esperança de conseguir ludibriá-los. Felizmente, não me havia mandado prender.

Aos poucos fui readquirindo a calma. Ao chegar, porém, à enfermaria, comecei a temer algo mais. Um perigo novo, insuspeitado, pior do que a prisão.

É que nessa enfermaria se confinavam os neuróticos, os viciados que se tinham reduzido a pobres farrapos por entre os terríveis pesadelos da guerra.

Ninguém pode imaginar que um povo fabrique heróis à custa de estimulantes. Muitos não sabem quanta coragem é conseguida artificialmente sob o efeito das drogas malditas.

Aqueles que se confinavam na Enfermaria 2 eram, grande maioria, toxicômanos. Não o eram antes do início da guerra. Contudo, há tarefas para as quais muitos não estão preparados nem conseguem realizar em seu estado normal.

E embora fosse aparentemente contraproducente o estimulante, ele era adotado em casos em que havia necessidade de expor a vida com decisão, nas empresas mais arriscadas.

O próprio comando resolvia de acordo com a estratégia das batalhas quais os grupos e destacamentos que deveriam "ser estimulados". Os próprios soldados aceitavam aquele derivativo na hora de combate.

A Alemanha contava vencer a guerra de qualquer forma. Mobilizava, para tanto, todos os recursos; mantinha bem organizada uma equipe de cientistas que dirigia essas experiências e estudava todos os elementos para aplicação contra o inimigo.

Eu sabia que o Exército alemão utilizava esse recurso. Vira-os agir como loucos nas batalhas, expondo-se prazerosamente e atuando com um sadismo só explicável pela ingestão de estimulantes.

Para eles, o homem como ser humano nada valia. Julgavam-se máquinas sem problemas pessoais ou particulares trabalhando pelo mesmo fim. Comandados por um paranoico, iam enlouquecendo com ele, no delírio da ambição.

Olhei as faces pálidas dos que me rodeavam. Eram terríveis. Por que eram conservados ali, naquela enfermaria?

Alguns estavam tão magros e macilentos que me pareceram extremamente doentes. Contudo, eram poucos os que estavam feridos.

Não atinava o porquê de minha presença ali. Talvez desejassem intimidar-me. Talvez me julgassem louco como eles.

Mas, o capitão sabia que eu não estava louco. Olhando alguns doentes que demonstravam inquietação e sofrimento, recuei para um canto. Não conseguiria dormir ali, junto com aqueles homens, que pareciam fazer parte de um pesadelo terrível.

A poucos metros estava um de olhar esbugalhado sorrindo estupidamente para mim.

Um enfermeiro entrou, procurando acomodar no leito os recalcitrantes. Dirigiu-se a mim. Ordenou-me que dormisse e apontou-me o leito pouco limpo.

Apesar de minha enérgica recusa, chamou um companheiro e ambos, com uma ligeireza surpreendente, sujeitaram-me e, tirando-me o uniforme, vestiram-me com um pijama grosso e deitaram-me no leito.

Vendo que tencionavam amarrar-me com correias que pendiam dos lados da cama, relaxei os músculos e procurei mostrar docilidade, ajeitando-me para dormir.

Inútil. Apesar disso, prenderam-me ao leito, pelas pernas e pelo tórax. Eu estava apavorado. Aquelas figuras sinistras que me rodeavam pareciam duendes de um fantasmagórico delírio.

Senti-me impotente no meio deles. Era assustador.

Os encarregados, felizmente para mim, prenderam ao leito os mais angustiados, mas seus lamentos e gemidos tornavam ainda mais cruel a situação.

Senti-me desesperado. Talvez fosse preferível dizer a verdade! Por certo me conduziriam a um campo de prisioneiros, o que de certa forma seria menos penoso do que aquele lugar tenebroso.

Mas, o capitão não aceitaria minha história. Insinuava que eu trabalhava para a espionagem. Contar a verdade significava ser torturado para contar segredos inexistentes. Ser transformado em autômato pelas "drogas" reveladoras que alguns médicos se ufanavam de usar em casos semelhantes.

Quando vi que os enfermeiros voltavam e um, com uma seringa, aproximou-se de mim, arrependi-me seriamente de ter permanecido na Alemanha. Podia ter tentado o regresso. Mas, era tarde!

Indiferente ao meu pavor, enterrou-me brutalmente a agulha no braço.

Logo depois um formigamento, que começou pelos pés e subiu até meu cérebro, produziu uma esquisita sensação de calor e leveza. Depois, por mais resistência que impusesse, os olhos foram embaciando, as pálpebras pesando e mergulhei nas brumas da inconsciência, sentindo o peso do perigo de permanecer indefeso, entregue à sanha e ao sadismo de anormais e desequilibrados.

CAPÍTULO VII

SEVÍCIAS E LIBERTAÇÃO

Na verdade, sempre que tento recordar essa parte de minha vida, encontro algumas dificuldades.

Hoje sei que o capitão não falou comigo na manhã seguinte, nem nas várias outras que se seguiram.

Tudo se tornava confuso para mim, e parecia-me em alguns momentos de semiconsciência estar em alguma dependência do mais tenebroso inferno.

O ambiente do desequilibrado mental já é deprimente. Sua aparência, fantasmagórica. Seu ricto, apavorante.

Nenhuma agressão pode ser tão profunda e grave como a que se perpetra contra a integridade mental da criatura humana.

Um flagelo físico, por mais doloroso e terrível que possa ser, nunca será tão infame e brutal quanto a intervenção mental em um ser humano, em seu raciocínio, em seu equilíbrio psíquico.

Repito, esse é um dos maiores crimes que se pode cometer contra o semelhante.

Eles o fizeram comigo e nada poderia salvar-me naquelas horas de prova e sofrimento.

Jamais soube por quantos dias permaneci ali. Lembro-me apenas de que minha capacidade de resistência cedeu. Gritei apavorado, semi-inconsciente, pedi socorro talvez, ou chamei por minha mãe, não sei.

A única coisa de que tenho ciência foi de ter acordado em uma sala escura, com uma luz suave a um canto. O rosto enérgico do enfermeiro olhava-me frio.

A princípio não consegui concatenar as ideias. Depois, aos poucos, fui me recordando da gravidade da situação.

Olhei ao redor. O leito onde me estendia era único no quarto. Senti-me aliviado por não estar mais entre os dementes.

O enfermeiro tomou-me o pulso alguns instantes.

— Muito bem. Agora procure dormir.

Sobressaltei-me. O medo da injeção era evidente.

— Não vai mais tomar nada... por enquanto — sublinhou.

Após rápido olhar saiu do quarto e pude ouvir o ruído do ferrolho corrido pelo lado de fora. Tentei levantar-me, não consegui. Enorme fraqueza me mantinha submisso no leito. Um zumbido desagradável retinia em meus ouvidos.

Precisava concatenar as ideias, mas era difícil. Parecia-me ter sonhado, gritado, falado, mas o teria feito realmente? Teria contado toda a verdade ou teria conseguido manter meu segredo?

Minha agitação era enorme, embora a prostração me impedisse de levantar.

E por um estranho contraste o corpo permanecia exangue, enquanto o cérebro febricitava em torno de mil divagações inquietantes.

À medida que o tempo decorria, meu estado ia se tornando melhor, mais sereno.

Em dado momento, a porta abriu-se e a figura assustada de Ana apareceu na soleira.

Senti tremendo abalo. Olhei seus olhos, que brilhavam na obscuridade da sala, querendo perscrutar-lhe o íntimo. O que lhe teriam dito?

Ela se aproximou. Vinha só. Chegou perto de mim e passou a mão em minha testa, evidenciando carinho.

— Meu querido! — disse. — Por que não me disse tudo? Por que ocultou sua identidade?

Notei que, apesar de aparentar serenidade, suas mãos estavam trêmulas e frias. Seus lábios entreabriam-se em um sorriso, mas seus olhos, os belos olhos que eu aprendera a compreender em meu silêncio, pareciam refletir horror e desespero.

"É uma cilada" pensei. "Prenderam Ana!"

Apavorado, pensei no bebê, era meu filho! Quis falar com ela, mas, minhas ideias, ainda um tanto perturbadas, não se concatenavam. O que podia dizer?

Não seria melhor continuar fingindo? Minha posição não iria prejudicar a família que com tanta generosidade me agasalhara naqueles meses todos?

Ana prosseguiu.

— Não se atormente. Sei que seu nome não é Kurt Miller. Sei que não é alemão. Por que não me conta a verdade? Sou sua esposa. Tenho direito de saber! Conte-me tudo, eu lhe peço. Quem é você?

Silêncio.

— Pelo amor de nosso filho. Preciso saber! Acho que tenho esse direito!

As lágrimas corriam pela face de Ana e sua voz abafava, a custo, os soluços. Não suportei mais. Foi com uma mistura de palavras, entre o alemão, que eu silenciosamente aprendera, e o francês, que disse:

— Ana! Aconteça o que acontecer, preciso dizer que a amo! Nada tenho para contar. Apenas quis salvar a vida.

A mão de Ana apertava a minha com força. Continuei:

— Sou francês. Meu nome é Denizarth Lefreve. Foi no combate em Sedan que fomos cercados. Fui ferido. Troquei a farda com um soldado morto que estava a meu lado. Consegui ser recolhido pelos enfermeiros, e o resto você já sabe. Foi isso o que aconteceu, Ana, mas eu a amo! Não importa o resto. Quando a guerra acabar, poderemos viver felizes. Nós e o nosso Karl!

A mão de Ana crispou-se com força, apertando-me o pulso:

— Conte-me tudo! Eu também o amo! Preciso saber tudo para ajudá-lo. Se quiser, poderei procurar seus amigos e contatos para pedir ajuda a fim de libertá-lo. Farei o que quiser!

Estranhei a atitude dela. Quem poderia ajudar-me naquelas circunstâncias?

— Minha família está longe, Ana, e meu país perdeu a guerra. Ninguém poderá ajudar-me a não ser você, falando com o capitão, dizendo-lhe que sou um simples soldado sem nada para dizer nem amigos para ajudar!

Ela retirou a mão amuada.

— Não confia em mim! Se confiasse, teria contado antes sua história. Não creio que me ame. Amor é confiança, e você não confiou em mim.

— Ana! Como descobriu onde eu estava? Quem a conduziu aqui?

— Vi que você não voltava, então vim buscar notícias hoje pela manhã, e depois de muito insistir consentiram em minha visita. Disseram-me que você estava doente.

— Ana. Cuide-se bem. Cuide bem de nosso filho. Não sei se poderá ver-me de novo, nem se estarei vivo até lá, mas, aconteça o que acontecer, eu a amo, Ana, e não cometi nenhum crime. Sou inocente! Não me cabe a culpa da guerra. Jamais fui espião de ninguém. Durante meses permaneci encerrado em sua casa sem sair. Se eu fosse agente secreto, há muito teria saído de lá. Seu amor prendeu-me e por ele expus a vida. Poderia ter fugido para meu país, mas não quis perdê-la!

O rosto de minha jovem esposa pareceu petrificar-se.

Insistia para que eu lhe desse nomes e senhas, inexistentes, a pretexto de salvar-me a vida.

A certa altura, as luzes se acenderam, de repente, e cerrei os olhos momentaneamente cegos. Quando os abri, vi que o capitão entrava seguido pelo enfermeiro e por dois soldados.

— Muito bem. Podem levá-la.

Vi quando os soldados a agarraram pelo braço e a retiraram da sala. Nossos olhares se cruzaram. O meu refletindo horror e desespero; o dela, surpresa e alheamento.

O capitão Rudolf Hilster aproximou-se.

— Vejo que se nega a falar. Estou começando a ficar cansado. Concedo-lhe apenas vinte e quatro horas para pensar. Temos sua esposa e seu filho em nossas mãos. Ou fala ou teremos o gosto de mandá-los para um campo de prisioneiros.

— Ana foi enganada. Não tem culpa de nada. Não sabia que não era alemão!

— Isso você diz... Nós não acreditamos. É uma traidora. Como tal deve ser castigada. Lembre-se: tem vinte e quatro horas.

Ia sair. Deteve-se, porém, e voltando-se completou:

— Não tem saída. Ou você nos conta tudo que sabe ou continuamos com seu "tratamento" e mandamos sua família para o campo. Poderei negociar sua liberdade, se você resolver contar o que sabe. Pense e resolva.

Saíram todos. Fiquei só. Meu dilema era tremendo. Se eu possuísse algum segredo, talvez não o tivesse guardado para tentar salvar Ana e o bebê.

Além de sabê-los inocentes, minha consciência acusava-me de maneira atroz. Eu os conduzira àquela situação de perigo. Eu, só eu, era indiscutivelmente o culpado. Que castigassem a mim, único responsável, nunca a Ana e a nosso filho. Para onde os teriam levado?

Existem momentos em nossa vida em que o inferno toma conta de nós. Eu me sentia mergulhado no mais dilacerante problema, que se me apresentava completamente insolúvel.

O tempo foi passando. Ninguém aparecia. O enfermeiro trouxe-me alguns alimentos que mal toquei. Perguntei-lhe para onde tinham levado Ana, se o bebê estava com ela, mas a cada pergunta ele se conservava calado, indiferente e frio.

Desisti de formulá-las. Para quê? Jamais obteria resposta.

Foi então que, no auge da angústia e da dor, pensei em Deus. Nunca fora muito religioso. Respeitava os diversos cultos que conhecera, mas sem arroubos nem entusiasmos. Foi a noção de minha impotência ante uma situação tão grave que me fez de chofre pensar em Deus como único ser a quem poderia recorrer.

Senti vontade de rezar. Já algumas vezes nos combates rezara e me lembrara de Deus, mas, naquele momento cruciante, senti pudor de orar diante do enfermeiro.

Deus não precisava de palavras para ouvir-me, por isso, dirigi-lhe intenso e fervoroso pensamento, rogando proteção e auxílio. Mas, apesar de minha fé e da veemência de meu apelo interior, nada aconteceu.

O tempo inexorável caminhou contra mim, contra Ana, contra meu filho. Apesar disso, ainda passei por um sono que não imagino quanto durou.

Entretanto, à medida que o tempo corria, eu meu sentia mais nervoso. Até que, em certo momento, Ana voltou. Veio só, mas seus olhos estavam marejados. Ao ver-me, correu para mim soluçando. Abracei-a embargado.

— Salve-nos, Kurt — implorou, esquecida de que não era esse meu nome. — Eles levaram Karl e só vão devolvê-lo se você lhes contar tudo! Por favor, eu lhe peço... conte-lhes tudo! Conte-lhes tudo!

Ana estava desesperada. Esforcei-me por sentar no leito. Minha cabeça estava confusa e o quarto parecia rodar à minha frente. Desagradável zumbido martelava-me os ouvidos.

Alisei-lhe os cabelos louros e procurei olhá-la bem nos olhos:

— Ana, perdoe-me! Não desejava causar-lhe nenhum mal. Eu a quero muito. Sinto ter que lhe dizer: nada tenho para contar. Sou um simples soldado francês, nada mais.

Ela pareceu não compreender.

— Você não me ama, nem a Karl. Prefere ver-nos sofrer a contar a verdade. Se formos para o campo de prisioneiros, nosso Karl vai morrer. Ele não suportará! Quer que ele morra? Chame o capitão e conte tudo, eu lhe peço, por favor!

Deixei-me cair desanimado no leito, esmagado pela própria impotência. Na verdade, quem acreditaria em mim? Numa época em que os próprios familiares desconfiavam uns dos outros, em que o fanatismo imperava, como podiam dar crédito à minha ingênua história?

Ana soluçava debruçada no leito em franco desespero.

— Ana, olhe-me bem nos olhos. Saiba que estou dizendo a verdade. Pelo amor de Deus, acredite.

Minha voz embargava-se, transbordando de emoção.

— Pelo menos, você, acredite em mim! Sou um simples soldado francês, sem divisas ou importância. Daria minha vida para salvá-los.

Ana não parecia ouvir. Rogava e implorava para que eu contasse o que sabia sobre a Resistência francesa, que, embora se houvesse concentrado na Argélia, mantinha larga rede de espionagem trabalhando sem cessar.

Mas, não sei se por sorte ou por infelicidade, eu jamais mantivera o mais leve contato com eles.

Quando depois de certo tempo as luzes se acenderam em profusão, a figura odiosa do capitão Rudolf estava novamente na sala. Vendo-o, parecia que Ana transformara-se por encanto. De suplicante e sofredora, assumiu atitude de rancor. Não se assemelhava a Ana doce e carinhosa que eu conhecera. Pareceu-me uma estranha. Fixando-me com ódio, gritou:

— Assassino. Mentiroso, covarde! Abusou de nossa confiança. Não respeitou nosso lar, obrigando-me ao convívio mais íntimo. Como poderia eu esperar que algum outro moço me desposasse se ia ser mãe? Por que pensa que me casei com um doente mental, um desmemoriado? Queria respeitar o bom nome da família. Meu irmão o trouxe para casa a pedido de seu capitão, na frente de combate. Por que haveria de desconfiar dele? Não parecia estrangeiro. Canalha! Meu filho nunca saberá que teve um pai tão covarde e traidor, como covardes e traidores são os nossos inimigos, os inimigos da Alemanha. Tenho nojo de mim quando penso que dormi com um francês! E você pensou que eu fosse aceitar a sua verdade? Você que enganou a todos, abusou de nossa hospitalidade e ainda se nega a nos salvar nessa hora? Eu o odeio, e o odiarei de hoje em diante. Não me importa o que vão fazer com você. Todo traidor deve morrer. Meu filho jamais saberá o seu nome. Nem conhecerá a verdade.

Ana gritava enfurecida, enquanto o capitão, indiferente ao meu sofrimento, imperturbável, conservava-se observando em silêncio.

Senti-me sufocar de angústia. Cada palavra de Ana apunhalava-me fundo o espírito cansado. Não procurei justificativas para seu procedimento. As coisas não se tinham passado bem como Ana descrevia. Fora ela quem se entregara a mim espontaneamente e até sem que eu me insinuasse. Fora *frau* Eva que quase me obrigara ao casamento, cujo valor era apenas moral. Mas, compreendi que, vendo tudo perdido, ela ou percebendo a verdade ou julgando-me um espião obstinado, pretendeu salvar-se eximindo-se da culpa por haver me agasalhado e se casado comigo.

Compreendi seu objetivo e não pretendi defender-me, mas doía-me muito que Ana realmente me supusesse um canalha.

Da maneira que as coisas estavam, talvez fosse aquele o nosso último encontro. Não queria que tudo acabasse assim. Sem dominar a emoção, com a voz um tanto insegura pelo pranto que eu procurava reter, pude dizer:

— Ana. Destruí sua vida. Mas, quero que acredite na sinceridade de meu amor. Se eu pudesse salvá-los, morreria feliz. Perdoe-me. Não ensine nosso filho a me odiar. Não sou tão culpado como você diz. A guerra é que destrói nossas vidas. A guerra desumana que a ambição de alguns estabeleceu para destruição de um povo, de sua felicidade, de seus sonhos. Sou contra a guerra! Se você deve odiar alguma coisa, odeie a guerra, que torna os homens piores que feras. Não guarde de mim ódio ou rancor. Eu ainda a amo, Ana, a você e a Karl.

— Poupe-nos de sua farsa — volveu o capitão, soltando chispas pelos olhos.

No auge do desespero, misturara o francês com o parco alemão que aprendera e não sabia se Ana me havia compreendido bem. Olhava-a ansioso, quando a uma ordem, dois soldados a levaram. Seus olhos me fixavam com raiva e desprezo.

— Muito bem — volveu o capitão. — Já sei de muita coisa com relação à rede de espionagem francesa. Sei mais do que poderia supor. Sei que há vários meses, mais ou menos quando você "adoeceu" e ficou "desmemoriado", intensificou sua ação nesta zona. Eles já existiam antes da guerra, porém depois de nossa vitória estrondosa na França ampliaram suas atividades, e sabemos, pelas informações, que os ingleses conseguem os nossos segredos militares e que há um grupo infiltrado e bem sediado em nossa cidade. Como vê, estamos a par de quase tudo. Precisamos de sua ajuda apenas para prender os culpados. Apenas os nomes, e depois daremos liberdade a Ana e a seu filho. Você irá para um campo de prisioneiros, onde estará com outros soldados, seus conterrâneos, até que ganhemos a guerra.

Sua voz era persuasiva e suas maneiras quase distintas. E eu calado, procurando febrilmente uma forma de ganhar tempo, para fugir ao perigo da punição iminente.

Apesar da dor moral que me ia na alma, admirei-me do instinto de conservação que despertava dentro de mim, aguçando-me a mente, apesar dos traumas e sofrimentos passados.

Eu estava surpreendido. Não sabia que nosso serviço secreto estava dando trabalho aos alemães. De certa forma, senti-me um pouco compensado, e também aliviado por não saber nada a respeito deles.

Para mim, seria muito penoso atraiçoar meus compatriotas que lutavam arriscando a vida para reprimir a agressão e a ditadura nazistas.

O capitão parou na minha frente e, agarrando-me pelo peito, repetiu:

— Os nomes. Quais são os nomes?

Seus olhos eram ardentes e penetrantes, faiscavam diante de mim.

— Não sei... — respondi num sopro. — Não sabia que eles agiam na Alemanha.

Tomado de fúria, o capitão Rudolf esbofeteou-me as faces violentamente. Foi como se um terremoto desabasse sobre mim. Estava fraco e vencido pelas emoções. O mal-estar físico superou a humilhação e a vergonha. Naquela hora conheci bem a extensão da palavra ódio. Odiei o capitão com tanta intensidade que, por momentos, a vista se me turvou.

Ele parecia possesso. Pensei que fosse continuar a espancar-me, contudo, de repente, pareceu acalmar-se e saiu.

Logo após, vieram os enfermeiros e meu tormento continuou. Injeção de entorpecente. Novamente a Enfermaria 2. Novamente o pesadelo terrível.

Sempre pensei que numa guerra o pior que pudesse me acontecer fosse a morte, entretanto, estava vivendo um suplício infinitamente maior e mais doloroso. Diante dele, a morte se me afigurava libertação e paz.

Se ao menos não houvesse intervalos entre as aplicações, talvez eu morresse mais depressa, ou pelo menos permanecesse inconsciente do mundo horrível em que estava retido.

Mas, não: desejavam mesmo atormentar-me para vencer-me a resistência pelo pavor ou então arrancar-me a verdade nas brumas da semiconsciência.

Quando davam alguma trégua com as injeções, surgiam os interrogatórios sempre com as mesmas perguntas realizadas inesperadamente, com luz em meu rosto pálido e contorcido no ricto das drogas alucinatórias.

Não sabia se era dia ou noite, se estava vivo ou se perambulava qual duende infeliz nos umbrais do inferno. Mas, sei que não há homem capaz de resistir muito tempo a um "tratamento" como esse. Se eu soubesse de algo, teria dito.

Entretanto, à medida que meu sofrimento excedia as raias do suportável, com o decorrer do tempo, com o ódio vibrando dentro de mim quando ficava mais lúcido, sentia, por mais paradoxal que possa parecer, certo prazer por não poder falar nada, por não lhes satisfazer os desejos, por colaborar para que fossem vencidos, eles, os invencíveis, os dominadores, pelo menos uma vez, embora essa vitória fosse insignificante e estivesse me custando a razão e a vida.

Não duvidava que ia acabar enlouquecendo como os outros que me rodeavam na Enfermaria 2.

Certa vez, pensei ter chegado meu fim.

Minha resistência ao sofrimento estava esgotada, minhas forças físicas também.

Sofrera mais uma vez duro e cerrado interrogatório, infrutífero como sempre.

Após a saída do capitão e seus imediatos, entrou um enfermeiro com a indesejável seringa. Pensei que talvez estivesse no fim. Sentia-me tão enfraquecido que provavelmente uma nova dose me seria fatal. De certa maneira seria um alívio. O fim de tudo! O silêncio eterno.

Apesar de pensar assim, por estranho que pareça, estremeci de horror ante a seringa e o veneno. O enfermeiro aproximou-se.

Recuei sem querer, arregalando os olhos, como louco. Em silêncio preparou a injeção e, enquanto a enfiava em meu braço, ouvi que me dizia baixinho no mais puro francês:

— Paciência, companheiro. Vamos tirá-lo daqui. Se quer viver e sair daqui, obedeça-me cegamente. Esta não vai lhe fazer mal. Espere. Quando puder dou outro aviso.

Jamais poderei esquecer a profunda emoção que me acometeu. Pensava na morte e me ofereciam a vida; pensava na loucura e na prisão e me ofereciam a liberdade; pensava nos inimigos e aparecia-me um amigo. Meu idioma pátrio jamais me parecera tão lindo.

Lágrimas brotaram dos meus olhos e eu tremia como se todos os ventos do mundo me agitassem o corpo. Olhei ao redor e procurei fixar-lhe o rosto. Por entre alguma neblina, consegui perceber-lhe a fisionomia e, embora sua atitude fosse inamistosa e fria, eu sabia que ela era apenas exterior.

— Finja dormir.

Foi a ordem e obedeci de pronto.

Em meu peito cantava uma esperança. E agora parecia-me que uma janela começava a se abrir para arrancar-me das profundezas do inferno.

Ouvi que me conduziam à Enfermaria 2. Procurei fingir que estava sob efeito da droga e gemia balbuciando coisas desconexas, como de costume.

Porém, não sei se foi o remédio que aquele mensageiro de minha esperança aplicou, se foi a própria alegria, ou ainda se foi o fato de não mais me sentir só e desprotegido à mercê daqueles monstros, consegui descansar um pouco, tranquilamente.

Quando acordei, sentia-me um pouco melhor, mais animado. Recordando os acontecimentos, a princípio, receei que fosse um sonho. Só depois de grande esforço consegui rememorar bem os detalhes e convencer-me de que fora realidade.

Ardia de impaciência por rever meu protetor, mas passou algum tempo antes que ele reaparecesse.

Veio na hora da ronda, talvez fosse noite, não sei. Apesar da obscuridade, pressenti que era ele. Não disse nada. Aplicou-me uma injeção, assim como nos demais. Quando pensei que fosse sair e já me sentia decepcionado, aproximou-se de meu leito e fingiu que consertava a correia que me prendia à cama. Sussurrou para mim:

— O remédio vai provocar uma catalepsia. Não tenha medo. Foi a única forma de salvá-lo. Vai sentir-se mal, mas nada tema. Não há perigo. Logo estaremos fora daqui. É o nosso plano. Coragem. Não largo você de maneira alguma.

Senti um baque surdo no coração. Apavorei-me diante de um estado de morte aparente, mas uma onda de esperança invadiu-me a alma. Talvez fosse o último sofrimento a vencer.

Quando ele se foi, um calafrio me percorreu o corpo inteiro. Não demorou muito, comecei a sentir um torpor paralisante que me enregelava o corpo. Comecei a gemer, enquanto a sala girava em torno de mim.

Lembro-me que num segundo pensei em minha mãe, meu pai, minha irmã, Ana, meu filho, depois pensei em Deus. Em Jesus Cristo, a quem aprendera a orar na infância.

Meu último pensamento foi para Ele, apavorado e súplice.

Depois as brumas desceram sobre mim, nas insondáveis chamas da inconsciência.

CAPÍTULO VIII
INÍCIO DA VOLTA

Minha primeira impressão ao acordar foi a de que o capitão Rudolf estava a meu lado, fixando-me com seus olhos azuis e perversos, buscando devassar meus pensamentos mais íntimos.

Instintivamente recuei de pavor.

Gritei com todas as minhas forças:

— Não sei de nada. Juro que não sei de nada. Deixem-me em paz.

Para meu espanto, uma voz enérgica e amável respondeu-me incisiva em meu próprio idioma:

— Nada receie. Você já está livre. Somos amigos!

Custei a crer em meus ouvidos. Senti-me atordoado e muito fraco. Apesar de meu esforço, as palavras saíam-me dos lábios dificultosas e quase inaudíveis.

Passados alguns instantes em que ainda misturei o pesadelo com a realidade, consegui balbuciar:

— Onde estou?

As pálpebras pesavam e parecia-me voltar de outro mundo.

— Nada tema. Está entre companheiros. Todos lhe somos gratos. Foi um herói.

Aproximando um cálice de meus lábios, pediu:

— Beba isto. Vai se sentir melhor.

Obedeci. Por um minuto comecei a pensar que estava morto e despertando no paraíso.

Sorvi a bebida de sabor desagradável e um calor reconfortante começou a invadir-me os membros frios e um tanto dormentes.

Depois de alguns minutos, consegui abrir os olhos e, embora estivesse atordoado, pude contemplar meu generoso amigo. Para surpresa minha, não se tratava do enfermeiro que me socorrera na Enfermaria 2. Creio ter deixado transparecer minha admiração, porquanto ele esclareceu:

— Meu nome é Jean. O agente Leterre não pôde esperar seu despertar.

— Onde estou? — reinquiri.

— Num de nossos esconderijos. Estamos em um arrabalde da cidade.

Apesar da vertigem que ainda me toldava o olhar, tentei fixar a face forte de meu interlocutor. Senti-me bem. Era um dos nossos. Rosto fino, cabelos castanhos, fisionomia madura apesar de ser ainda moço.

— O agente Leterre?

— Sim. O enfermeiro que executou o nosso plano. Infelizmente, teve que voltar lá. Está tentando libertar mais um dos nossos. Não vai ser fácil, esperamos que consiga.

Conforme nosso diálogo se estabelecia, eu ia me capacitando de que era tudo verdade. O audacioso plano do agente Leterre obtivera pleno êxito.

Lágrimas vieram-me aos olhos e não me pejo de dizer que não as retive. A torrente contida e armazenada em momentos de tensão e terror, de sofrimento e de angústia bordejou insopitável, sulcando-me as faces magras e pálidas.

Eu estava livre! Finalmente, eu estava livre! Esse era o pensamento dominante a cantar dentro de mim, como se, de repente, depois de tantas noites intermináveis, o sol viesse a iluminar e aquecer as alegrias de ser novamente um homem, um ser humano e de poder viver.

Passados os primeiros momentos, quando consegui acalmar-me um pouco, Jean contou-me tudo.

A Resistência francesa mantinha vasta rede de espionagem naquela área em constantes atividades. Graças a ela, a Inglaterra, que as financiava em grande parte, assenhorava-se de grandes segredos militares, principalmente com relação aos submarinos alemães e seus planos de ataque.

Agiam com muita eficiência. Todos os que mantinham contato direto com os alemães e operavam na cidade eram fisicamente do tipo germânico e falavam corretamente o alemão com tal perfeição que ninguém desconfiava de suas reais ocupações.

Exerciam as mais variadas funções. Bombeiros, eletricistas, enfermeiros e mecânicos, conforme a situação e o momento exigissem. Todos os elementos conheciam "sua profissão" e passavam sempre despercebidos com seus macacões de trabalho, ouvindo tudo, observando tudo. Operavam no Exército com tal eficiência que nem sequer chamavam a atenção.

Ademais, os oficiais da Gestapo eram tão superiores, sentiam-se tão eficientes e seguros, que não cogitavam sequer que aquele plano de infiltração fosse possível.

Assim, o grupo que operava em contato direto com os alemães tomou conhecimento de que haviam prendido um importante agente da Resistência francesa.

Em sua verbosidade vaidosa, o capitão Rudolf comentara com um superior a prisão do espião, acreditando que através dele fosse possível desbaratar toda a organização naquela cidade.

A notícia, trazida por um dos agentes que consertava um dos carros do quartel, fora detidamente estudada pelo grupo de contato da retaguarda, que efetuava a ligação entre o centro de espionagem, localizado além das linhas alemãs da fronteira húngara, com os agentes treinados para o contato direto com os alemães.

Apesar dos esforços para estabelecer a possível identidade do prisioneiro, ninguém conseguiu descobri-la ao certo.

Supôs, e apesar disso, que realmente se tratasse de um agente secreto da Resistência.

Muitas precauções acauteladoras foram tomadas: modificações de planos e retardamento de operações planejadas. Conheciam os métodos que habitualmente empregavam para fazer falar os espiões. Sabiam ser quase impossível a resistência, principalmente no que se referia à ingestão de drogas alucinatórias.

Porém, logo as notícias foram sendo tranquilizadoras. O prisioneiro não falava. Sofria horrores sem nada dizer.

A cada novo interrogatório, a admiração pelo agente aumentava e uma auréola de mártir foi sendo levantada ao redor de minha figura. Por fim, planejaram a libertação.

Vestido de enfermeiro, Leterre infiltrara-se na enfermaria e conseguira aproximar-se de mim, dando cumprimento ao plano.

As notícias sobre as torturas provocavam exclamações de ódio e de horror em todos os agentes.

Jean continuava contando-me tudo. Quando fui encontrado aparentemente morto no leito da Enfermaria 2, ninguém se preocupou. Era rotina morrer um daqueles infortunados cujo coração enfraquecia a cada dia pelo efeito dos tóxicos.

O capitão Rudolf esbravejou um pouco, mas acabou por dizer que eu estava louco e só um louco poderia atrever-se a resistir até a morte.

Fui levado para a sala que servia de necrotério e colocado ao lado de outros dois para ser levado ao forno crematório de Armensteth. Leterre e outro agente encostaram calmamente o carro, que comumente exercia essa atividade, colocaram os três corpos e saíram naturalmente, saudando o porteiro, como de praxe.

Rumaram para o crematório, mas, tomando um atalho, já outro carro nos esperava. Colocaram os corpos dos outros dois em uma vala e os cobriram com terra. Destruíram os vestígios e, enquanto o outro agente levava de volta o carro do Exército, Leterre conduzia-me para a periferia. Trouxera-me à cabana que lhes servia de esconderijo e deixara-me aos cuidados de um dos agentes.

Regressara à cidade depois de prometer voltar na noite seguinte para partirmos de regresso à pátria.

— Conte-nos agora — pediu Jean — qual é sua senha e sua zona de ação.

Tive pena de decepcioná-lo, porém eu nada podia contar senão a verdade.

— Estou muito fraco — balbuciei —, mas posso lhe dizer que sou um soldado apenas. Não faço parte da Resistência, estou na Alemanha desde a batalha em Sedan. Lamento ter-lhes dado tanto trabalho. Gostaria de ter sido um herói, mas não fui. Não sou agente secreto. Devo-lhes a vida. Jamais poderei retribuir.

Jean ainda duvidou:

— Não receie. Confie em mim. Sou da equipe de Blanchard, agente 48. "As aves poderão voar neste verão."

Deu a senha e esperou. Abri os olhos, que na exaustão cerrara e redargui:

— Não duvido. Porém, não tenho a glória de ser um de vocês. Vou contar tudo.

Devagar, mas sem omitir nada, contei-lhe lenta e resumidamente minha história. Confesso que não tive coragem de relatar as profundezas de meu amor por Ana. Meu interlocutor falava do inimigo com tal veemência que receei não ser compreendido.

Qualquer soldado, qualquer homem era capaz de entender uma atração de natureza carnal com relação a uma mulher da zona inimiga, mas não julgariam honroso amar essa mesma mulher e sentir por ela respeito e admiração.

Por isso, ao relatar-lhe minhas aventuras na zona inimiga, omiti esse detalhe.

Era muito difícil para mim renunciar ao respeito e à estima de meus concidadãos, mormente em época de guerra, quando haviam exposto preciosas vidas para salvar-me. Achei que a decepção de não ser um deles já era o bastante.

Quando terminei, Jean pareceu-me pensativo.

— Acho que eu não valia o sacrifício de vocês, mas, ainda não sendo quem esperavam, sou-lhes muitíssimo grato.

Jean sorriu.

— De maneira alguma, não pense assim. Faz parte de nosso trabalho a libertação dos compatriotas. Ainda que soubéssemos a verdade, o teríamos salvado. Eu pensava no destino dessas crianças sem pai, e até sem lar, quando a guerra terminar.

Seu caso é raro. Sua ideia foi muito bem urdida. De certa forma, você é como se fosse um dos nossos.

Aquelas palavras tão compreensivas fizeram-me imenso bem.

Conversamos muito durante o tempo que antecedeu à chegada do agente Leterre. Eu mais ouvia do que falava, por estar ainda doente e trêmulo, mas, o prazer de trocar ideias livremente com um amigo, de ouvir meu próprio idioma, excitava-me o ânimo, galvanizando forças que há muito eu não sentia.

O tempo passava e Leterre não vinha.

Como era bom poder comer outra vez, como um ser humano, estar longe da ração odiosa e escassa de enfermaria.

Eu ardia de impaciência. Temia pela vida de Leterre.

Jean deitou-se em uma cama que havia a um canto e recomendou-me que dormisse porque a viagem deveria ser penosa e cansativa. Sua calma teve o dom de serenar-me. Temia que algo pudesse ocorrer destruindo os planos de alegria e regresso.

Adormeci. Despertei pouco depois com um leve ruído na porta da cabana. A princípio me assustei. Depois chamei baixinho por Jean.

Ele acordou imediatamente, o que demonstrou que estava de sobreaviso. Saltou rápido e esperou. Ouviu-se um leve ruído na porta, como se alguém a raspasse levemente com as unhas.

Jean abriu com um suspiro de alívio e a figura esbelta e alta do agente Leterre entrou na cabana.

Vinha acompanhado de um outro, mais baixo e mais velho.

À luz fraca da lanterna, pude verificar que era Leterre, o generoso enfermeiro, que na hora mais crucial de minha vida, reacendera-me a esperança.

— Tudo bem por aqui?

— Sim — respondeu Jean.

— Muito bem. Demorei porque a empresa não foi muito fácil, mas Debret aqui está. Uma vitória a mais.

Jean sorriu e apertou com entusiasmo a mão do acompanhante de Leterre.

— Esplêndido. Com calma e perseverança nossa causa vencerá!

Leterre aproximou-se de mim olhando-me bem nos olhos:
— Pode andar?
— Estou muito fraco, mas para sair desse lugar encontrarei forças.
— É bom que pense assim. Vai precisar da força de vontade. Quando possível, pouparemos você. Mas, a distância que nos separa de nossas linhas, as dificuldades e os riscos dessa viagem exigirão disciplina, esforço, controle e, principalmente, sangue-frio. Depois do que passou, julga-se capaz de realizar esse esforço?
— Acredito que sim.
— Temos pouco tempo. Tem algo para comer?
Jean ofereceu aos recém-vindos alguns alimentos e, enquanto comiam, Jean arrumava os objetos que iam levar.
Leterre foi colocado a par de minha história e comentou com tristeza:
— Aquelas feras bem poderão punir a criança inocente.
Vendo minha preocupação evidente, acrescentou:
— Tenho notícias para você. Acredito que gostará de saber que Ana não estava presa, nem seu filho. A família dela, assim que tomou conhecimento de sua prisão, foi reclamar com um grande general que goza da confiança do *Führer*, que lhes prometeu vingar a afronta. A moça recebia instruções do capitão Rudolf, que pensou usá-la para conseguir desvendar seu segredo. Durante seu estado de inconsciência, sua afeição pela moça ficou evidente. Por isso, pensou usá-la.
Desapontado, ferido em meu amor-próprio, revoltei-me com a atitude dela. Como se prestara a semelhante papel? Diante de minha revolta, Leterre comentou:
— Para sermos justos, a ela só lhe restava obedecer-lhe, se quisesse salvar a pele. Conheço o capitão Rudolf. Quis colocá-la também à prova. Se ela se recusasse, então seria punida por conivência. Em todo caso, meu caro Denizarth, sua aventura acabou aí. O melhor que tem a fazer é esquecer essa mulher. Há um abismo de cadáveres separando vocês dois, além do que, se quisermos vencer essa guerra reconquistando a liberdade de

nossa pátria, todos os nossos problemas particulares deverão ser esquecidos, um só ideal deve nortear nossos passos: a liberdade! Depois, quando tudo passar, se ainda estivermos vivos, então reuniremos os despojos e procuraremos reconstruir nossa vida.

Permanecemos em silêncio, cada um embebido nas profundezas de suas preocupações. Ao cabo de alguns minutos tornei:

— Tem razão. Entrei nessa guerra sem vontade nem inclinação. Não sabia o que era ódio, luta, sofrimento e dor. Não sabia nem o quanto valia a paz e a liberdade que sempre desfrutara. Mas, agora sei. Sei o que pode o ódio, sei o que pode a guerra, sei o que é a ocupação odiosa, sei o que precisamos defender custe o que custar. Compreendo que, diante do problema mais premente e mais grave, nossa vida, nossos problemas individuais nada valem. Estou pronto. Agora sei o que quero. Se me aceitarem, gostaria de ser um dos vossos. Podem ter a certeza de que saberei honrar a Resistência.

Leterre olhou-me bem e com firmeza:

— Acredito em você. Depois do que fez com eles, enganando-os durante tanto tempo, não lhe será difícil aprender o trabalho. Agora vamos. Precisamos chegar a Belchstain antes do amanhecer.

Jean cuidou de mim, procurando modificar-me a aparência. Colocou-me um bigode louro, da cor de meus cabelos, e uma barba. Vestiu-me com roupa de camponês. A mocidade era perigosa. A presença de um moço que deveria estar mobilizado na guerra chamava sempre mais atenção. Os velhos eram figuras comuns.

Uma carroça puxada por dois cavalos também era muito comum naqueles dias em que a gasolina requisitada e sob controle militar, era negada ao uso particular.

Fui colocado deitado sobre um pouco de capim que encobria alguns pertences nossos. Debret estendeu-se a meu lado e na boleia, os outros dois.

Confesso que, apesar do silêncio da noite alta e de meus companheiros, ao ruído dos animais e das rodas da carroça, meu coração bateu descompassado ante os perigos imprevistos e a impaciência de poder novamente ser um homem livre.

A noite, apesar de fria, era estrelada. Não pude deixar de sentir a calma que refletia o brilho silencioso das estrelas, testemunhas indiferentes e serenas diante das angústias e das lutas humanas.

Clareou e continuamos viajando, com calma, sem que ninguém nos incomodasse. O sol ia alto e passava já do meio-dia, quando atingimos um vilarejo e nos dirigimos a uma casa afastada onde nos esperavam alguns amigos.

Lá, repousamos um pouco e conseguimos algumas provisões. A princípio, eu supusera que o agente Leterre retornasse apenas para nos conduzir de regresso, mas, agora compreendia que essa viagem fazia parte de um outro plano bem mais importante.

Debret era um elemento muito esperado pelos companheiros, mas ainda havia algo mais. Leterre conduzia um bornal de couro, do qual nunca se separava. Dormia sobre ele, e jamais se descuidava.

Pelos companheiros, pude saber que a campanha alemã na Rússia, que tantas vitórias tinha conseguido, fora detida a vinte quilômetros de Moscou e submetida a enormes baixas. Isso nos alentava as esperanças. As coisas bem poderiam mudar. Talvez, em tempo próximo, todos pudéssemos regressar ao lar, recomeçar a vida e viver em paz.

Partimos ao anoitecer. Viajamos durante cinco dias, parando sempre nos contatos a fim de descansar e nos reabastecer, mas cada encontro era sempre marcado pela troca de informações e de eficiência.

Tivemos sorte. Não fomos surpreendidos por nenhuma patrulha. Nosso itinerário não era a volta ao lar. Nossos lares haviam sido invadidos pelos inimigos. Temporariamente, a pátria seria guardada nas profundezas de nosso coração e, para que um dia pudéssemos retornar a ela, livremente, precisávamos nos unir e lutar. Não importava onde nem como. O essencial era vencer.

Foi assim que, ajudados financeiramente por alguns amigos, entre alguns sobressaltos, mas, sem que nada nos detivesse, conseguimos atravessar a fronteira tcheca.

Em Putsjaden, que alcançamos em plena madrugada, dirigimo-nos à casa de um velho judeu que, dada a senha, abraçou-nos dominado de emoção fora do comum.

Estava assustadíssimo. Nem sequer acendeu a luz. Na penumbra reinante correu o ferrolho da porta e sussurrou com euforia:

— Temia que não viesse ninguém. Levem-me com vocês, preciso ir embora. Eles estão todos loucos. Querem nos destruir.

Não compreendi, mas, pelo suspiro de Leterre, percebi que ele sabia do que se tratava.

— O que posso fazer é ajudá-lo a cruzar a fronteira. Infelizmente, não podemos fazer mais. Nossa situação é dificílima aqui, e os contatos muito espaçados.

— Ainda ontem, diversos amigos meus foram presos e um trem cheio seguiu para um destino ignorado. Eles tomaram conta de tudo que lhes pertenciam.

O velho tremia nervosamente.

— Soubemos que são levados para um campo de prisioneiros. Tememos por suas vidas. Eles nos odeiam e nos querem exterminar.

Fiquei estupefato! Por quê? Então a guerra não se resumia apenas à ambição de poder?

Leterre sentou-se exausto na cadeira confortável, permanecendo absorto por alguns segundos. Vendo nosso olhar ansioso fixo nele, tornou com raiva:

— Infelizmente, as notícias de que disponho sobre isso não são animadoras. Sei que estão recrutando israelitas, tanto da Alemanha como da Tchecoslováquia, da França e até da Hungria. Toda zona ocupada, segundo consegui apurar, está sendo esmiuçada, e os judeus — homens, mulheres e crianças — levados para lugares especiais, muito bem vigiados. Não conseguimos ainda apurar bem quais as intenções, mas sabemos que são as piores possíveis. Tem certeza de que esta casa não está sendo vigiada?

Senti um baque no peito.
Estaríamos em perigo?
— Não — gemeu ele apavorado. — Penso que não.
Leterre de imediato levantou-se e passou a examinar a casa minuciosamente:
— Tem saída pelos fundos?
— Tem. Vou lhe mostrar.
Conduziu-nos com cautela, mesmo no escuro, pelo resto da casa, levando-nos à cozinha e à entrada de serviço. Tratava-se de uma boa casa, onde nosso amigo vivia em companhia de uma irmã solteirona, como ele, e àquelas horas dormia.
Depois de meditar um pouco, Leterre determinou:
— Vamos embora. Seguiremos imediatamente.
— E eu? — perguntou nosso amigo. — Tenho minha irmã, não posso deixá-la.
— Tenho grande cartada em jogo. Não posso arriscar. Vou lhe dar instruções, Jold, e alguns novos contatos que o ajudarão. Procure seguir o mais depressa possível. Sei que eles não estão brincando. Quanto a nós, vamos embora. — Voltando-se para mim: — Você está bem?
Na verdade eu não estava. O "tratamento" a que fora submetido deixara em mim sua marca. Quando cansado, sentia náusea, vertigens, as alucinações perseguiam-me com tenacidade.
Os companheiros tentaram dar-me ânimo, achando tudo natural e passageiro. Pressentindo o perigo, assenti com a cabeça. Olhando um a um, ele continuou:
— Minha missão é tão importante que, se algum de vocês não puder seguir-me, serei forçado a deixá-lo para trás. O interesse de nossa causa é maior do que o valor de nossas vidas. Se eu cair, um de vocês, o que restar, deve seguir adiante. Vamos traçar os planos.
Senti a cabeça rodopiar, mas esforcei-me por dominar a fraqueza. Pedi algo para comer. Jold serviu pão e queijo. Ali mesmo no escuro, sentamo-nos ao redor de Leterre, que, sem largar sua bolsa de couro, começou a traçar os planos para nós todos.

De tal forma foram convincentes suas palavras, que Jold tratou de acordar a irmã e, com a casa às escuras, preparar a fuga.

Nós deveríamos sair antes e rumaríamos para Budapeste, ao passo que Jold, com a irmã, tentaria atravessar a fronteira da Romênia, passando por dois contatos nossos onde descansariam e renovariam as forças.

A casa deveria conservar aparência de habitada, a fim de ganharmos tempo.

Confesso que meu estado não era muito animador. Minhas pernas ainda tremiam e a náusea reapareceu provocando zumbidos nos meus ouvidos, perturbando-me até a visão.

Mas, a vontade de lutar e viver, principalmente o pavor de ser novamente capturado, conseguiu suster-me e, amparado por Jean, galvanizei forças e consegui acompanhá-los em silêncio.

Jean de vez em quando me apertava o braço com força como a incentivar-me a coragem, ao mesmo tempo, colocando-se na posição de amigo e protetor.

Silenciosos, deslizamos pela rua na calada da fria madrugada. Aos poucos, o mal-estar foi passando e pude respirar melhor. Ainda com a cabeça um tanto atordoada, percebi quando o ruído de uma patrulha fez com que nos escondêssemos em um canto escuro da rua. Sustendo a respiração, percebemos que ela passou por nós sem nos ver e seguiu.

— Vamos — sussurrou Leterre, e num minuto, quietos e com cautela, conseguimos galgar um atalho que nos levaria à estrada.

CAPÍTULO IX
A RESISTÊNCIA

Chegamos a Budapeste de madrugada. A impressão que nos causou a bela cidade foi de tristeza. Às horas mortas, ela nos parecia solitária e triste, como nós mesmos, distantes dos entes queridos e atirados às incertezas de nosso destino.

Estávamos em novembro de um duro inverno. A viagem fora difícil por causa da neve que caía sem cessar.

Foi com prazer que chegamos ao nosso destino, em uma casa afastada, na qual entramos pelos fundos.

O velho que nos acolheu mostrou-se muito amável. Lareira ainda acesa, ofereceu-nos chá com deliciosos biscoitos de mel, que me fizeram lembrar os que minha mãe preparava.

Depois de tanto viajar, a cavalo, de carroça, de automóvel — que ainda funcionava na Hungria —, era muito acolhedor o fogo aceso e o lanche apetitoso.

Ao redor do fogo, sentindo as delícias do aconchego, trocamos ideias sobre a situação.

Soubemos por nosso hospedeiro que a Rússia resistia valentemente e assinalava já algumas vitórias contra os invasores.

Sentimo-nos alegres, como se a vida nos acenasse com a esperança da vitória e da paz.

Soubemos então, por Leterre, que a sede de toda a espionagem do serviço secreto da Resistência francesa na Europa organizava-se na Hungria. Embora neutro no início, o governo húngaro mostrava-se francamente simpatizante do Eixo, mas o fazia por uma questão de interesses. País pequeno e sacudido por revoluções socialistas, seriamente prejudicado em seus interesses pela política interna, enfraquecido e temendo a invasão da Ucrânia, uniu-se à Itália e aceitou a "proteção" da Alemanha, sofrendo sua influência.

Naturalmente acreditavam na vitória do Eixo e procuravam manter vivo seu prestígio.

O que Mussolini fizera na Itália e Hitler na Alemanha dava-lhes muitos motivos para acreditar. As vitórias que estavam alcançando, ocupando os países vizinhos, sem que nada os pudesse deter, davam-lhes vasto crédito de confiança. Quem ousaria duvidar?

De um país aniquilado e pobre, sem exército ou mesmo sem juventude, dizimada pela tragédia de 1918, Hitler fizera uma nação forte, politizada, agigantada pelo entusiasmo às raias de um fanatismo duas vezes mais forte por ver nele um desagravo à perda da última guerra.

Pensavam os húngaros poder conservar a neutralidade. Porém, declararam guerra à Rússia, ao lado da Alemanha, e o antissemitismo era ali muito arraigado.

Apesar disso, a cidade levava vida quase normal, porquanto suas casas noturnas funcionavam e o país ainda não sofrera os bombardeios arrasantes da França e da Inglaterra.

Soubemos também que a cidade estava sendo núcleo de espionagem, não só da nossa parte como também dos Estados Unidos e da Inglaterra.

Debret era esperado com impaciência, e parecia muito importante sua vinda.

Havia muitas tropas austríacas em Budapeste e constantemente tropas nazistas mobilizavam-se rumo à fronteira da Iugoslávia.

Dormimos em camas macias e quentes, e aquele conforto recordou-me o pequeno quarto na casa de Ludwig. Senti falta do calor de Ana, de seu carinho, de seu rosto suave. Onde estaria ela? E Karl?

Se um dia aquele inferno acabasse e eu conseguisse sair com vida, voltaria à Alemanha para procurar meu filho.

Adormeci com o coração vazio e uma tristeza dorida a corroer-me o peito.

No dia imediato, ao entardecer, fui levado por nosso hospedeiro ao outro lado do Danúbio, à casa do doutor Albert Mejarisky. Era lá que eu iria residir. Ilustre médico húngaro, muito culto e de idade madura, como todo intelectual de seu tempo, não se conformava com a atitude política de seu país.

Trabalhava na sombra em favor da liberdade e da democracia e com todo idealismo dedicava-se à causa francesa. Ex-aluno da Sorbonne, sofria na própria carne a invasão nazista na França.

Inteligente e arguto, compreendendo que de nada adiantaria resistir frente ao poder inimigo, juntou-se a eles, emprestando-lhes seu prestígio pessoal, enquanto conseguia e prestava toda série de informações à Resistência. Preparava ainda os elementos para o trabalho, e sua casa funcionava como verdadeira escola para os novatos, como eu.

Foi com profundo respeito que penetrei na bela residência do doutor Mejarisky. Simpatizei imediatamente com seu rosto rugoso, seus cabelos alvos e brilhantes. Havia muita dignidade em seus gestos cheios de simplicidade e finura.

Conversamos na sala e com cativante gentileza contou-me que enviuvara muito moço ainda, e tivera três filhos, que educara zelosamente. Seu filho mais velho, médico também, encontrava-se em missão na África e, surpreendido pela guerra, não retornara ao lar. O doutor Albert ignorava onde ele se encontrava, e havia um ano não recebia notícias. Quanto às duas filhas, uma casara-se com um adido da embaixada húngara em Bruxelas e lá vivia relativamente bem, porquanto não foram molestados pela ocupação dos quais eram aliados. A outra, ajudava o pai no atendimento aos doentes, porque o doutor Albert, apesar da posição destacada, fazia questão de trabalhar.

Ficamos amigos. Falamos em francês, o que me causou imenso prazer. Senti-me à vontade e tranquilo. Estava entre amigos.

Parece incrível o que se pode realizar em tão curto espaço de tempo quando se tem destreza, tenacidade e inteligência.

O tempo do doutor Albert não era muito, mas, sua filha Jesse o substituía bastante bem.

Era uma moça distinta e sóbria, menos de trinta anos talvez, mas, tão competente no exercício de suas funções, que realizava milagres.

Treinou-me, sem descanso. Desistiu de ensinar-me o húngaro puro, mas, notando minha facilidade para o dialeto eslovaco, terra de origem de minha família materna, obrigou-me a estudá-lo de tal forma que logo aprendi a dominá-lo perfeitamente.

Estudou-me o rosto, modificou-me o penteado e encomendou roupas adequadas para mim.

Ao mesmo tempo, decorei nomes, senhas, siglas, cidades, mapas, treinei desenvolvimento da memória intensivamente.

Naqueles dias, sem tempo quase para comer ou dormir, cheguei a pensar que eu não era humano, mas uma máquina sem alma e sem personalidade.

O tempo era escasso e eles precisavam de novos membros o mais rápido possível. Muitos agentes tinham se formado em casa do doutor Albert. Ninguém os vira, mas, não era esse o plano que tinham a meu respeito.

Por causa de minha aparência eslava e da facilidade no idioma materno, resolveram aproveitar-me ali mesmo. Pude então usufruir um pouco de liberdade. Passaria por parente do doutor, recém-chegado a Budapeste, enfermeiro pronto para ajudá-lo.

Assim, Jesse poderia dispor de tempo bastante para intensificar o seu trabalho na escola de espionagem, sem precisar acompanhar o pai às visitas meramente rotineiras. Para isso, intensificou meu treinamento, inclusive de enfermagem.

Entretanto, as notícias que recebíamos de nossos contatos não eram animadoras para nosso desejo de paz.

A guerra tornara-se mundial. A América do Norte, atacada pelos japoneses no início de dezembro, fora forçada a entrar no conflito, pois quatro dias depois, tanto a Alemanha como a Itália declaravam guerra aos americanos.

Na véspera do Natal, meu coração era pesado como chumbo. Ainda sem muito preparo, não pude aparecer diante dos amigos de Albert que vinham cumprimentá-lo, trocar bolos de mel e cantar hinos de aleluia.

Apesar do conflito e das agruras dos corações, alguns dos costumes antigos foram mantidos, mas tive que me contentar em permanecer só, no pequeno quarto onde dormia, preso às pungentes lembranças dos dias felizes que pareciam distanciar-se não dois anos, mas dois séculos.

Jesse com delicadeza trouxe-me alguns pães e doces. Mas, com a alma cheia de ódio, de revolta e de desespero, não pude sequer pensar em Natal.

Meu treinamento durou até março de 1942, quando a luta recrudescia. Foi quando pude aparecer em público. Saí às ocultas durante a noite e cheguei, festivamente, às primeiras horas da manhã com bagagens, para ajudar "meu tio Albert". Devia aparentar ingenuidade e acentuado fanatismo fascista.

Pelo olhar satisfeito do doutor, percebi que me saí muito bem. Olhares curiosos dos vizinhos, disfarçados atrás das cortinas das janelas que fingi não perceber.

Assim, ingressei "oficialmente" na espionagem ainda empírica da Resistência francesa.

Estava tão bem treinado que dominava com perfeição todos os meus reflexos. Conscientemente, observava tudo e todos, sem que ninguém nem de leve pudesse desconfiar. Olhar puro, rosto satisfeito, sem problemas ou preocupações.

Conseguia passar ignorado onde quer que acompanhasse "meu tio Albert". Alguns olhares curiosos que logo se desviavam indiferentes demonstravam que eu conseguia representar bem meu papel.

Minha memória treinada de molde a armazenar todo conhecimento possível, gravava bem as informações conseguidas, retransmitindo-as com fidelidade.

Doutor Albert era médico da elite, solicitado como profissional e como amigo por ministros e generais, alguns do alto comando. Apesar de seu interesse em obter informações, o doutor Albert jamais fazia perguntas.

Subjetivamente, ia conseguindo o que queria gozando da estima, da confiança e do respeito de seus clientes.

As notícias que nos chegaram do agente Leterre eram boas. Ele e Debret conseguiram chegar às linhas francesas no Marrocos levando importantes planos das SS sobre as frentes da Iugoslávia, bem como da Líbia. Algumas noites, recebíamos contatos nossos da Tchecoslováquia ou da Alemanha com missões específicas.

Muitas vezes, me perguntava o que teria sido feito dos meus. Minha irmã, meu pai, minha mãe. Estariam vivos? Acreditava que sim. Por certo, acreditavam que eu estivesse morto.

Nosso grupo ajudava também aos israelitas. O antissemitismo nos anos que precederam à guerra já era uma dolorosa realidade húngara.

A perseguição, o confisco dos haveres, o expurgo, apenas o mínimo que podia acontecer. Com o advento do nazismo, a perseguição recrudesceu.

Coisas terríveis aconteciam aos judeus, bastava ligeira suspeita para que famílias inteiras desejassem fugir o mais depressa possível.

Com astúcia e perícia, nosso grupo favorecia aos que podia nessa fuga. Sem provocar suspeitas.

Não me envergonho de dizer que esses favores eram pagos sempre que os fugitivos dispusessem de recursos. Os tempos eram difíceis e nós precisávamos nos manter a qualquer preço. Todo dinheiro arrecadado era revertido em benefício de nosso comando, que o empregava da melhor maneira, na compra de armamento, munição.

Soube também que a Inglaterra nos ajudava como podia, mas ainda assim havia carência de dinheiro.

Cada israelita que transpunha a fronteira colocado a salvo representava mais recursos para nossa causa.

Naturalmente, impelia-nos um dever de humanidade. Porém, pensando bem, creio que somente os recursos financeiros nos podiam impulsionar a correr esse risco.

Quando se está metido numa luta como essa, acossado por inimigos de todos os lados, não se pode pensar muito em generosidade.

A tensão emocional é tão grande que, muitas vezes, nos torna insensíveis às necessidades dos outros.

Eu era o elemento de ligação entre o doutor Albert e nossos contatos. Levava as informações e colhia as ordens.

Não era sempre que podíamos fazê-lo pelo rádio. A vigilância era severa e temíamos ser descobertos. Eu saía na calada da noite e realizava as operações necessárias, algumas vezes, levando notícias aos postos um pouco mais avançados, outras, encaminhando fugitivos aos nossos companheiros.

À noite, as ruas eram desertas, e se acontecia algum encontro inesperado, ninguém desconfiaria do "enfermeiro" do doutor Albert, que naturalmente atendia algum trabalho noturno.

Era comum também poder trocar mensagens com os nossos durante o dia, sem despertar suspeitas.

Apesar de nossa aparente segurança, aqueles dias não foram bons. As notícias que tínhamos ainda não eram de molde a nos fazer crer que a paz ou a vitória nos sorrisse.

Se por um lado na frente russa os nazistas haviam finalmente sido detidos e sofrido as primeiras perdas, os japoneses punham em risco nossas esperanças. Era iminente a queda de Cingapura, e os norte-americanos eram incapazes de rechaçar esse constante perigo que nos ameaçava destruir.

Foi nessa época que tiveram início os bombardeios na Hungria. A temida RAF despejava sistematicamente, em pontos estratégicos, centenas de bombas.

Por essa razão nosso trabalho recrudesceu.

Consegui tornar-me um enfermeiro razoável, porém em situação muito particular.

Éramos forçados a atender e curar indivíduos que considerávamos inimigos, mas, em razão das circunstâncias necessitávamos curá-los.

A população civil, duramente castigada, condoía-nos de verdade, mas os oficiais do alto comando, e principalmente os nazistas que praticamente dominavam a cidade, era difícil ajudar.

O doutor Albert evitava o mais que podia atender os alemães sediados em Budapeste, só o fazendo quando circunstâncias imperiosas o obrigavam, pondo em risco nossa segurança.

Quando estamos no *front*, inimigo é inimigo. Todo um povo é nosso inimigo. Diferente, todavia, é a situação quando nos misturamos ao inimigo, ao povo.

Verificamos que são humanos, iguais aos nossos, que sofrem os mesmos receios, as mesmas mágoas e, o que é mais evidente, odeiam também a guerra tanto quanto os nossos, tanto quanto nós.

Torna-se preciso compreender que há toda uma força de liderança, toda uma máquina de ambição que, dirigida e assomada por poucos, atira povo contra povo, homem contra homem, jovem contra jovem. Assassina crianças e velhos numa destruição de sorrisos e sonhos, transforma seres humanos em animais a serviço de seus interesses escusos de egoísmo.

Não me envergonho de dizer que sentia pena daquele povo, apesar de considerá-lo inimigo, tal como sentira do povo alemão, endurecido e transformado, manietado e iludido.

Às vezes, me perguntava se tudo não passava de um pesadelo alucinante e interminável.

Apesar de os ingleses serem aliados, muitas vezes, diante das crianças mortas nos escombros fumegantes e dos gritos de horror e sangue, eu, esquecido de minha posição, os odiei.

Difícil explicar esse sentimento, mas surpreendi-me chorando e gritando contra eles.

Por isso, meu conceito diante de todos crescia e ninguém conseguia duvidar de mim. Não o fazia por encenação, mas como revolta real e sentida diante do sofrimento dos inocentes.

Haveria algum lugar no mundo onde se podia viver em paz? Acredito que não. Mas, nossos dias também se modificariam.

Certa noite, eu e Jesse recebíamos um companheiro no subterrâneo onde funcionava nosso aparelho de rádio transmissor, quando ouvimos o sinal da chegada de alguém.

Por um dispositivo eletrônico, qualquer pessoa que cruzasse a porta da entrada principal era identificada.

Imediatamente ligamos o receptor. Tínhamos microfones em todos os compartimentos da casa. Um alemão solicitava ao doutor Albert, com voz autoritária, que o acompanhasse.

Estremecemos. Não parecia nada amigável. Logo a voz pausada e calma do doutor Albert respondeu:

— Vou apanhar a valise.

— Não vai precisar dela, doutor — e ajuntou reticencioso: — Talvez por muito tempo.

Empalidecemos. Sabíamos o que isso podia significar. Olhei para Jesse. Estava branca como cera.

Houve uma pausa.

— Vou apanhar o capote — e, suspeitando que estivéssemos ouvindo, perguntou: — Para onde vamos?

— Para o quartel-general. Algumas formalidades. Precisamos de informações que sabemos que o senhor pode dar. Quem mais está na casa?

— Estou só. Os criados já se recolheram.

— E sua filha?

— Em casa de um paciente com meu sobrinho, trabalhando.

— Vá com ele apanhar o sobretudo — gritou o alemão.

— Não há necessidade. Não vou fugir.

A voz do doutor era calma e não indicava temor. Ruídos de passos e botas, momentos depois:

— Gostaria de escrever um bilhete à minha filha.

— Escreva. Cuidado com o que diz.

Silêncio.

Minha filha.

Recebi um chamado para prestar algumas informações ao Exército. Se me demorar, não se esqueça de ir a casa do senhor Stroesser fazer o curativo. Sei que o fará porque é muito boa filha. Deus a abençoe,

Albert.

Lágrimas corriam pelos olhos de Jesse. Apertava os lábios para conter-se diante do heroísmo do pai.

Sua mensagem, traduzida, significava que ele fora apanhado, descoberto. Que ela fugisse o mais depressa possível, enquanto podia, despedia-se abençoando-a, e compreendemos que ele acreditava não mais tornar a vê-la.

Não conseguíamos entender como haviam descoberto nossas atividades. Nada nos podia aclarar o mistério. Contudo, o ruído de passos, a ordem do alemão para que dois soldados ficassem na casa aguardando a nossa volta para nos levar também, era a confirmação de que havíamos sido descobertos.

Passados os primeiros momentos de espanto, o agente Lassal, que estava conosco, foi o primeiro a movimentar-se.

Apanhou dois cálices de vinho e nos deu para nos reanimar. Apesar de tudo que eu já tinha passado, a surpresa e o medo fizera-me tremer como se estivesse doente.

Jesse também tremia. Lassal nos obrigou a sentarmos, enquanto dizia:

— É fora de dúvida que foram descobertos. Se os apanham, matam. Precisamos estudar um meio de sairmos daqui sem que nos vejam. Vamos queimar os papéis e destruir o que pudermos.

— Tem razão — concordei —, mas acho melhor esperar que eles adormeçam lá em cima.

— É. Teremos algum tempo para preparar a partida. Precisamos de três horas no mínimo, antes do amanhecer, que nesta época do ano vem muito cedo.

— E papai? Não devo abandoná-lo!

— Jesse! Você não poderá fazer nada se for presa. Ele se sentirá feliz sabendo que você conseguiu salvar-se. Não entende que vão interrogá-lo e se prenderem você a usarão para obrigá-lo a falar?

A voz de Lassal era carinhosa, mas enérgica. Era o único que estava em condições de pensar com a cabeça fria.

— Tem razão. Eu sei que eles fazem isso — suspirou tristemente. — Acha que vão matá-lo?

Havia imensa dor nessa pergunta aflita.

— Por ora, acho que não. Pensam servir-se dele.

Eu não tinha nenhuma dúvida quanto a isso. Conhecia a fundo esse problema. Iriam torturá-lo e não sei se seu velho coração resistiria.

Lassal por certo intentava animar Jesse.

Nos minutos que se seguiram, pusemos mãos à obra. No subterrâneo havia tudo o quanto podíamos necessitar nas presentes circunstâncias. Tudo estava preparado para uma fuga precipitada, sempre possível em nossas atividades.

Em uma hora e meia conseguimos preparar tudo, inventariar nossos objetos possíveis de serem levados, queimar todos os papéis relativos às nossas atividades.

Trocamos de roupa, modificamos a aparência. Tudo pronto, resolvemos iniciar a fuga.

Pelo ruído regular e compassado que vinha da sala de cima, sabíamos que os dois soldados dormiam a sono solto. Havia, porém, dois do lado de fora de sentinela. Esses, evidentemente, estariam mais atentos.

Contudo, podíamos sair pelos fundos, por uma galeria subterrânea que, atravessando a casa atrás da nossa, nos dava acesso a outra rua, em local discreto, onde residia uma parteira. Ninguém estranharia ver sair gente por ali altas horas. Era por lá que os nossos agentes entravam.

Jesse vestira-se de homem e parecia um menino, apesar de não ser muito jovem.

Eu, ao contrário, envelhecera com uma barba grisalha, ainda em voga nos velhos húngaros que não tinham acompanhado a época moderna. Lassal aparentava ser um lavrador também já maduro.

— Vamos — sussurrou depois de espiar pelo dispositivo próprio e verificar que os alemães ainda estavam guardando a porta de entrada da casa.

Enquanto ele ia na frente com uma pequena lanterna apontada para o chão, segurei a mão de Jesse para guiá-la e infundir-lhe coragem. Sua delicada mão estava fria e trêmula. Naturalmente era-lhe sumamente penoso deixar a casa onde nascera, crescera e vivera toda sua vida.

Era um mundo de recordações e felicidade, que ficava para trás destruído pela ambição e pelos choques mesquinhos dos interesses políticos. Ajuizei toda sua angústia e a senti. Louvo sua coragem. Apesar de tudo, impávida, Jesse nos acompanhava sem lamentos ou fraquezas.

Saímos normalmente. A noite ia alta. Fomos andando. Não podíamos contar com o automóvel sem chamar atenção. Desde que os alemães praticamente tomavam conta de Budapeste, haviam forçado o governo a armazenar combustível, que em grande parte era açambarcado por eles.

Caminhamos calados. Atravessamos a ponte e nos dirigimos aos arredores da cidade, onde na casa de um companheiro conseguimos bicicletas e continuamos viagem.

Quando chegamos a um sítio fora da cidade, havia amanhecido e, apesar de tudo, nossas esperanças também.

CAPÍTULO X
O DISFARCE

    Estávamos em pleno verão. Não pude deixar de admirar a beleza das flores e a alegria dos pássaros. Atravessei a praça Di Verona e enveredei pela Via Sistina.

    Chegara a Roma havia horas apenas, após uma fuga por vezes acidentada e perigosa, por vezes tranquila e eivada de acontecimentos que, não fora a dramática circunstância que vivíamos, poderíamos considerá-la pitoresca.

    Na casa confortável e com jardineiras floridas, parei. Adentrei o pequeno portão de ferro e galguei os poucos degraus que me conduziam à porta principal.

    Fui imediatamente recebido quando bati. Um velho criado conduziu-me à espaçosa sala, convidando-me a esperar.

    Estava habituado a encontros em lugares mais estranhos e extravagantes possíveis, e era a primeira vez que podia aproximar-me de maneira livre e natural.

    Gonçalo recebeu-me muito bem, com maneiras corteses, embora sem muitos sorrisos. Sua figura impressionou-me desde o primeiro momento.

Meia-idade, vestido com apuro, moreno, cabelos finos e lisos, testa alta, olhos escuros e vivos. Um dos braços estava imobilizado por uma tipoia improvisada.

Dei a senha e ouvi o que esperava. Apresentei-me:

— Agente Lefreve, da Resistência francesa.

— Já o esperava. Sente-se. Como já é de seu conhecimento, estou encarregado de transmitir-lhe as ordens do comando do Marrocos. Em virtude dos serviços que tem prestado, desejamos que escolha: servir no Marrocos com as tropas do general De Gaulle ou continuar entre os nossos que estão com os *partizziani*, na sabotagem e na rede de espionagem.

Embora honrado pela deferência, aventurei:

— Onde julga que serei mais útil?

— Como sabe, os franceses que se conservaram fiéis ao justo anseio de liberdade lutam desesperadamente na frente árabe para rechaçar os alemães. O moral das tropas, pelo que sei, não é dos melhores, porquanto após a vergonha da derrota e da capitulação da França, ninguém ousa acreditar que possam ainda vencer o inimigo. No entanto, acredito que esses homens, que revelaram uma coragem imensa de reagir, mesmo ante a falta de confiança dos aliados, ridicularizados por muitos, sem apoio sequer do povo de seu país, decepcionados, vencidos e oprimidos, poderão tornar-se vencedores, pois é de nosso conhecimento que estão dando tudo em dedicação e trabalho, preparando-se convenientemente para escorraçar o inimigo. Contudo, apesar da propaganda que temos feito, secretamente tentando aumentar o número de suas fileiras, elas ainda não estão suficientemente fortes para superar o inimigo. Qualquer elemento que a ela se incorporasse estaria fazendo enorme bem. Por outro lado, poucos têm suficiente domínio e presença de espírito para defrontar os perigos da ação estratégica da retaguarda, tão importante e necessária ao êxito militar no planejamento eficiente. Se quer minha opinião pessoal, conheço sua folha de serviços e aconselho-o a continuar conosco.

— Por certo, senhor Gonçalo. Já está feita minha escolha. Ficarei com vocês.

— Muito bem. Deve, contudo, tratar do embarque da filha do doutor Albert. Depois temos uma importante missão a incumbi-lo. Ela vai ao *front*. Deseja ser útil, mas espera receber notícias do pai. Acredita que ele esteja vivo?

Sacudi a cabeça indeciso.

— Não sei... Nunca se sabe o que eles pretendem. Não sabemos até que ponto tinham conhecimento da verdade.

— Encarregamos dois companheiros de tentar salvá-lo. Todos nós lhe devemos muito. Tem sido de uma dedicação extraordinária. É um idealista.

Senti-me aliviado. Não gostava de recordar as torturas que sofrera na Alemanha e não suportava a ideia de que o bondoso doutor Albert estivesse nas mesmas condições, ou piores talvez, suportando seu martírio para não nos delatar.

— Obteve alguma notícia? — perguntei ansioso.

— Vagas. Acreditamos que ainda esteja vivo.

Não sabia se era melhor que estivesse vivo ainda ou que já tivesse se libertado pela morte.

Ultimamos os detalhes da partida de Jesse e, prometendo voltar no dia imediato para receber novas ordens, retirei-me.

Apesar das fisionomias sombrias dos transeuntes e dos diversos escombros que enfeavam a cidade, a manhã nunca esteve tão bela e agradável.

Olhava para o céu, de um azul puro e brilhante, e não podia conceber a tragédia em que vivíamos. Todavia, bastava alçar os olhos pelas ruas e a marca da guerra se fazia sentir através das ruínas a retratar-se na fisionomia triste do povo.

Apressei-me. Precisava conduzir Jesse a bordo de um navio em Gênova. Não havia tempo a perder.

Fui encontrá-la um pouco triste e melancólica. Falei-lhe sobre seu pai, o que lhe propiciou algum reconforto.

Apesar de tudo, não mantinha muitas ilusões quanto a uma possível fuga. Mas, acredito que no fundo, bem no fundo, ainda rezava para que o milagre acontecesse.

Fomos a Gênova, e depois de algumas formalidades que conseguimos vencer com documentos falsos, despedi-me. Éramos realmente bons amigos.

Senti-me ainda mais só depois que deixei o porto de volta a Roma. Mas importava vencer nossa luta, poder estabelecer a paz, uma paz duradoura e eficiente, em que pudéssemos retomar o fio de nossa vida tão duramente interrompido.

Inútil querer esquecer Ana. Ela fazia parte de mim. E meu filho também.

Quando cheguei, a noite já havia caído e oprimiu-me perceber que em vez dos pássaros e das flores da manhã, havia um número verdadeiramente enervante de soldados alemães.

Não havia um lugar a que eu fosse que eles não estivessem. Recolhi-me ao modesto hotel, onde me registrara como correspondente de guerra. A França, após o armistício, passara a colaborar com o Eixo e, munido de documentação devidamente autorizada pela Gestapo, eu podia trabalhar livremente, usando minha cidadania francesa.

Claro que meus documentos eram falsos, mas me proporcionavam uma liberdade bastante agradável, porquanto eu podia ser eu mesmo, sem necessidade alguma de fingir.

Havia grande interesse por parte dos alemães de conquistar a simpatia do povo francês ou, pelo menos, de evitar que a propaganda dos partidários da França Livre, realizadas tantas vezes por estações de rádio clandestinas e itinerantes, revivesse o grande patriotismo dos nossos, incitando-os a ajudar e cooperar com a Resistência, causando-lhes por isso enormes problemas e dificuldades.

Eram, por isso, muito bem recebidos certos repórteres que sob seu controle, mostravam-se simpatizantes da causa dos invasores. Claro que os que colaboravam com eles o faziam coagidos e por medo. Alguns acreditavam que podiam mandar mensagens cifradas e para tornar isso possível procuravam publicar alguns artigos colaboracionistas.

Fui para o quarto. A solidão apertou-me o coração oprimido. Como seria bom ver Ana de novo. Karl já completara um ano. Como estaria? Apesar do cansaço, o sono custou a vir.

No dia imediato, levantei-me cedo. Saí. Queria gozar um pouco mais o aroma leve da manhã. Ao cruzar uma rua, fui abordado por uma mocinha. Era gentil e dirigiu-me uma pergunta formal. Não entendeu meu francês, mas sorriu quando verificou que eu compreendia um pouco de seu italiano.

Contou-me uma história triste, dramática mesmo, e terminou por pedir-me algum dinheiro para comprar alimento para os seus.

Nosso dinheiro era contado. Procurávamos fazer o mínimo de despesas, sempre preocupados em manter recursos para nos suprirem numa emergência.

Mas não pude isentar-me completamente. Dei-lhe algum dinheiro e ela, levantando-se na ponta dos pés, ofereceu-me os lábios com naturalidade. Vendo-me hesitar, perguntou:

— Não quer?

Senti-me um pouco sem jeito. Vendo-lhe o olhar decidido, arrisquei um suave roçar de lábios em sua face.

— O que há com você? Tem algum problema?

— Não, menina. Apenas você me recorda minha irmã...

Ela ficou séria. Seus olhos grandes nublaram-se de tristeza.

— Gostaria de ser como ela. Talvez eu tenha sido, antes da guerra. Mas a fome muda as criaturas. Jurei que nunca mais os meus sofrerão se eu puder evitar.

Subitamente ergueu-se na ponta dos pés e beijou-me o rosto com suavidade.

— Deus o guarde e abençoe. Foi o primeiro homem que me deu uma ajuda e nada quis em troca.

Saiu rapidamente e senti-me muito triste. Pensava em minha irmã e em Ana. Poderiam manter-se a salvo?

Perdi o prazer de fixar a manhã que se apresentava clara e límpida. A passos firmes e decididos, dirigi-me à casa de Gonçalo.

Eram cerca de nove horas quando entrei. Tive a grata satisfação de ver Jean e Leterre. Abraçamo-nos satisfeitos. Cada companheiro representa um elo da família unidos pelo mesmo ideal. Esperavam-me. Bir-Hakeim resistia. Os alemães rechaçados!

Entretanto, traziam uma delicada missão a ser cumprida. Nosso trabalho, agora que a primeira vitória se objetivava, precisava estender-se principalmente em nossa pátria. Necessitávamos formar elementos, arregimentar companheiros, estender a colaboração interna de modo a realizar trabalho consentâneo, produtivo.

Propunham-me finalmente o regresso! O regresso à minha querida terra! O risco era grande, sabíamos, mas o desejo de voltar, o interesse de vencer, faziam-nos esquecê-lo.

Acertamos os planos.

Era evidente que não podíamos regressar simplesmente, quando os soldados ou fugiam para lutar pela França Livre ou serviam sob o comando dos alemães.

Seríamos soldados incapacitados pela guerra. Feridos que retornavam ao lar. Mas havia um detalhe importante. Todos nós éramos do batalhão A do general Brizot. Servíramos sob ordens do general Petain.

Tentaríamos localizar a família e aparentemente voltar a viver normalmente. Jean era de Marselha, Leterre de Lyon e eu de Paris.

Manteríamos contato pelo rádio e tínhamos já os elementos de ligação mais próximos aos lugares de nosso destino. O mais, competia-nos organizar.

Viajaríamos no dia imediato. Antes, teríamos que nos submeter a algumas modificações em nosso físico. Gonçalo tinha elementos para isso, e sem perda de tempo fomos conduzidos a uma sala onde um companheiro nos aguardava. E como era hábil! Imediatamente começou a trabalhar e, algumas horas depois, ficamos três pobres-diabos.

Jean com uma horrível cicatriz na cabeça, rosto modificado por um bigode. Leterre, braço com uma marca desagradável e imobilizado. Eu, cego de um olho. Por um dispositivo colocado dentro de minhas calças, coxeava involuntariamente.

Nem voltei ao hotel. Gonçalo providenciara minha bagagem e pagara a conta. Nem despertou suspeitas. Os jornalistas sempre corriam atrás das notícias. Alguns, às vezes, esqueciam-se de pagar ou desapareciam para reclamar seus pertences tempos depois, alegando trabalho no *front*.

Eu estava emocionadíssimo. Sabia que devia descansar e, enquanto não chegava o momento de viajar, deitei-me para controlar as forças, mantendo o equilíbrio. Mas, quem poderia?

Saímos altas horas da noite e foi Gonçalo quem nos acompanhou pessoalmente. Deixamos a cidade. O carro corria célere.

Devíamos viajar com a ajuda de alguns companheiros até a fronteira. Não sabia como Gonçalo podia ter tanto prestígio em Roma para nos dar tanta ajuda.

Quando ele viu que eu olhava seguidamente para seu braço imobilizado em um lenço amarrado ao pescoço, sorriu e disse:

— Infelizmente, esse não foi conseguido com a ajuda de Dino. Foi muito pior. Em todo caso, se algum dia nos tornarmos a ver, contarei como consegui ficar assim.

Sorri meio encabulado. Gonçalo era na realidade muito arguto, conseguira ler-me o pensamento.

Apesar da tensão, Leterre conversava com Gonçalo ultimando os detalhes da campanha a ser desenvolvida dentro da França. Mas, tanto eu como Jean, mergulhávamos no oceano revolto de nossos pensamentos íntimos e não podíamos esconder a ansiedade e a angústia que nos mantinham, na incerteza de poder reencontrar os nossos, na contingência de tomar conhecimento da tragédia que se abatera sobre nós, nossa gente, nossa casa.

CAPÍTULO XI

FINALMENTE O LAR

Depois dos sofrimentos e dos perigos vencidos, pensei já ter esgotado minha capacidade emocional; entretanto, devo dizer que, ao rever as doces paisagens de meu país, estremeci de emoção.

Apesar das marcas evidentes da ocupação nazista, eu sentia que respirava o ambiente familiar do qual por tanto tempo me vira privado.

As encantadoras paisagens de Toulouse, as árvores das matas de Cherbiset, as vilas e os subúrbios e, finalmente, Paris, minha cidade, meu enlevo.

Descendo na estação, despedi-me dos dois companheiros acertando detalhes de nosso plano, e com o coração aos pulos dirigi-me a San Martin, onde residia.

Foi com verdadeira emoção que desci frente ao gracioso jardim de minha casa. Meu corpo tremia e, para que as pernas pudessem suster-me, encostei-me ao portão aguardando as emoções serenarem.

Ao mesmo tempo, a alegria e o receio de alguma notícia má davam-me calafrios e faziam-me demorar ainda mais para entrar.

Era noite. A luz estava acesa no *hall* de entrada e na sala de estar. Quem encontraria?

Respirei profundamente. Depois, decidi-me. Toquei a sineta da porta. Uma mulher de roupa escura apareceu à soleira. Vendo-me, teve um gesto de susto. Apesar da mudança que constatei em toda sua figura, não pude conter-me:

— Mãe! Sou eu!

Ela abriu muito os olhos, quis falar, mas a voz não saiu. De um salto eu subi os poucos degraus e atirei-me em seus braços trêmulos e nervosos.

Choramos juntos.

— Meu pequeno — conseguiu ela sussurrar —, você está vivo! Você voltou!

— Voltei, mãe querida. Voltei com a graça do bom Deus!

— Deixe-me vê-lo! Quanto mal lhe fizeram!

Prorrompeu em pranto, constatando meu precário estado físico. Eu estava ansioso demais por notícias e por isso não desfiz o equívoco.

— E papai? E Gisele?

— Vamos vivendo, Denizarth, vamos vivendo.

Suspirei mais aliviado. Estavam vivos.

Fechou a porta e conduziu-me para dentro. Seu rosto espelhava tanta felicidade que, apesar de sua aparência estar muito cansada e de seus cabelos precocemente grisalhos, assemelhou-se ao que sempre fora: jovem e bonita. Olhou-me ainda uma vez e tornou:

— Pobre filho. O que lhe fizeram! Mas não importa nada... O principal é viver e você está vivo.

— Quero ver os outros. Onde estão?

— Meu pobre Pierre, para fazer frente a nossas dificuldades, tem trabalhado algumas horas por noite. Logo mais deve estar aqui, *mon Dieu*! Que alegria vai ter!

— E Gisele?

Mamãe fez um movimento brusco. Depois sorriu:

— Tudo bem. É moça, você sabe, foi a uma reunião em casa de amigas.

— Vai demorar-se?

— Talvez... Era uma festa de aniversário. Precisamos todos de um pouco de esquecimento.

— Como vão os negócios? Papai está bem?

A fisionomia dela anuviou-se um pouco:

— Mais ou menos. Você sabe, a guerra. Embora haja o armistício, ela continua. A justiça está subordinada aos militares. Quase nada há para fazer. O tribunal praticamente sem ação. Os alemães tomaram conta de tudo. Seu pai arranjou algumas escritas comerciais e vamos indo.

Não pude dominar minha decepção.

— Um advogado como ele! Escritas comerciais?

Mamãe fez uma expressão resignada.

— É só por agora. Quando a guerra acabar, ele retomará seu trabalho. Mas, e você? Pensamos que estivesse morto! Choramos muito.

Apressadamente abriu uma gaveta do console e apanhou um papel do Ministério da Guerra. Pude ler:

"Lamentamos informar que seu filho, o soldado de infantaria Denizarth Lefreve, componente do batalhão A, da Terceira Divisão, foi dado como desaparecido no último combate.".

Olhei para o rosto comovido de minha mãe. Ela chorava, talvez evocando seus sofrimentos. Abracei-a com carinho. Beijei-lhe os cabelos sedosos.

— Sei que a senhora rezou. Foram certamente suas preces que me salvaram a vida. Venha. Sente-se aqui ao meu lado, vou lhe contar tudo.

E no aconchego morno do lar acolhedor, no colo querido de minha comovida mãe, desfiei o rosário de minhas lutas, que ela ouviu em silêncio, conservando minhas mãos entre as suas, apertando-as com força nos momentos de maior dramaticidade.

Quando terminei, olhou-me com firmeza e em seu rosto havia uma energia nova.

— Meu querido! Estou orgulhosa! Você, da Resistência Francesa! Sempre me perguntei de que lado você estaria se estivesse aqui. Agora sei! Orgulho-me disso! O que se tem visto por aqui cobre-nos de vergonha! Somos subjugados covardemente. O armistício de nada valeu. Não temos liberdade. Somos vigiados. Nossos víveres, controlados. Nossas roupas, requisitadas; nossas casas, a qualquer hora visitadas por soldados que, ao menor pretexto, levam nosso vinho, roubam nossos objetos de arte. E nós somos obrigados a sorrir, a suportar todo abuso, a ceder a todos os seus caprichos. Isso é intolerável. Conte comigo. Também quero ser da Resistência. Todos querem. Todos estão cansados e feridos pela odiosa ocupação.

Abraçou-me ainda uma vez e comovida tornou:

— Que Deus abençoe todos vocês.

Conversamos ainda longamente, enquanto eu comia um pouco de queijo e tomava vinho. Estava ansioso por rever meu pai. A qualquer ruído sustinha a respiração em expectativa.

Quando o vi entrar, não pude refrear minha alegria. Corri para ele e permanecemos abraçados alguns minutos. Voz embargada, sem poder falar.

Depois, olhamo-nos. Ele estava magro e cansado. Sua roupa, um pouco gasta; seus cabelos, grisalhos. Como envelhecera!

Os olhos, entretanto, fitavam-me enternecidos e neles reconheci a velha e querida chama de energia e nobreza, desprendimento e coragem que sempre me fascinaram.

Meio sem jeito, alisou a roupa e sorrindo explicou:

— Precisamos andar assim, para termos sossego! Vestindo-nos bem, chamamos a atenção deles, que vêm nos visitar com frequência.

Pobre papai. Sempre vestira-se com apuro. Orgulhava-se de sua elegância. Minha aparência quase miserável devia infundir-lhe desagradável impressão.

Apressei-me a contar-lhe tudo e seu rosto tornava-se grave à medida que eu discorria, catalogando os fatos.

Ouviu quieto. Ao fim de minha narrativa, continuou em silêncio.

— E então? — perguntei. — O que me diz?

— Filho, tenho medo. Pela primeira vez, tenho medo. Estamos perdidos. Será muito difícil a um povo derrotado como o nosso, desacreditado e vencido, esmagado pela maior potência mundial, conseguir essa libertação. Eu diria que é quase um suicídio.

Fiquei um pouco chocado. Meu pai tão patriota, tão amante da liberdade, lutando pelo direito, a dizer-me aquilo, como se nada mais restasse para ser feito, como se devêssemos baixar a cabeça ao tacão inflexível do inimigo.

— Pai, hoje somos poucos, amanhã seremos muitos. Eles serão derrotados!

Meu pai passou as mãos finas pelos cabelos um tanto despenteados e tornou:

— Perdoe-me. Estou cansado. Temo por você, por sua segurança. Acontece que eu já vi outra guerra. Tão dura, tão terrível quanto esta. Lutei por três anos, servi, fui ferido como você, vi companheiros morrerem, lares destruídos, mulheres assassinadas, fome, peste, um mundo de vítimas tombando indefesas, devoradas ao reflexo das ambições humanas. Tinha então a convicção íntima de libertar o mundo! Quando festejamos a vitória, cantamos hinos à paz, certos de que, pelo elevado preço que pagáramos de vidas humanas ceifadas nas belezas da juventude, nunca mais se falaria em guerra. Os jornais, comentando os planos de reconstrução e de vigilância para com os vencidos, falavam de um futuro de concórdia e amor entre os homens! Vinte e um anos depois, compreendemos que aquela paz fora fictícia. Que o sangue dos inocentes não bastava para alimentar a sede de poder e de vingança. E esta guerra reveste-se de mais destruição. Quanto mais matarem, melhor! A cada dia se progride na forma mais eficiente de matar! A cada dia as mães criam seus filhos para vê-los devorados estupidamente pela metralha, pelos bombardeios, pela fome e pela peste. Meu filho, haverá alguém capaz de fazê-los parar?

A pergunta fora feita com acento tão doloroso que me tocou as fibras mais íntimas. E, sem poder evitar, pensei em Deus.

— Pai, tudo isso é certo. Ninguém ainda sabe ao que tudo, isso nos levará. Mas, aprendi com o sofrimento que, às vezes, somos atirados na dureza da luta. Não podemos nos furtar. A omissão representa um crime maior. Você sabe que não luto por prazer, nem me sinto feliz por estar nessa luta, mas é a nossa luta! Ou lutamos, ou seremos todos destruídos. Ou tomamos iniciativas, ou seremos irremediavelmente esmagados. Resta-nos pouco para escolher.

Ele passou as mãos pelas faces, pensativo:

— Talvez, você esteja certo. Talvez. O que não suportaria é tornar a perdê-lo, depois de tudo.

Abraçamo-nos de novo. Depois ele sorriu e observou:

— Hoje estamos felizes. Não devemos destruir esse momento de reencontro, de alegria, com os problemas que nos têm afligido e por certo ainda muito nos afligirão. Sinto vontade de esquecer, porquanto, desde o dia de sua partida, nossa tristeza foi constante e houve momentos em que acreditamos nunca mais revê-lo! Falemos de coisas mais alegres.

Era doce o aconchego na casa tranquila, mormente para mim, que trazia o coração ferido, o corpo alquebrado e uma terrível experiência vivida e sofrida, no desabrochar ainda de minha juventude.

Era muito tarde quando mamãe pensou que eu precisava descansar. Com imenso carinho preparou-me o quarto onde eu vivera os melhores anos de minha vida.

Quanta emoção ao recordar aqueles tempos! Meus livros! Meus objetos queridos, recordações da adolescência. Raquete de tênis. Minha velha máquina fotográfica. Retratos da infância.

Como foi grato voltar! Senti-me humano de novo. O ódio e a tragédia, por momentos, deixaram-me e senti toda a ternura, todo o enternecimento das lembranças felizes.

Que felicidade, deitar no leito macio, gozar do carinhoso aconchego e dos cuidados prodigalizados por minha mãe, com zelo extremoso e acumulados de saudade.

Parecia-me ter deixado o inferno e penetrado o paraíso. Um só pensamento aparecia, por vezes, perturbado e inoportuno.

E Gisele? Tão jovem... Seria acertado deixá-la sair até aquela hora? Não corria nenhum risco?

Tentei espantar a preocupação. Meus pais eram plenamente competentes para orientar a vida de minha irmã mais moça.

Varrendo esse incômodo pensamento, entreguei-me prazerosamente ao sono.

Quando acordei na manhã seguinte, o sol ia já alto e de início não percebi onde estava. Mas, logo a figura familiar do quarto proporcionou-me revigorante alegria.

Estava em casa! Estava de volta!

Levantei-me. O sol entrava pelas frestas da janela e abri-a gozando as delícias da bela manhã. Que horas seriam?

Tinha vontade de sair, cantar, brincar, rir, passear pelas ruas de minha cidade, ver suas lojas, seus cafés, seu burburinho. Mas, não era possível. Precisava acautelar-me.

Paris era núcleo da ocupação. Eu devia ser prudente. Resignado, cuidei da aparência, procurando conservar meu estado de invalidez.

Vesti uma roupa melhor, mas, fisicamente precisava conservar meu posto de incapacitado. Fui para a cozinha. Mamãe esperava-me solícita.

— E Gisele?

— Dorme. Veio ontem muito tarde. Ainda não sabe de sua presença. Venha tomar seu café. Infelizmente, o pão não é bom. Não temos trigo. Só com muita dificuldade conseguimos uma mistura de milho. Mas, ainda temos geleia de frutas, chocolate e queijo, que você gosta.

— E papai?

— Já saiu. Voltará para o lanche.

Enquanto eu comia com apetite, seu olhar acompanhava-me os movimentos com embevecimento.

Eram duas horas da tarde quando Gisele se levantou. Ainda em trajes de dormir, apareceu na sala, onde eu lia um jornal remanescente.

Ao ver-me, atirou-se em meus braços soluçando perdidamente. As lágrimas enevoaram meus olhos por alguns instantes.

Beijei comovidamente seu rostinho mimoso e querido. Sempre amara Gisele com acentuada ternura. Apenas dois anos mais jovem, fora companheira alegre e constante em meus dias de infância. Eu particularmente sempre me orgulhara de sua

113

beleza. De seus sedosos cabelos cor de mel, olhos de um verde profundo, pele rosada e delicada.

— É você mesmo, Denis? Você está vivo?

— Sou eu, minha querida — respondi comovido.

Somente ela me chamava carinhosamente de Denis. Depois de muitos abraços, sentamo-nos e repeti minha história. Suprimi muitos pontos para poupá-la. Omiti meus planos e minha atuação na Resistência. Não por falta de confiança, mas, Gisele era muito jovem. Não desejava preocupá-la com um problema tão sério.

— Queria que me contasse sobre sua vida.

Sorriu com tristeza:

— Que posso eu fazer nesta guerra? Nós não temos juventude. De um dia para outro ficamos adultos. Tenho trabalhado um pouco para ajudar nas despesas. Você sabe, papai está sem poder exercer a profissão. Mamãe foi forçada a despedir os empregados. Somente Nora ficou. Dói-me muito vê-la nas duras lides domésticas. Suas belas mãos maltratadas pelo trabalho. Mas, que fazer?

Pensei em Ana. Ana sempre trabalhara duro na casa e na cozinha. Senti um baque surdo no coração.

O que estaria ela fazendo? E Karl?

Por um instante revi mentalmente a casa onde residira durante mais de um ano.

Gisele continuara falando e eu me esforcei para afastar a visão rememorativa, que me causava tristeza.

A certa altura, olhando-me nos olhos, perguntou muito séria:

— Denis. Como era ela?

Estremeci:

— Ela?

— Sim. Ana.

Sobressaltei-me:

— Para que recordar?

— Diga-me sinceramente. Você a amava?

— Por que me pergunta?

— Preciso saber. Você a amava? Foi capaz de amá-la?

Permaneci silencioso. Podia mentir. Podia dizer que apenas a proximidade me inspirara a atração por Ana. Mas, não era verdade. Temia que Gisele me desprezasse por isso. Nunca menti para ela. Era minha irmã e eu a amava.

Sustentei-lhe o olhar inquiridor.

— Gostaria de explicar muitas coisas. Não sei se compreenderá.

— Fale.

— Não posso esconder meu amor por Ana. Sei que é brutal dizer isso a você, mas é a verdade. Não posso enganá-la. Amei Ana. Amo Ana. Considero-a minha esposa. Se um dia tudo acabar, alimento a esperança de poder encontrá-la de novo. Rever meu filho e, quem sabe, fazer reviver o amor que ela um dia sentiu por mim. Foi enganada, mas me amava. Sei que me amava e tenho esperanças de que me perdoará.

O jovem rostinho de minha irmã contraiu-se dolorosamente:

— É um peso enorme sobre seus ombros. Não sei se o que deseja será possível. Há muito ódio e sangue a separar nossa terra da Alemanha. Poderá um dia ser tudo esquecido?

Lágrimas deslizavam irreprimíveis sobre seu rosto. Admirei-me de que fosse tão sensível. Abracei-a com carinho:

— Deus sabe. Não me despreza por isso?

— Denis, há sempre um preço para a conquista do amor. Só o heroísmo e a renúncia conduzem a ele. Às vezes, temos que enfrentar o mundo inteiro, mas sempre teremos forças para isso. Não posso julgá-lo. Só Deus o pode!

Permanecemos em silêncio por alguns instantes.

Admirei-me da compreensão de Gisele. Não a esperava. Os jovens costumavam ser intolerantes.

Conversamos muito ainda. Soube que muitos amigos meus tinham morrido, mas, alguns lutavam bravamente no Marrocos.

À noite, nos reunimos na sala de estar em torno do rádio discutindo as notícias da guerra. Não pude evitar de pensar na casa de Ludwig. Talvez estivessem também reunidos em torno do receptor. Tal qual *frau* Eva, minha mãe ocupava-se com um cerzido. Meu pai, como o velho avô, fumava o cachimbo, silencioso, olhos perdidos em meditação profunda. Gisele, como Ana, a apertar-me a mão de vez em quando com carinho e alegria.

Até as notícias censuradas do rádio nos falavam na vitória estrondosa do Terceiro Reich.

Senti, apesar do aconchego, imensa saudade de Ana. Por que a guerra? Que diferença havia entre uma família alemã e uma família francesa? Nenhuma. Em todos os lares do mundo, havia amor entre pais e filhos, entre marido e mulher.

Por que não me era lícito amar? Quem tinha culpa da barreira?

Pensei na máquina montada de propaganda a destilar ódio, exacerbando a opinião pública, alimentando a revolta, para incrementar a guerra.

Na Alemanha, cartazes, filmes, jornais, convertendo os soldados aliados em monstros ferozes e sanguinários. Nos países aliados, os alemães como soldados cruéis, inflexíveis, perversos e implacáveis.

Em ambos os lados, as crueldades reais ou imaginárias eram contadas em detalhes que se distribuíam em sementes de ódio e de vingança.

No fim, todos nós éramos apenas pobres seres humanos, pré-fabricados, condicionados pela propaganda a matar, a odiar, a lutar. O que poderia resultar?

Apenas a germinação cada vez maior da revolta, da crueldade e da vingança.

Lá fora, de vez em quando, o ruído de armas e vozes de soldados alemães em algazarra.

Fechei os olhos. Meu Deus, esta guerra até onde nos levará?

CAPÍTULO XII
A DOUTRINA CONSOLADORA

Fazia três semanas que eu chegara. Tinha iniciado meu trabalho e tudo estava indo muito bem.

Conseguira amealhar alguns companheiros que desejavam colaborar conosco.

Tínhamos também um local de reunião, discreto e sossegado, onde procurávamos organizar a sabotagem.

Meu papel era de formar e ligar os elementos, estabelecendo uma rede de contatos, para facilitar nossa vitória.

Havia muitos com medo dos alemães, mas, em contraposição, os que resolviam aderir eram decididos e valentes.

Nossa munição começou a ser amealhada e escondida em um velho celeiro, no arrabalde. Nesse particular, valia tudo. Roubávamos armas do Exército, bem como munição, sempre que se nos oferecesse oportunidade. Conseguimos um elemento no quartel que nos abastecia, sempre que podia jogar alguma coisa pelo muro, onde um dos nossos, que aparentemente vendia quinquilharias, a apanhava e colocava dentro de seu velho carrinho de mão.

Eu não podia trabalhar. Meu pai trouxera um serviço de escrita comercial para casa e eu o ajudava nas horas vagas, para que pudéssemos nos manter. Tudo ia aparentemente bem.

Mas minha irmã era motivo de preocupação. Saía sempre à noite e voltava altas horas. Trabalhava em um café, tocando piano. Fiquei contrariado. Não queria que ela ganhasse a vida daquela forma.

Repreendi Gisele, discuti com mamãe, levei o caso ao conhecimento de meu pai, acreditava que não soubesse. Ele baixou a cabeça muito triste e apenas disse:

— Uma guerra modifica muitas coisas. Pensei como você, mas agora não há nada que eu possa fazer. Gisele ganha mais do que eu e não posso obrigá-la a morrer de frio no inverno ou passar fome. Todos têm direito de reagir como puderem para viver!

Nunca vi tanta amargura na voz de um homem. Sua tristeza era tão grande que um nó na garganta me impediu de responder prontamente. Resolvi não magoá-lo mais. Calei. Talvez houvesse muitas coisas que eu ainda não soubesse sobre os sofrimentos dos meus.

Diante da amargura de meu pai e do esforço de minha mãe para transparecer alegria, senti-me como um carrasco.

Afinal, quem era eu para querer aconselhá-los? Gisele reagiu à minha crítica. Disse que não era mais uma criança. Que seu trabalho era honesto e conseguia, graças ao café, muitos alimentos de que o povo se privara desde o armistício.

Resolvi concordar, embora aparentemente. Eu mesmo iria procurar para Gisele outra ocupação, e assim que encontrasse a faria abandonar esse gênero de vida.

Percebi logo que era uma empreitada difícil. Empregos não havia, a não ser mesmo nas casas de diversões. As escolas fechadas, o comércio dependente e carente, o que iria ela fazer?

Comecei a rondar o café para buscá-la na saída, mas, Gisele protestou com veemência. Sempre voltara com sua companheira que era caixa no mesmo local, por que haveria de ser diferente?

Opus-me a princípio, mas, desisti também disso. O local era muito frequentado pelos alemães. Não me convinha ser visto com frequência. Poderia despertar-lhes a atenção.

Mais uma vez tive que compreender que todo e qualquer problema pessoal precisava esperar para quando a guerra acabasse.

O dano das batalhas, a brutalidade da luta, não se circunscrevia às armas e aos combates. Ia mais além. Podia conspurcar a moral e ferir muito mais que o corpo.

Parecia haver um abismo aberto a nossos pés sem que pudesse fazer algo para impedir que os meus rolassem por ele.

O rosto resignado e sem pudor da jovem romana não me saía da mente. Às vezes, o rostinho suave de Gisele tomava seu lugar. Um horror invencível me dominava.

Desejando aturdir-me, dediquei-me ao trabalho, de corpo e alma. Poucas horas dormia. Conseguira encontrar o pai de um velho amigo meu que guardava uma velha máquina impressora no porão e juntos resolvemos imprimir o primeiro panfleto de propaganda.

Ele o fazia com entusiasmo. Seu filho, oficial da Marinha, fora por deliberação de seu comandante apresentar-se à Inglaterra e lutava bravamente no mar pela vitória aliada.

O velho Leclair pensava que, unindo-se à Resistência e concitando os outros a fazê-lo, estaria abreviando a luta, ajudando seu filho e seu país.

Conseguimos imprimir mil cópias e distribuímos aos cinco companheiros que se reuniam no celeiro.

Alta madrugada, saímos em grupos de dois a colocá-los debaixo das portas de nossos conterrâneos.

Já estava amanhecendo quando voltei para casa. O corpo estava cansado, mas o coração, aliviado, na certeza de que encontrara nova arma para vitória.

Foi só o início. Daí por diante, não paramos mais. Nosso grupo aumentava a cada dia; embora muitos não aderissem abertamente, jungidos ao medo, sabíamos que estavam conosco. Agora, era questão de orientação e de tempo.

As mensagens de Jean eram promissoras e Leterre nos dava notícias de que outros, também em Toulouse, tinham começado a propaganda. Nossos compatriotas precisavam saber que estávamos unidos em um só pensamento. Juntos, poderíamos enxotar o invasor.

Geralmente, imprimíamos as notícias que recebíamos de nossos contatos sobre nossas vitórias, que, embora pouco numerosas, representavam um pouco de esperança e entusiasmo para reacender a velha chama.

Concitávamos o povo à resistência passiva e à não cooperação. Ao boicote total dos projetos inimigos. Escrevíamos sempre no final:

Não se atemorize. Você pode ser um elo da corrente que nos levará à vitória. Não deixe que ele se rompa. Coragem. Alerta. Rumo à vitória e à liberdade. Vive la France!

Tínhamos muita dificuldade em arranjar papel. Algumas vezes tivemos que roubá-lo. Mas, de uma forma ou de outra, conseguíamos distribuí-los todas as semanas.

Uma noite em que nos reunimos em casa, eu e minha família, uma notícia no rádio nos surpreendeu. O locutor alertava o povo contra a subversão da ordem. Pedia que denunciassem os assalariados do traidor De Gaulle, que se vendera ao imperialismo britânico; que pretendiam corromper o povo, iludi-lo, para conduzi-lo ao caos e à escravidão.

Que a Alemanha era nossa aliada e protetora. Somente ela nos ajudaria a vencer a crise interna e dar ao nosso povo a segurança e a proteção necessárias. Terminava pedindo que entregássemos os culpados, porquanto seríamos punidos por cumplicidade se não agíssemos assim.

Tanto meu pai como minha mãe olharam-me com temor. Nunca perguntavam aonde eu ia quando me ausentava, mas, eu sabia que ficavam apreensivos e suspiravam aliviados toda vez que eu regressava.

Eu não tinha dia nem hora para voltar, e isso, naturalmente os deixava preocupados.

Levantei-me agitado. Não sabia que nosso trabalho já estivesse tão conhecido.

— Denizarth, meu filho. Foi você? — sussurrou mamãe, temerosa.

— Não se preocupe, mamãe. O grupo está crescendo e logo mais todos estaremos juntos na vitória.

Ela correu para mim e abraçou-me apertando com força.

— Deus permita que seja verdade e ainda estejamos vivos.

— Estaremos.

No dia seguinte nos reunimos. Estávamos eufóricos. Fora nossa primeira vitória. Entretanto, algo nos empanou a alegria.

O antissemitismo alemão nos ameaçava mais do que nunca. A ordem fora expedida friamente e em poucas palavras divulgada através do rádio.

Os judeus foram proibidos de frequentar os restaurantes, as casas de diversões e, o que era mais revoltante, só poderiam usar seus cartões de racionamento ou comprar os alimentos depois das seis da tarde.

Um dos nossos praguejou em voz alta:

— Malditos boches.

Consolou-nos um pouco saber que nossos ministros recusavam-se a concordar com o uso do emblema israelita obrigatório, para que todos pudessem exercer a vigilância em torno deles.

Naquela tarde, redigimos o manifesto mais violento e eloquente que pudemos conceber. Começava assim: "Todos os homens possuem igualdade de direitos perante a lei", e terminávamos depois da carta dos direitos do homem, com as estrofes da *Marselhesa*, que num arroubo patriótico acreditamos ser a mais expressiva e oportuna mensagem.

Os resultados foram violentos. Resolveram arrancar a máscara de "proteção" e começar a ameaçar. A cada panfleto distribuído, cinco judeus pagariam por isso. Acusando-nos de sórdidos defensores vendidos ao ouro israelita, não só ameaçaram, como cinco pessoas inocentes foram presas e tiveram seus bens confiscados.

Reunimo-nos. Trocamos ideias sobre o assunto. Estávamos em guerra. Há batalhões destinados a abrir caminho e a perecer para garantir a vitória. Nada nos podia deter. Nossa luta era também a deles, porque o inimigo era comum.

Apesar de nosso sofrimento, de nossa revolta, não podíamos parar. Decidimos que era chegada a hora de agir mais objetivamente.

Tínhamos já ordem dos nossos maiores. A sabotagem ia começar de fato.

Nos panfletos, solicitávamos a cooperação de todos, que após a leitura os queimassem para evitar que inocentes pagassem por nossos atos.

Naquela mesma noite, traçamos o plano. O alvo era um depósito de munições do Exército, que estava sob o comando alemão.

Um dos nossos infiltrara-se na rouparia. Trabalhava lá. Tínhamos na calada da noite escondido uma bomba perto da cerca dos fundos.

Após o almoço frugal, nosso companheiro fumando, distraidamente, foi até lá, apanhou-a e, disfarçadamente, preparou o detonador. Colocou-a num dos caminhões que estava parado no enorme pátio. Afastou-se com rapidez, indo recomeçar suas atividades na rouparia.

O depósito de munições ficava a uns duzentos metros.

O motorista terminou o almoço e, assumindo a direção do caminhão, conduziu-o ao depósito para carregar. Assim que se colocou em posição, ao subir na plataforma de encaixe para a operação no armazém, deu-se o que esperávamos. A bomba explodiu e o fogo atingiu os inflamáveis.

Em poucos instantes as explosões se sucediam, enquanto os soldados corriam como loucos tentando escapar.

Nosso companheiro, ao lado deles, ajudou a isolar a área. Estávamos satisfeitos.

Não podíamos deixar de lamentar as vidas que se perderam, mas a luta era válida. A casa era nossa e estava invadida, conspurcada, amesquinhada.

Os nossos em perigo, a nossa vida em perigo. Como hesitar?

A notícia provocou grande entusiasmo em nossos companheiros em todos os setores. Desde esse dia, não paramos mais.

Tristes para nós as represálias que não podíamos evitar. Esses heróis inocentes imolados à incoerência da guerra.

Alguns, graças à nossa organização, conseguiram escapar, escondendo-se na mata. Íamos, algumas vezes, até eles, levando algum alimento e notícias da família.

Lá, passaram a trabalhar conosco. Muitos começaram a organizar-se, assaltando sorrateiramente transportes alemães, os caminhões de alimentos e munições, e na calada da noite dinamitavam os postos alemães e as pontes por onde as tropas deveriam passar. Até um trem, no qual eram transportados víveres e dinheiro para a remuneração dos oficiais, foi apreendido.

Soubemos logo da façanha dos nossos pela rádio clandestina que havíamos instalado no velho celeiro. Servíamo-nos dela com muita cautela.

Possuíamos um delicado aparelho que assinalava a mínima interferência em nossa transmissão. À menor suspeita, desligávamos e, em dias e horas mais diversas, iniciávamos de novo.

Soubemos também que Leterre juntara-se aos maquis e tomara parte ativa na façanha do trem.

Exultamos. O dinheiro nos era importante. Os víveres ainda mais. Eles não se destinavam ao povo, mas ao Exército. Tinham sido arrancados dos países ocupados e iam deliciar os oficiais alemães. Tratava-se de finas iguarias, o que nos fez dar boas risadas.

Dessa vez, o caso tinha sido muito sério. Decidimos descansar durante uma semana e fui para casa.

Só à noite a notícia foi dada ao público. Minha mãe guardou a costura e meu pai sentou-se a meu lado no sofá.

— Denizarth, meu filho, você acredita na sobrevivência da alma após a morte?

Surpreendido, olhei para ele.

— Por que me faz essa pergunta?

— Gostaria de saber sua opinião sobre o assunto.

— Acreditar, penso que todos nós acreditamos. Mas, nunca pensei nisso seriamente e me surpreende que você se interesse por isso...

— Por quê?

— Não sei... Foi inesperado.

Papai suspirou pensativo:

— Como não pensar? Vivemos a um passo da morte. Antigamente, só os velhos, cuja vida ia se esvaindo, preocupavam-se com o que há depois. Hoje, não. Também já vi a morte de perto. Também estive em uma trincheira. Como você. Também tive amigos mortos, pais, irmãos. Também esperei que houvesse paz, depois de um preço tão alto que já foi pago em vidas humanas, mas, nada. A carnificina continua. Onde estão nossos entes queridos que já morreram? Estarão em algum lugar? Haveremos de encontrá-los um dia? Ou se tornaram pó, na incansável transformação bioquímica da natureza?

Ao meu pensamento vieram as lembranças de meus companheiros tombados na luta. Restaria alguma coisa deles?

A figura nobre e altiva do doutor Albert surgiu-me no pensamento. Se ele tivesse morrido, tanta bondade, tanta energia, tanto desprendimento e tanta nobreza teriam se acabado?

O problema inquietou-me um pouco.

— Não sei — respondi. — Quero acreditar que algo subsista e permaneça daqueles que foram bons, que deram nobre finalidade à vida. Seria insuportável pensar diferente. Acreditar que tanto a bondade quanto a maldade terminariam no pó da sepultura não seria justo.

Eu pensava em Hitler e seus asseclas. Ao mesmo tempo, acabar no nada era muito pouco para castigar tanta crueldade. Olhei para meu pai admirado. Seu rosto contraído, olhos perdidos na introspecção, parecia querer penetrar nos segredos profundos do destino. De repente, levantou-se:

— Espere um instante.

Saiu da sala, voltando logo após com um livro. Tinha os olhos brilhando quando me colocou nas mãos:

— Leia-o. Impressionou-me muitíssimo. Despertou-me dúvidas, sacudiu-me o espírito. Tem tal profundidade que me abalou profundamente. Gostaria de trocar ideias com você sobre ele.

Jamais o vira tão emocionado. Por um livro?!

Curioso, li o título dourado que sobressaía no couro verde da capa: *O Livro dos Espíritos*. Autor: Allan Kardec.

Intrigado, abri ao acaso e li com admiração: "Os espíritos durante os combates".

Levantei o olhar para meu pai, que parecia tão surpreendido quanto eu, com a coincidência do texto. Voltei o olhar para o livro, que me despertava de imediato o interesse.

— Leia, Denizarth. Quero ver se também vai causar-lhe a mesma impressão.

De um jato percorri o capítulo todo, que me suscitou ainda mais interesse.

Todos se recolheram, mas eu, entretido, fiquei lendo, mergulhado em um oceano de indagações que pareciam arrancar um véu que por muitos anos me obscurecera as ideias.

Era um estranho livro. O escritor dizia tê-lo recebido do além, das almas que já partiram deste mundo.

Não me detinha nesse ponto. Não estava habilitado a julgar se era possível ou não. Somente sentia enorme correspondência nessa filosofia de vida, tão nobre, tão elevada, tão segura.

Muitas perguntas formuladas no livro, eu já as fizera a mim mesmo, nos difíceis momentos pelos quais passara, sem encontrar nenhuma resposta. Era agora que elas estavam sendo respondidas.

Algumas frases escritas, alguns assuntos tratados eram-me familiares. Meu senso de justiça, minha consciência, já as havia registrado. Identifiquei-me profundamente com elas.

Era como um despertar, onde a mente parecia ver a vida em extensão e profundidade, sem mistérios intransponíveis.

Estava amanhecendo quando suspendi a leitura. Fui à janela de meu quarto e, olhando as primeiras luzes do sol, esmaecidas ainda no primeiro dealbar, pensei na imensidão do mundo, de seres pensantes, a viver, a sofrer, a lutar, em busca sempre do progresso, da felicidade e da paz, existentes nos astros que nos rodeiam.

Onde estariam meus pobres amigos mortos? Que estariam fazendo as crianças dizimadas nos bombardeios e na subnutrição? Onde estariam os inimigos cruéis que tínhamos exterminado?

Teriam compreendido e perdoado ou teriam seus espíritos se unido contra nós no combate terrível?

Estremeci. Como é tenebroso o panorama da guerra.

Como era difícil continuar, apesar de tudo, a lutar, a ter que destruir, para defender! Para preservar, havia necessidade de continuar.

"Que Deus se apiede de nós!", pensei. Mas, apesar dessa necessidade, eu sentia um calor novo acalentar-me o coração apreensivo e uma nova luz a iluminar-me o caminho.

No dia seguinte, meu pai, ao almoço, perscrutou-me o semblante com curiosidade. Fui eu quem primeiro se referiu ao assunto que nos preocupava.

— Pai, o livro me impressionou muitíssimo. Nunca li algo que me tocasse tanto.

— Eis aí — disse ele voltando-se para minha mãe, que nos servia com solicitude. — Eis aí — tornou de novo. — Como você pode perceber, não foi só comigo que isso aconteceu. Ele também.

Mamãe olhou-o com ar de reprovação. Percebi que o assunto fora comentado antes.

— Fez muito mal de dá-lo a Denis para ler. Fará a ele o mesmo mal que já fez a você.

Antes que meu pai falasse, respondi, conciliador:

— Mamãe! O que é isso? Acredita-me um adolescente impressionável, sem raciocínio ou discernimento?

Mamãe, com ar meio zangado, abraçou-me como se procurasse proteger-me e retrucou:

— Não é isso, Denis. Esse livro fala em espíritos. Eles são os demônios que estão na Terra para tentar os homens e levá-los à perdição. Quem o lê fica à mercê de seu sortilégio.

Não pude deixar de sorrir:

— Fala sério? Acredita mesmo em demônios?

Mamãe fechou a carranca e, com o dedo em riste, vaticinou:

— Não blasfeme, meu filho. Não blasfeme. Eles andam soltos por aí e são responsáveis por esta guerra odiosa.

O sorriso desapareceu de meus lábios.

— De certo modo, você está certa. O que tem acontecido prova que existem homens que são verdadeiros apóstolos de Lúcifer. Mas, por outro lado, não serão eles as almas dos homens ignorantes e maus que viveram na Terra e permanecem em outro mundo esperando sua vez de virem a este inferno que eles mesmos estabeleceram para colher o que plantaram?

Minha mãe pareceu não compreender. Persignou-se e insistiu:

— Que assunto logo ao almoço! Gostaria que ambos destruíssem esse livro pernicioso que desde que entrou nesta casa conseguiu fazer-me discutir com vocês, coisa que não costumo fazer.

Mudamos de assunto para não aborrecê-la.

Mas, quando nos vimos a sós na sala de estar, enquanto minha mãe refazia-se desfrutando a sesta costumeira, voltamos ao livro que tanto interesse nos havia despertado.

Encontramos grande prazer em reler juntos alguns trechos e discuti-los depois, procurando alcançar-lhes a profundidade total.

Nos dias que se seguiram, nosso estudo continuou. Sempre enquanto minha mãe descansava, trocávamos ideias em torno das perguntas e respostas. À medida que íamos lendo e meditando, mais e mais percebíamos que havia muito por aprender, como se o assunto se renovasse a cada minuto, para desdobrar-se depois em conceitos e análises lógicas, tão racionais e profundas que não podíamos deixar de nos deslumbrar com elas, a nos renovar os conceitos de Deus, de Sua justiça, de Seu amor e de Sua sabedoria.

Sentíamos que mamãe não estava ainda pronta para nos compreender, por isso, tacitamente, evitamos o assunto quando em sua presença.

Mas nossa ânsia de saber não ficou só com esse primeiro livro.

O *Evangelho Segundo o Espiritismo*, do mesmo autor, balsamizou-nos a alma traumatizada pelo momento brutal em que vivíamos e, no inferno do cotidiano, representava o ósculo da paz a nos oferecer fé, confiança, esperança de um mundo melhor, num amanhã renovado.

Foram livros abençoados a nos conduzir em meio à negra escuridão de nossas vidas. Não fora eles, talvez em meio às paixões e ao torvelinho da luta nos tivéssemos perdido, enterrados no lodaçal do crime e da desonra. Porque realmente os dias eram difíceis.

Paris ocupada, a guerra ainda sem possibilidades de terminar, embora já pudéssemos ter esperanças na vitória.

Certa noite, quando eu regressava de uma reunião, altas horas, resolvi passar pelo café onde Gisele trabalhava.

Estava na hora e poderíamos ir juntos para casa.

Mas, ao dobrar uma esquina, divisei-a parada, conversando com um oficial alemão.

Surpreendido, voltei alguns passos e esperei. Caminhavam lentamente. Minha irmã falava, falava, ele seguia calado, impassível.

Estaquei o passo para que não me vissem e dirigi-me para casa. Entrei rapidamente e, vendo que eles se encaminhavam para nossa porta, colei o ouvido na janela da frente, para ouvir o que conversavam.

Uma raiva surda me dominava. Alemão sujo! Erguer os olhos para minha irmã! Sustive a respiração concentrando-me na escuta:

— Você precisa resolver meu caso — dizia ela com voz entrecortada. — Não pode fazer isso comigo.

— Que quer que eu faça? — perguntou ele com espanto.

Um arrepio percorreu-me o corpo. A voz, onde a ouvira? Na verdade todos eles se assemelhavam no falar.

— Quero que se case comigo. Apesar de tudo eu o amo!

Horrorizado, pensei que minha irmã perdera o juízo. Ouvi o som de uma risada sarcástica.

— Casar! Você está louca? Casar! Sabe, além do mais não quero mais ver você. Não me apareça. Não acredito nessa história. Conte para outro. Se essa loucura passar, então talvez eu venha à sua procura. Adeus!

— Não... Não vá. Por favor! É verdade. É verdade!

Agarrou-o pelo braço em uma última tentativa para retê-lo. Irritado, ele a empurrou com violência:

— Ora, menina. Não amole. Não me apareça mais!

Escutei o ruído de passos enquanto Gisele chorava baixinho.

"Canalha!", pensei. "Canalha! Mil vezes canalha! Preciso saber quem é. Preciso."

Uma onda de ódio e de revolta sacudiu-me o peito. Ouvindo o ruído da chave e minha irmã entrando, afastei-me envergonhado, não querendo que ela soubesse que eu lhe descobrira o segredo. Recolhi-me ao quarto. Todavia, não consegui dormir.

O desespero dela era tão evidente que eu a imaginava chorando desalentada.

Levantei-me e na ponta dos pés dirigi-me a seu quarto.

Uma angústia enorme oprimia-me o coração. Minha irmãzinha, tão criança, tão pura. Era horrível!

Encostei o ouvido na porta do quarto. O silêncio era absoluto. Estaria dormindo?

— Gisele! Gisele! — chamei num sussurro. Não obtive resposta. Preocupado, abri a porta e entrei. O que vi me estarreceu: na penumbra do quarto, Gisele caída no chão em meio a uma poça de sangue.

Como louco, gritei por socorro, chamando meu pai e minha mãe. Acendi a luz e, vendo que o sangue bordejava de seus pulsos cortados, rapidamente rasguei o lençol da cama em tiras e procurei estancar a hemorragia, enrolando-lhe o pulso com força.

Com ar dolorosamente surpreendido, meu pai correu em meu auxílio, enquanto minha mãe soluçava, pálida, assustada. Nosso fiel João saiu a toda brida em busca de um médico.

Depois de enrolar os dois pulsos, coloquei Gisele na cama. Estava muito pálida, mas seu coração ainda batia. Se ela viesse a morrer, eu não me perdoaria.

Por que não a confortara? Por que, conhecendo seu desespero, não pensara na hipótese de um gesto tresloucado? Tive que admitir no íntimo que ignorava o quanto o caso era sério. Amava-o tanto assim?

A figura alta e esguia do alemão acudiu-me à mente e funda repulsa me invadiu.

Como pôde ela chegar a amar um odioso inimigo?

E o médico, que não vinha? Eu olhava o rostinho branco de minha jovem irmã e a angústia intolerável, o ódio violento, incontrolável, brotava dentro de mim.

Quando o médico chegou, vinha cansado e maldormido. Seu rosto pareceu um pouco mais abatido quando se curvou sobre Gisele para examiná-la. Não fez nenhuma pergunta. Auscultou-lhe o peito e o pulso. Examinou o ferimento e trabalhou em sua sutura.

A luz não era muito boa. Apesar da náusea que sentia, fui forçado a ajudá-lo, ora dirigindo a lâmpada de mesa da qual nos servíamos, ora segurando para ele a cuba ou o braço de minha irmã.

Quando terminou, deparou com três rostos crispados à sua frente.

— Então, doutor? — inquiriu meu pai ansioso.

— Perdeu muito sangue. Se pudéssemos fazer uma transfusão, seria bom. Mas, estamos sem sangue. Por ora, só nos resta esperar.

Sentindo que a dor extravasava, dei um passo à frente.

— Meu sangue, doutor. Podíamos usar meu sangue! Não servirá?

O médico parou um pouco, parecendo imerso em meditação.

— Se servir, talvez possamos utilizá-lo.

— O nosso também, doutor. Nós o daremos, mas salve nossa pequena Gisele, pelo amor de Deus!

A voz de meu pai estava entrecortada de sofrimento. Minha mãe apenas acenava a cabeça concordando, sem capacidade para pronunciar nenhuma palavra.

O médico resolveu-se:

— Está bem. Mas, aviso: ela está mal. Vamos tentar. Seja o que Deus quiser.

Foi uma noite horrível aquela. A surpresa, a expectativa, a dor, a incerteza, tudo nos levava ao paroxismo da angústia.

Meu sangue, testado, serviu, e deitado em um divã ao lado da cama de Gisele, eu procurava dividir-me com ela, para salvá-la.

Já havia amanhecido quando o médico terminou a tarefa, recomendando-me um pouco de café e boa alimentação.

Quanto a ela, sob o efeito de soporíferos, ainda dormia. Sua respiração era um pouco mais regular, mas a palidez ainda permanecia.

— Então, doutor, que acha?

— Não sei. Vamos aguardar. Por agora, nada posso dizer. Enquanto há vida, há esperança.

Deixei-me cair no divã extenuado. Colocando-me a mão no ombro, ele me confortou:

— Cinco minutos mais que você demorasse para abrir a porta e certamente tudo seria irremediável. Sua presença de espírito para deter a hemorragia foi excelente. Você é enfermeiro?

— Já fui, quando servi no Exército. Agora já deixei.

— Preciso ir. Mais tarde passarei para vê-la. Até logo, senhor...

— Denizarth Lefreve.

— Senhor Lefreve. Passe bem.

Minha mãe, silenciosa e pálida, trouxe o café e tomamos em silêncio. Não saímos do quarto, e com olhar ansioso procurávamos surpreender sinais de melhora no rostinho alvo da enferma.

Começou então a espera. As horas decorriam, sem que seu estado se modificasse. Era como estar entre a vida e a morte, suspenso no tempo, sem noção de mais nada.

Nenhum de nós falou sobre as causas do gesto tresloucado de Gisele, e, se meus pais conheciam algo de seu terrível segredo, evitaram comentá-lo. Também calei. De que serviria alertá-los sobre um drama sem solução? Causar-lhes novas desilusões? Se ela se salvasse, haveria de protegê-la melhor dali por diante.

Mas, haveria tempo ainda?

CAPÍTULO XIII
A REVELAÇÃO

Nossa angústia perdurou por dois dias, durante os quais o estado de Gisele inspirou sérios cuidados.

Foi nesses dias que prometi a mim mesmo conhecer a fundo o drama de minha irmã e de alguma forma procurar solucioná-lo.

Aos poucos, ela foi se recuperando fisicamente, mas, permanecia em desoladora tristeza, desfazendo-se em pranto por qualquer ninharia. Além do mais, mostrava-se indiferente e fria para com tudo quanto a cercava, num desânimo verdadeiramente avassalador.

No fim de alguns dias, o doutor Gérard, de quem eu me fizera particular amigo, convidou-me a sair com ele, a pretexto de ver um doente, para cujos cuidados necessitava de meus pequenos préstimos de enfermeiro.

Saímos. Já na rua ele tomou:

— Denizarth, há algo que você precisa saber.

Senti um choque no coração:

— O que há, doutor?

— Pensei muito e achei melhor preveni-lo. Você é um homem vivido. Já lutou, já sofreu, pode, por isso, compreender.

— Você está me assustando. Fale sem rodeios. O que há?
— Sua irmã espera um filho.
Se ele tivesse me esbofeteado, não teria sentido tanta dor.
— Tem certeza?
— Absoluta. Fiz todos os exames clínicos necessários. Ela tem algum namorado?

Estarrecido, lembrei-me do oficial alemão e da estranha conversa que surpreendera.

Empalideci e cambaleei.

Doutor Gérard abraçou-me com amizade:

— Que é isso, rapaz? Ânimo. Afinal, ela está viva, que é o mais importante. É a guerra. Você sabe como é. Ninguém tem certeza se amanhã estará vivo. Os namorados são impetuosos.

A custo engoli meu segredo. Como dizer-lhe que Gisele amava um inimigo covarde e odioso?

O doutor continuou:

— Confio em você. Sei o quanto a ama. Ela se sente muito infeliz, tanto que quis desertar da vida. Precisa de muito cuidado, porquanto, ela poderá fazer nova tentativa e ninguém pode prever quais seriam as consequências.

Respirei fundo. Ele tinha razão. Era preciso ajudá-la.

Em minha mente surgiu a figura odiosa do alemão e novamente suas palavras irônicas e frias, acudindo-me à memória, fizeram-me subir o sangue às faces!

Gisele lhe oferecera amor e ele recusara! Recorrera a ele no auge do desespero e ele a desprezara com crueldade e frieza!

Meus punhos se crisparam de ódio e naquele momento brotou-me na mente conturbada a ideia de vingança. Vendo o rosto preocupado do doutor Gérard, procurei encobrir meus sentimentos e demonstrar serenidade. Era tão perito que ele logo se acalmou.

— Isso, meu rapaz. Não fique tenso. Pense com calma e quem sabe ainda tudo se normalizará: sua irmã é muito bonita. Digna de ser amada. Quem sabe foi uma briga de namorados. Com diplomacia você consegue resolver tudo.

Despedi-me dele. Entretanto, o pensamento de vingança não me deixava. Arquitetava planos em que o oficial alemão era a figura central. Poderia tramar sua destruição. Certamente nosso grupo faria isso de bom grado.

Claro que ninguém conheceria meu segredo. Como contar-lhe minha vergonha? Quando a criança nascesse, ninguém saberia que era filho de um alemão.

Antes de mais nada precisava descobrir seu nome ou seu número, para poder localizá-lo e concretizar meus propósitos.

De tudo quanto eu já havia passado nessa guerra, essa dor fora a mais funda. Gisele era para mim toda a pureza e a candura do mundo. Destruir essa imagem dentro de mim era como arrancar o que havia de bom e nobre em meu coração.

À tardinha do mesmo dia, fui fazer-lhe companhia, como de hábito, para tentar reanimá-la. Mas, outra era minha intenção. Queria demonstrar-lhe todo o meu carinho, toda a minha compreensão. Queria que soubesse que eu estava a seu lado e ficaria sempre, em qualquer circunstância.

Vendo-a tão pálida, estendida no leito alvo, senti redobrar minha angústia. Pobrezinha! Tão jovem!

Num repente de carinho, alisei-lhe as faces delicadas.

Ela abriu os olhos e, vendo-me enternecido a fitá-la, desviou o olhar no qual brilhou uma lágrima furtiva.

Com infinita delicadeza, beijei-lhe a testa e, tomando-lhe a mãozinha trêmula, sentei-me ao lado da cama:

— Gisele! Minha querida. Não desvie os olhos.

Delicadamente virei-lhe o rosto, obrigando-a a encarar-me. Ela estava trêmula.

— Quero dizer-lhe que está tudo bem. Nada tema. Está tudo bem.

Um soluço sacudiu-lhe o corpo enfraquecido.

— Não tema. Estou a seu lado. Nada mais importa. Hei de protegê-la contra o mundo, se for preciso.

Ela não respondeu, mas um surdo desespero refletia-se em seu olhar.

— Vamos, sorria! Não há mais com o que se preocupar. Sei de tudo. Tudo, compreendeu?

Ela pareceu sacudida por uma descarga elétrica. Com voz débil sussurrou:

— O que sabe você?

— Tudo. Sei por que você quis desertar da vida. Estou a par de tudo.

— E então? — murmurou ela atemorizada. — Não acha melhor que eu estivesse morta?

Beijei-lhe a face molhada.

— Nunca mais repita isso. Você representa para nós a coisa mais preciosa do mundo. Por garotas como você é que nós temos suportado o peso desta guerra. Não importa o que lhe fizeram, para nós você será sempre a mais pura, a mais querida das criaturas. E agora, ouça bem: aconteça o que acontecer, você não vai mais ao café trabalhar. Vai tratar-se e esquecer. Você é jovem e haverá muitas chances de felicidade pela frente.

Nova onda de desespero sacudiu-a:

— Nunca mais poderei ser feliz... Quero morrer! Quero morrer!

— Não diga isso, querida. Nunca mais pense nisso!

Ela nem parecia ouvir. As lágrimas desciam-lhe pelas faces, e tanta dor transparecia-lhe no semblante que uma onda de terror me invadiu.

— Você é muito preciosa para nós. A guerra vai acabar um dia e então tudo se modificará.

— Para mim tudo acabou. Que fazer, meu Deus, que fazer?

Torcia as mãos em desespero. Senti-me desorientado.

— Estou aqui, meu bem. Estou aqui.

— Você não compreende. Se a guerra acabar, ele se vai e nunca mais nos veremos.

Senti um frio de angústia penetrar-me o coração. Entendi. Não era por nós, por seu filho que iria nascer, pela situação em si, que Gisele desesperava-se. Era por "ele", por amor a "ele" que ela desejava a morte.

Que fazer para arrancar-lhe do peito aquele amor? Como fazê-la entender que seu amado não era digno nem merecedor desse amor? Como acordar seus brios patrióticos para que sentisse nele o inimigo, o responsável pela desgraça de todo o seu povo?

Entretanto, fitando-lhe o rostinho contraído, eu apenas consegui balbuciar:

— Ama-o tanto assim?

— Mais do que a vida. Mais do que tudo. Se me levasse para seu país, eu iria. Faria qualquer coisa para estar perto dele. Você acha que ele também me ama?

Ela estava muito agitada. Não respondi, ela continuou:

— Claro que sim. Mas, acontece que é patriota. Tem medo de contar a seus companheiros que gosta de mim e vai casar-se comigo.

— Ele disse isso?

Ela pareceu confusa:

— Não. Não disse. Mas, eu sei, eu sinto que é por isso. Ele me amava, eu sei que ele ainda me ama!

— Acalme-se, meu bem. Se ele a ama, não vejo razão para seu desespero. Tudo se arranjará. Talvez quando a guerra acabar...

Eu sabia que estava mentindo. Ouvira perfeitamente o diálogo entre os dois naquela trágica noite.

Ninguém sabia quem ainda estaria vivo quando a carnificina acabasse, nem quando o ódio deixaria de ser barreira.

— Ele vai embora! Não quer mais ver-me! Vai embora! Denis, nunca mais o verei.

Gisele estava febril.

— Não creio que isso aconteça. Vamos, tome isto. Vai sentir-se melhor. Agora descanse. Ele lhe disse isso apenas para testar sua afeição. Certamente ficará por aqui mais tempo. As tropas que ocuparam a cidade não vão ser removidas. Agora trate de dormir. Ficarei aqui.

— Vai me ajudar, Denis? Vai me ajudar a encontrá-lo? Promete?

— Claro — murmurei enquanto alisava seus sedosos cabelos. — Agora durma.

Ela pareceu acalmar-se. Apanhei um livro e fingi entreter-me na leitura.

Sob o efeito de sedativo, Gisele adormeceu, enquanto em meu coração, a cada instante, nova sensação de angústia me compungia a buscar a solução para o caso.

Que fazer? Como agir? Como castigar o canalha?

Tinha certeza de que precisava tomar uma providência séria. O miserável aproveitara-se da ingenuidade da menina e, não contente em macular-lhe o corpo, agira com premeditada crueldade, iludindo-a a ponto de conquistar-lhe o coração.

Gisele era jovem, culta e séria. Não o teria amado se ele não a tivesse conquistado com delicadezas e afeto.

"Canalha. Canalha!", pensei, enlouquecido pelo ciúme. "Não perde por esperar!".

Os dias que se seguiram foram menos dolorosos. Entretanto, a tristeza evidente de minha irmã, seu drama, seu problema traumatizavam meus pais, que se esforçavam por encorajá-la, temerosos por sua vida.

Tinham recebido a revelação sobre o estado de Gisele como um mal menor, em razão de terem sentido o risco doloroso de perdê-la.

A eles só importava devolver-lhe a alegria como pudessem, a fim de afastar o risco de uma nova tentativa de suicídio.

Encorajada por minhas demonstrações de simpatia, Gisele me dera o nome e o regimento do oficial alemão que ela amava, na esperança de que eu conseguisse notícias sobre ele e, se possível, tentar uma reconciliação.

Saindo de casa, certa noite, eu segurava no bolso, com raiva, o papel onde se lia:

Ernst von Krubler — primeiro-tenente — Rua das Carmelitas, 812.

Sentimentos contraditórios invadiam-me o peito, frente à inusitada tarefa.

Minha irmã ignorava que eu era um agente da Resistência. Queria poupá-la evitando preocupações. Mas que podia eu fazer para aproximar-me do tenente Ernst?

Fui ao café onde Gisele tocava. Muitos oficiais lá estavam, mas não vi Ernst. Podia reconhecê-lo, tinha certeza. Levava comigo também uma carta dela para entregar-lhe, caso pudesse vê-lo.

Fui ao celeiro, onde os companheiros me esperavam com alguma impaciência. Tive vergonha de contar toda a verdade. Menti sobre os motivos que levaram Gisele à tentativa de suicídio.

Tratamos de diversos assuntos. Novas notícias de algumas vitórias no Marrocos nos deixaram felizes. Entretanto, na frente japonesa as perdas eram vultosas.

Quando saímos, fui com Johann, um garoto que se juntara a nós com dedicação, apesar da pouca idade, às proximidades da rua das Carmelitas. Perto do número 812, ficamos observando. Ninguém. Fui à esquina e resolvi esperar.

Vi quando Ernst, em companhia de um compatriota, aproximou-se da casa. Fiz sinal a Johann, que saiu com a carta de minha irmã e abordou-o.

Oculto na esquina que era próximo à casa, pude ouvir o diálogo.

— Senhor tenente! Senhor tenente!

Desconfiados, os dois oficiais estacaram e Johann continuou:

— Senhor tenente Ernst von Krubler?

— Sou eu. O que há?

— Trago recado de uma senhorita.

— Senhorita?!

— Sim, senhor. Ela deseja vê-lo. Está muito triste.

Os dois oficiais desataram a rir despreocupados.

— Dê-me o recado.

Johann deu-lhe a carta de Gisele. Vendo a assinatura com algum esforço, sob a fraca iluminação da rua, Ernst pareceu indiferente:

— Está bem. Está entregue.

— Não tem resposta, senhor?

— Não. Nem a li. Pode ir.

O tom seco não admitia mais nada, e Johann voltou até onde eu estava. Pude ouvir ainda a voz de Ernst dizendo:

— Essas pequenas francesas são sentimentais em excesso.

Vivo rubor invadiu-me as faces. Sabia inútil advogar a causa de Gisele. Também, não desejava que ele a tivesse para sempre, que se casasse com ela, mas precisava dar-lhe algum motivo para desejar viver, principalmente naqueles dias tão negros.

139

Quando o tempo passasse, a tempestade se aplacasse, talvez a paixão de Gisele se desvanecesse.

Johann, amigo e companheiro, apesar dos treze anos, conhecia minha tragédia. Nele, eu não tivera pejo de confiar, porquanto sua irmã também saía com os alemães, premida pelas necessidades, para socorrer a família.

Nós nos compreendíamos. Quando voltávamos, ele disse:

— Denizarth, esse boche não presta. Sua irmã vai sofrer mais com ele do que sem ele.

Olhei para ele e estaquei de súbito, surpreendendo-lhe o olhar intencional.

— Você sabe, Denizarth. Muitos morrem de repente. Estamos em guerra. Se houver novo atentado, bem no local onde o tenente Ernst estiver de serviço... talvez ele seja atingido.

Senti um frio no estômago. Estávamos em guerra, mas o que Johann propunha era um assassinato.

Entretanto, era verdade. A morte de Ernst resolveria parcialmente o problema e, com o tempo, Gisele haveria de conformar-se.

Muitas mulheres perderam os entes queridos nessa guerra e suportaram bem o golpe. Ela sofreria a princípio, mas depois esqueceria. Era melhor perder para a morte, irremediável e cega, do que para o desprezo e o orgulho.

Aquele pensamento começou a bafejar-me a alma.

Era fácil. Planejar um atentado e acabar com ele! A ideia começou realmente a interessar-me.

Afinal, por que não pensara nisso antes?

Fui para casa. Gisele esperava-me ansiosa:

— Conseguiu encontrá-lo? Falou com ele? O que disse?

Procurei transparecer calma e sorrir com alegria:

— Sossegue. O "seu" Ernst continua em Paris. Não falei com ele, ficaria constrangido. Mandei meu amigo entregar-lhe sua carta.

Ela suspirou aflita:

— Não respondeu nada?

— Claro. Disse que iria ler e depois responderia.

— Você acha que ele responderá?

Fitei seus olhos assustados e menti:

— Claro. Naturalmente não poderia responder de imediato. Estava com outro oficial e certamente as coisas íntimas, mesmo entre homens, são tratadas com discrição.

— Viu se ele ficou alegre quando recebeu a carta? Se fez boa cara?

Fiz um gesto evasivo:

— Estava escuro, não pude ver bem. Agora sou eu que pergunto: como passou o dia?

— Bem. Um pouco nervosa, na expectativa, mas bem.

Notei que suas faces ganharam cores e seus olhos brilhavam com intensidade. Como é o amor! Basta uma leve esperança para que a criatura se transfigure!

Gisele, ao simples pensamento de rever Ernst, tornara-se mais alegre, parecendo reviver!

Senti um aperto no coração. Que seria dela quando encontrasse a realidade? Não seria melhor desiludi-la de vez?

Contudo, sustinha-me o receio de uma nova tentativa suicida.

Procurei dissimular meus reais pensamentos, mas a calma era apenas aparente, porquanto um sentimento de tristeza, uma sensação de impotência, de fragilidade e de fraqueza eclodiam dentro de mim, impossibilitando-me de afugentar o negro presságio que se avolumava a cada instante.

CAPÍTULO XIV

O ATENTADO

Acocorado a um canto, no jardim maltratado e semidestruído, eu esperava a oportunidade de entrar em ação.

Dentro, na antiga casa transformada em repartição alemã da ocupação, disfarçada em "Comitê de Cooperação Político-Social", os oficiais exerciam suas atividades.

Ernst era um deles. Investigara durante alguns dias, seguira-o disfarçadamente e colocara homens dos nossos a descobrir o que representava realmente o tal "Comitê de Cooperação". O que soubemos deixou-nos estarrecidos: sua finalidade mais importante consistia em um levantamento populacional para classificar os de ascendência semita, apresentando depois relatórios com dados completos e específicos desses infelizes às SS para ulteriores providências.

Era evidente que, quanto maior o número de haveres, quanto maior a fortuna, mais rapidamente eram declarados impuros e conduzidos aos campos de prisioneiros da Alemanha ou da Áustria, não sabíamos bem.

Não tínhamos dúvidas de que essas pessoas desapareciam, seus bens seriam confiscados, e ninguém mais saberia nada sobre elas.

O nosso plano era o de colocar uma bomba no porão, bem embaixo do salão onde se encontravam os arquivos com as informações.

Ernst trabalhava na sala pelo menos no período da tarde. Estava lá dentro, naquela hora.

Meus companheiros, durante a noite, tinham entrado pelos fundos e deixado a bomba escondida numa fenda do lado de fora do porão, coberta por um pedaço velho de madeira.

Naquela hora da noite, não tinham podido entrar no porão porquanto estava tudo fechado e a grade da abertura lateral descida.

Todavia, sabíamos que no horário do expediente isso não acontecia, ficando o porão aberto para ventilação do material que ali havia armazenado.

Coubera-me a tarefa de regular e colocar a bomba. Aliás, por deliberação minha. Eu queria certificar-me de que Ernst estaria realmente lá naquela tarde.

Todavia, ali, no jardim, à espera do momento propício para agir, forte sentimento de culpa começou a incomodar-me.

Seria lícito fazer o que pretendia?

Quando fazíamos nossos atentados, nada nos movia senão o amor à nossa pátria, ou, mais ainda, a defesa de nossa segurança ameaçada. Não conhecíamos os que iam tombar por causa disso, tal como no *front*, e achávamos válido esse recurso de preservação e defesa.

Porém, agora, a situação era bem outra. O que eu planejara era um assassinato. Um crime que iria beneficiar-me.

Vacilava. No entanto, a figura infeliz de minha irmã acudia-me ao pensamento e eu encontrava justificativas para meus atos.

Movia-me a defesa do lar e da família. Como deixar que Gisele descobrisse o desprezo de Ernst? Como evitar que, levada pelo desespero, ela procurasse a morte? E entre a vida de minha irmã e a do canalha, não pude mais hesitar.

Respirei fundo e procurei desincumbir-me do plano.

Esgueirei-me sem ser visto e dirigi-me ao local da bomba. Escondi-me atrás de uma árvore e, no momento em que ia procurar a bomba, senti um ruído estranho, um hálito quente, enquanto as patas de um enorme cão policial me saltavam às costas.

Mal tive tempo de atirar-me para o lado, a fim de escapar do animal que ladrando perigosamente me ameaçava de perto. Impossível correr. Fora descoberto.

Logo dois soldados me pegaram e num minuto eu estava diante de Ernst na sala. Procurei refazer-me com rapidez do susto, buscando intimamente uma solução para o caso. Sabia que corria sério perigo, como também punha em risco a vida dos companheiros e a nossa causa.

Ernst olhou-me e ficou um tanto surpreendido. Pareceu-me um tanto embaraçado também. Foi aí que resolvi lançar mão de um recurso extremo. Precisava salvar a causa. Jamais poderia colocá-la em segundo plano.

Havia mais dois oficiais na sala. Um deles interrogou-me:

— Que quer? Por que estava aqui?

Baixando a cabeça, procurando aparentar um olhar meio idiota, respondi envergonhado:

— Eu não quero nada, senhor.

— Não? Por que entrou aqui pelos fundos? Pensa que nos engana? Onde está a bomba?

— Bomba? Senhor, que horror...

Depois de alguma hesitação, tornei com voz tímida:

— Vim para falar com o tenente Ernst, aqui presente. Um assunto particular, muito importante.

— Com o tenente Ernst? — fez ele admirado.

Ernst aproximou-se e disse algumas palavras em voz muito baixa. Fiz-me vermelho. Controlei-me a custo para não lhe cuspir nas faces quando ele desatou a rir gostosamente, visivelmente aliviado. Depois tornou:

— Está bem. Resolva você, Ernst. O caso é seu.

E saiu da sala, depois de olhar o companheiro com ar de cumplicidade. Não pude furtar-me ao sentimento de repulsa e rancor. Queria gritar minha revolta, meu ódio, mas, apenas disse:

— Sou irmão de Gisele.

— Por que veio procurar-me aqui? O que pretendia vindo pelos fundos?

— Não queria ser visto. Tinha vergonha.

Ele sentiu desvanecer suas últimas suspeitas. Eu percebi que lhe agradava aparecer diante dos companheiros como um conquistador invencível.

— Fale o que tem a dizer, não posso perder tempo.

— Minha irmã mandou-lhe uma carta. Espera uma resposta. Vim buscá-la.

Ernst aproximou-se com arrogância. Seu olhar zombeteiro e irônico refletia desprezo e irritação:

— Não vou responder. Ou melhor, diga-lhe que é muito insistente. Nosso caso já foi resolvido. Nada mais tenho a dizer.

Uma onda de raiva me envolveu. Tive ímpetos de agredi-lo.

O sangue tingiu minhas faces de rubor, onde a vergonha e o ódio mesclavam-se.

— Gisele esteve à morte. Tentou contra a vida.

Por instantes Ernst surpreendeu-se, depois retornou o ar indiferente e respondeu:

— Ouça bem. Não venha com ares de irmão ofendido. Essas pequenas francesas são neuróticas e sentimentais. Não vou responder nada e não admito que me ensine o que devo fazer. Em vez disso, devia procurar descobrir qual dos oficiais é o pai do filho dela. Vai ter sérias dificuldades de encontrá-lo.

Vi tudo vermelho. Sem raciocinar, dentes cerrados, olhos chamejantes, disse com concentrado rancor:

— Canalha. Cachorro. Mil vezes canalha. Não vai viver para dizer isso outra vez.

O alemão contraiu-se como se eu o tivesse esbofeteado. Sacou a arma e teria certamente desfechado o tiro se nesse preciso instante outro oficial não tivesse entrado inesperadamente apontando para mim e dizendo:

— Finalmente o encontro, traidor! Vil conquistador. Infame, canalha. Finalmente vamos ajustar nossas contas.

Olhei para ele, que, pálido, dedo em riste, avançava em minha direção. Foi um tremendo choque. As pernas começaram a tremer e um frio no estômago deu-me uma terrível sensação de mal-estar: Ludwig estava diante de mim.

Ernst, surpreendido, não entendeu o que ocorria. Ludwig sacudiu-me pelos braços enquanto dizia com rancor:

— Com que, então, você está vivo! Você, a quem confiei a guarda dos meus! Você, um inimigo, um cachorro que abusou de nossa confiança.

Eu estava arrasado. De vingador e justiceiro, fora reduzido a culpado. De defensor fora transformado em réu.

Não sabia o que dizer. Apesar da situação aflitiva, pude ver ainda o olhar curioso de Ernst como a antegozar minha destruição total.

Sabia que era inútil tentar explicar alguma coisa. Estava derrotado e nas mãos de meus mais cruéis inimigos.

Entretanto, doía-me passar por traidor, ainda que da confiança de um inimigo, principalmente por causa de Ana e Karl. Reuni toda minha coragem e balbuciei:

— Gostaria de dizer algumas coisas. Se quiser ouvir-me.

Pelo olhar de Ludwig perpassou uma chama de hesitação:

— Você é um mentiroso covarde. Não adianta dizer nada.

— Nunca pude lhe falar. Gostaria de fazê-lo agora.

O outro deu violento murro sobre a mesa:

— É, você era mudo! Sei que não merece, mas, ouvirei o que tem a dizer. Deixo claro que não vou acreditar em suas mentiras.

— Em todo caso — tornei decidido —, há muito desejava fazê-lo. Não fora minha situação delicada, eu o teria feito naqueles tempos. Pouco posso falar. Fui ferido. Ninguém pode negar-me o direito de preservar a vida. Foi o que fiz. Sou-lhe muito grato por me haver abrigado em sua própria casa.

Ludwig retrucou com voz rancorosa:

— Tão grato que vou matá-lo por isso!

— Casei-me com Ana. Eu a amo!

Vi o espanto na fisionomia de Ernst, que ainda conservava o revólver na mão. Talvez sua curiosidade me tenha salvado a vida naquela hora.

— Seu casamento com Ana não tem valor algum. Seu nome era falso.

— Lamento que isso tenha acontecido. Sou sincero. Caso-me com ela novamente quando a guerra acabar. Eu a amo muito. Karl é nosso filho!

Foi aí que ouvi a risada zombeteira de Ernst:

— Então você é que vem aqui como o irmãozinho ofendido? Você que fez a nossas jovens alemãs o mesmo que eu fiz a sua irmã?

Ludwig compreendeu e do ódio passou ao riso. Riu, riu, um riso em que a vingança era o néctar esfuziante. Foi então que lembrou:

— Ernst, você cobrou minha dívida. Vamos agora cobrar a dívida da Alemanha. Esse traidor é membro da Resistência.

Foi aí que recobrei minha presença de espírito. O instinto de conservação foi mais forte.

De um salto, atirei-me pela janela, que felizmente era de pouca altura. Ouvi os tiros de Ernst que quase me atingiram.

Correndo, procurei sair pelos fundos, onde um companheiro me esperava com uma camionete.

Atrás, latidos de cães, tiros, correrias. Meu amigo ligara o motor e saímos em disparada.

Sabíamos que seríamos perseguidos. Para despistar, abandonamos o carro numa travessa deserta e, correndo, nos dirigimos à casa de um simpatizante da causa que nos abrigou, depois de certificar-se de que não estávamos sendo seguidos. Nossa operação fracassara!

Todavia, restava-nos o consolo de termos conseguido escapar.

Meu companheiro saiu logo para avisar os demais. Eu, porém, permaneci escondido até alta noite, quando saí e alcancei o celeiro onde nos reuníamos.

Durante as horas decorridas, pude fazer um balanço de minha situação, que não era das melhores. Nem podia cogitar em voltar para casa. A esta altura, certamente, estaria sendo vigiada. Estava sem roupas e sem dinheiro. Mas, os amigos arranjaram-me o suficiente.

Preocupava-me não poder ver os meus. E Gisele, o que pensaria?

Senti-me deprimido e infeliz. Era madrugada, já, quando os companheiros se foram e me deitei.

Difícil conciliar o sono. Por que Ernst vencera? Por que no mundo os canalhas tripudiavam sobre os demais?

Ernst e Ludwig, quem poderia imaginar? Ana! Revi seu rosto suave e corado, seu carinho, seu amor! Que saudade! Minha vida era vazia, sem amor, sem nada.

Eu a amava. Todavia, sentia-a perdida para sempre. O rosto encolerizado de Ludwig surgia-me na memória e suas palavras de ódio pareciam retinir em meus ouvidos, despertando-me a consciência.

Eu também fora tido como canalha! Deus sabe que eu a amava! Teria me punido na figura inocente de Gisele? Seria uma resposta do destino ao meu crime? Pagaria um inocente pelo pecador?

Impossível dormir. Revirei-me no leito, insone. Arrependia-me de tudo. De ter tentado contra a vida de Ernst principalmente. Se a bomba tivesse detonado, eu teria eliminado também Ludwig.

Um arrepio de terror percorreu-me a espinha. Que horror! O irmão de Ana, meu próprio cunhado! Que pensaria ela se viesse a saber? Mais uma barreira se levantaria entre nós. Haveria de odiar-me para sempre. Nutria grande afeto pelo irmão.

Levantei-me angustiado. Por que esta guerra? Por que éramos inimigos, se antes nem nos conhecíamos sequer?

Ernst, sim. Era nosso inimigo. Perverso, mau, endurecido. Mas, Ludwig, *frau* Eva, Elga e Ana eram bons, amáveis, amavam-se e jamais fizeram mal a ninguém.

O próprio Ludwig me acolhera e confiara em mim. Seríamos sempre inimigos?

O dia estava clareando e eu, ainda agitado e aflito, continuava roído por sentimentos dolorosos. Mas, fossem quais fossem meus pensamentos, somente me apontavam a guerra como única responsável por todos os nossos sofrimentos e desilusões.

Aos alvores da manhã, recebi um chamado pelo rádio. Leterre solicitava notícias. Foi um alívio poder conversar com

149

ele, ainda que em código, e colocá-lo a par do malogro de nossa última tentativa, bem como das atividades do "Comitê de Cooperação".

Recebi ordens de juntar-me aos maquis que operavam nas montanhas de Ardene, onde também Jean se encontrava. Partiria na noite seguinte, levando ordens e notícias.

Senti-me um pouco mais calmo depois disso. Estava muito agitado para permanecer escondido e inativo. Minhas atividades ali, na cidade, tinham se tornado perigosas. Eu seria mais útil na guerrilha das montanhas.

Estava ansioso por combater, acabar o quanto antes com essa guerra desumana e cruel. Doía-me apenas ter de sair sem me despedir dos meus. Voltaria um dia?

O pensamento de que os alemães podiam tentar alguma ação punitiva contra minha família deixava-me ainda mais perturbado. Não me importava morrer, mas queria poupar os meus.

Com o coração oprimido, escrevi-lhe uma longa carta. Podia ser a última. Confiei-lhes meu pesar por estar impedido de voltar. Procurei demonstrar-lhes meu afeto e pedi que esperassem com paciência. Prometi que voltaria quando a guerra acabasse e a vitória nos sorrisse. Pedi-lhe que cuidassem bem de Gisele e lhe dissessem que eu a queria muito.

Quando pudesse mandaria notícias.

Foi a Johann que confiei a carta. Era muito esperto. Além do mais, morava perto de minha casa, o que o ajudaria a não despertar suspeitas. Pedi-lhe que a entregasse assim que aparecesse oportunidade.

Havia lágrimas nos olhos de meu jovem amigo quando nós nos despedimos.

— Olharei por eles. Enviarei notícias sempre que puder!

Abracei-o com força. Falava como um homem corajoso e leal. Confortou-me sabê-lo por perto velando pelos meus.

Todos os companheiros procuraram tranquilizar-me, assegurando que tudo fariam para cuidar dos meus. Senti-me mais sereno. A desgraça une as criaturas e estreita os laços da verdadeira amizade. Encontrara sinceros e leais amigos cujo valor jamais haveria de esquecer.

Naquele mesmo dia tínhamos recebido dois fugitivos. Um era dos nossos, o outro era judeu. Queria combater conosco.

Era alta noite quando saímos os três, rumo ao acampamento maqui em Ardene. Levávamos notícias promissoras. A campanha na Itália ia muito bem e, segundo se esperava, dentro de mais alguns dias a vitória haveria de sorrir. O povo italiano detestava os alemães, em quem não reconheciam aliados, mas invasores inimigos. Ajudava com simpatia nossos companheiros, sem o que muitas de nossas atividades não teriam tido êxito.

Saímos. Apesar das perspectivas de vitória, eu levava a mágoa e a tristeza no coração.

CAPÍTULO XV
A RENDIÇÃO ALEMÃ EM PARIS

Sentado sob uma árvore, eu olhava o céu e meditava. Há um ano que eu me juntara ao grupo de patriotas nas montanhas.

Durante todo esse tempo, tínhamos lutado como e quando podíamos e todos os recursos eram para nós válidos para impedir a marcha do inimigo.

Confiávamos agora que a vitória viria, sendo apenas questão de tempo. Num momento de trégua como aquele, eu me dava ao luxo de ter saudade dos meus, há tanto tempo distantes. As notícias eram raras e curtas. Algum companheiro que chegava e nos falava da família. Contudo, havia oito meses que eu não as recebia.

Isso me preocupava, tendo em vista o estado de Gisele quando de minha partida. Além do mais, multiplicando-se os atos de terrorismo dos maquis contra os alemães, o povo de Paris sofria, arcando com as consequências. As represálias eram dolorosas, mas, se quiséssemos ganhar essa guerra, teríamos que correr esse risco.

Eu estava sujo e barbudo. Havia muitos dias nos encontrávamos perto de Lausanne. Mas, as notícias que nos chegavam eram desencontradas. Consertáramos o rádio e pudemos, pelas mensagens cifradas que ouvimos da BBC de Londres, saber que se preparava uma grande e definitiva ofensiva de invasão.

Ansiosamente aguardávamos as ordens de nosso comando, porquanto grande era a confusão reinante no meio dos agrupamentos de voluntários como nós.

Nem todos que se tinham juntado ao grupo o fizeram tão só por patriotismo. Alguns desordeiros e oportunistas aproveitavam-se da ocasião para abusar da situação e da tácita cumplicidade da população civil. Furtavam em benefício próprio e punham, às vezes, em risco a própria segurança do grupo.

Outros eram exímios e combativos guerrilheiros, entretanto alimentavam perigosa ideologia política, pretendendo no pós-guerra estabelecer novo regime para nosso país, tão perigoso e totalitário como o fascismo e o nazismo. Todavia, todos eram preciosos naquela hora em que se decidia a própria sobrevivência da pátria. Depois, certamente, as questões ideológicas seriam definidas, mas a nós, democratas convictos, não escapava a necessidade de vigilância para garantir nossa concepção de liberdade.

Vivíamos como animais. Não podíamos carregar dinheiro sem correr risco até de vida. Aprendi a ser mais ágil, desenvolvi meu senso de observação, meus sentidos apuraram-se visivelmente.

Era minha vida que estava em jogo. Felizmente, alguns amigos havia em que podia confiar tranquilamente e esses ocupavam os postos de direção.

Naquela altura eu estava mais endurecido pela luta. O perigo, sendo constante, acabara por tornar-se menos terrível.

A batalha estava praticamente ganha. Sabíamos que era questão de tempo. Hitler e seus asseclas já não eram mais invencíveis.

Todavia, compreendíamos que ainda nos restava muita luta, por isso não sabíamos se ao término da guerra ainda estaríamos vivos. É incrível como o perigo constante nos embrutece. Apesar das cenas terríveis de vandalismo e dor, de tragédia e miséria que houvéramos vivido e assistido, dos desgostos e do desânimo que, por vezes, nos assaltavam a alma, nenhum de nós desejava a morte. Para ser franco, nossa vida resumia-se em instinto de conservação. Apenas isso. Sobreviver! Sobreviver e comprar a paz a qualquer preço!

Frente a tal estado de ânimo, não é para admirar as crueldades e atrocidades que os homens cometem numa guerra. O medo é o agente mais perigoso e mais cruel! Era ele que nos fazia invadir os lares, silenciar seus moradores se fosse o caso, para salvar a própria vida.

Um grito alegre de meus companheiros arrancou-me do devaneio em que me encontrava. Levantei-me apressado e aproximei-me.

— Vamos nos preparar. O barulho vai começar amanhã.

Não pude evitar um hurra de alegria. Fora dado o sinal para a grande invasão. Alguns companheiros pretendiam unir-se ao Segundo DB do general Leclerc, mas outros eram de opinião que deveríamos ficar para preparar a população para auxiliar na hora exata e franquear a cidade ao comando aliado. Resolvi ficar. Nosso grupo estava bem entrosado com a população das províncias vizinhas, o que nos proporcionaria mais possibilidades de êxito.

Naquela noite, conseguimos comunicação com nosso comando, e Leterre nos orientou pormenorizadamente quanto ao que fazer.

Deveríamos intensificar nosso trabalho, para evitar a todo custo que os alemães sediados em Paris recebessem suprimentos e víveres.

Preparamo-nos, estabelecendo alguns planos, mas, durante a noite, pesado bombardeio que, durou cerca de três horas seguidas sobre as bases alemãs, nos facilitou muito a tarefa.

Espalhados por toda parte da província, de comum acordo com a população de Lausanne, conseguimos inutilizar, roubar, depredar muitos tanques e suprimentos alemães. Estes pareciam perplexos e atemorizados. O ataque em massa que se dera na Normandia, o bombardeio incessantemente renovado, a falta de coerência das notícias que recebiam de seu quartel-general os colocavam em desatinado desespero.

Contudo, não podíamos subestimar sua valentia. O medo tornara-os cruéis.

155

Daquele dia em diante tivemos uma atividade constante. As notícias das vitórias aliadas nos embriagavam, fazendo-nos delirar.

Finalmente! Finalmente! A vitória nos sorria! Vencíamos em toda linha e em todas as frentes. Os russos avançavam na fronteira alemã, a Itália invadida unira-se aos Aliados. A França preparava-se para a grande ofensiva da libertação de Paris.

Sabíamos que os americanos e canadenses estavam já em solo francês e avançavam rumo a Paris. O governo de Vichy preparava-se para fugir se fosse preciso. Tínhamos informações de que somente os soldados alemães em Paris ignoravam a gravidade da situação.

Naqueles dias, tantas foram as emoções e os sobressaltos que, quando penso neles, não consigo recompor todos os detalhes.

Nosso coração vibrou ao sabermos que o exército francês, recomposto e redimido pelas lutas ardorosas, juntara-se aos demais. Teriam a honra de libertar a própria pátria invadida!

Choramos de emoção quando nos reunimos a eles perto de Toulouse, para receber ordens.

Alto, ereto, o general De Gaulle viera para chefiar o exército, a fim de evitar precipitações e abusos, preservando a política e garantindo a ordem na França libertada.

Veio ver-nos em pessoa, quis conhecer muitos detalhes de nossas lutas. Impressionou-me sua alta figura, imponente, ereta, sem arrogância, digna. Seus olhos vivos e enérgicos conquistaram logo a confiança. Era um homem que sabia comandar!

Recebemos ordens para nos espalhar pelos subúrbios de Paris e, por meio de nossa infiltração, armar o povo, ensiná-lo a agir no momento preciso para ajudar a vitória final.

Impossível descrever nossa emoção.

Armas e munições seriam levadas durante a noite para as proximidades da cidade, sendo escondidas em nossos contatos, e nosso trabalho consistiria em bem distribuí-las.

Finalmente, iria rever minha cidade! Sentia-me ansioso, porque talvez, se a sorte me sorrisse, eu pudesse visitar os meus.

Tivera lacônicas notícias por meio das mensagens pelo rádio, mas eu ardia por saber toda a verdade.

Nosso trabalho foi feito com carinho e coragem. Durante a noite, auxiliados pela escuridão, saímos para preparar a reação e, durante o dia, permanecíamos escondidos em casa de amigos.

Era incrível como a rádio local encobria a vitória aliada! Os soldados alemães não sabiam sequer que estavam sendo sitiados. A cidade estava repleta de patriotas que espalhados e escondidos trabalhavam em silêncio. A impaciência era grande demais. Quando espalhamos entre o povo que os nossos vinham perto, a custo conseguimos serenar os ânimos mais exaltados.

Muitos queriam vingar-se dos abusos sofridos, investindo contra os soldados alemães que mantinham as atividades normalmente.

Uma noite, em que as circunstâncias me favoreceram, fui para casa.

Era tarde e ela estava às escuras. Com cautela, bati na porta insistentemente. À luz bruxuleante de uma vela, uma voz sussurrou do outro lado:

— Quem é?

— Denizarth...

A porta abriu-se e rapidamente entrei. Mamãe abraçou-me com emoção enquanto as lágrimas lhe desciam pelo rosto pálido.

— Meu filho! Meu filho! Finalmente! Você está bem?

— Sim, mamãe. Mas, ansioso por notícias.

— Quem está ali?...

— Venha, Pierre. Denizarth está de volta!

Não esperei que ele viesse. Fui-lhe ao encontro e trocamos demorado abraço.

— E Gisele? — perguntei, procurando vencer o receio que me invadia.

— Dorme.

— Está bem?

— Sim — respondeu mamãe. — Amanhã você a verá.

Havia uma pergunta que me queimava os lábios, mas não a formulei. A própria Gisele me responderia.

— Não posso ainda ficar aqui. Estou trabalhando. Mas, as novas são boas. Os nossos estão perto e nosso exército vai

157

entrar na cidade por estes dias. Aguardamos a ordem do Comando Geral.

— Queira Deus seja verdade. Não suportaremos mais isso por muito tempo — volveu meu pai.

Concordei. Ninguém aguentaria por muito tempo mais.

Eles quiseram saber tudo a meu respeito e fui narrando devagar, saboreando uma xícara de chá.

Naturalmente, omiti muitas coisas. As que mais me tinham traumatizado. Eram tão dolorosas e pesadas que me recusei a dividi-las com dois seres sofridos e angustiados.

Falei-lhes de nossas vitórias.

Acendi o entusiasmo da reconquista de nossa liberdade e de nosso direito de viver em paz.

Depois, quis ouvi-los sobre suas dificuldades. Tinham sido muitas; a fome fora companheira difícil de ser suportada.

Havia amanhecido, sem que me dispusesse a partir. Por ser arriscado sair, resolvi ficar até que a noite viesse novamente, favorecendo-me a saída.

O desejo de ver Gisele, saber tudo quanto havia decorrido, reteve-me. Fora tanta ansiedade no decorrer dos últimos meses que agora não conseguia sofreá-la.

Temia que ela me odiasse por causa de Ernst. Estávamos à mesa tomando o desjejum, enriquecido um pouco pelas guloseimas alemãs que eu lhes ofertara, quando meu pai, sem poder refrear sua impaciência, foi participar-lhe meu regresso.

Pouco depois, ainda em trajes de dormir, ela entrou na saleta. Quando a vi, compreendi que nada mudara entre nós. Abraçamo-nos por entre lágrimas e sorrisos, e nos examinamos mutuamente.

Ela continuava linda, embora magra e pálida. Mas, em seu olhar havia uma maturidade que eu desconhecia.

Compreendi que, durante uma guerra, as crianças morrem primeiro, e a inocência desaparece. Só restam, no fim, adultos, amadurecidos pelo sofrimento e pela luta.

Minha Gisele nunca mais seria a meiga e inocente menina de minha infância.

Enquanto mamãe cuidava de seus afazeres e meu pai saía à cata dos magros recursos de seu escasso trabalho, pude conversar com minha irmã. Assim que nos vimos a sós em meu quarto, não me contive:

— Conte-me tudo. Tenho vivido horas de angústia desde que parti pensando em você. O que aconteceu depois que fugi?

Tomando minhas mãos, segurando-as com força como que por elas transmitindo também suas emoções, Gisele respondeu:

— Denis, você sabe como sofri quando Ernst me disse que entre nós estava tudo terminado. Queria morrer. Naquele dia, quando você saiu, aguardei impaciente seu regresso. Esperava que Ernst reconsiderasse sua decisão. Acreditava que me amasse. Acreditava também que apenas por uma questão de patriotismo, por causa da guerra, não assumisse seu compromisso para comigo. Contudo, você não voltou. Habituados a suas frequentes ausências, não suspeitamos de nada. Mas, à noite, quando estávamos reunidos na sala, uma patrulha cercou a casa, enquanto um capitão nos intimava a abrir a porta.

Fez ligeira pausa e, observando que eu escutava ansioso, continuou:

— Fiquei surpreendida e assustada ao perceber que nossos pais trocavam olhares de medo e estavam visivelmente pálidos. Eu estava ainda muito enfraquecida; deitada no sofá, não conseguia me levantar, mas papai abriu a porta e em um minuto eles entraram. Enquanto o capitão inquiria papai, os demais revistaram a casa rápida e minuciosamente. Perguntavam por você. Acusavam-no de traidor e revoltoso. Inimigo da Alemanha, procurado pelo Exército há longo tempo. Foi horrível. Agradeci a Deus naquele instante sua ausência. Temia que regressasse de um momento para outro. Não acreditava na acusação que lhe era imputada. Eles disseram que você tentara colocar uma bomba no Comitê de Cooperação onde Ernst trabalhava. Recusei-me a crer. Você não faria isso a Ernst. Você, tão meu amigo, e que decidira ajudar nossa reconciliação! Tentei convencê-los do engano, mas, em vão. Só se foram depois de muitas ofensas e muitas ameaças, prometendo voltar a qualquer momento. Quando nos vimos a sós, fiquei sabendo que você era um patriota, membro da Resistência. Por que nunca me contou?

Levantei a cabeça preocupado:

— Não desejava angustiar sua linda cabecinha.

Senti-me envergonhado e receoso. Como contar-lhe que tramara contra a vida de Ernst?

— Denis, senti remorsos. Tinha obrigado você a ir à procura de Ernst. Logo você, que não podia expor-se a esse perigo. Senti remorsos de meu egoísmo, só pensando em minha dor, expondo-o a tão grave risco. Começou então nosso calvário. Cada ruído, temíamos saber que eles o tinham conseguido prender. Confesso que a ânsia de saber algo sobre você fez com que eu procurasse melhorar, ganhar forças. Consegui também desviar um pouco meus pensamentos de Ernst, o que de certa forma fez-me bem. Eu estava vivendo na roda-viva de meu problema, fascinada, sem pensar ou sentir outra coisa senão a minha dor. Foi graças a meu amor por você que tive forças para sair desse círculo vicioso, dessa febre avassaladora que foi o sentimento que Ernst representou para mim.

Ela se calou presa ao fio das próprias lembranças. Depois continuou:

— Tinha ideia de melhorar logo para sair, tentar descobrir algo, de alguma maneira. Foi Johann quem nos veio acalmar, trazendo notícias suas. Exultamos! Você estava salvo. Porém, Denis, não podíamos nos furtar à inquietação e ao temor. Nas noites frias, receávamos por sua saúde. Acompanhávamos as notícias pelo rádio, quando havia luz, mas as vitórias dos aliados jamais eram transmitidas.

Colocando minha mão carinhosamente em seu braço, pedi:

— Fale-me sobre você. Que fez durante esse tempo?

— Já disse que de início procurei melhorar para poder sair. Você, em sua carta, pedia-me que olhasse por nossos pais e esperasse sua volta. Foi o que procurei fazer. Mas, não creia que tenha sido fácil. A princípio, muitas vezes lamentei não ter morrido naquele dia!

Sobressaltado, fixei-lhe a fisionomia emotiva. Estava calma.

Prosseguiu:

— Não encontrava forças para vencer a vergonha e a humilhação. Você sabe como estava. Ia ser mãe! Tinha receio de enfrentar a dignidade de papai e o desprezo de mamãe, que tantos exemplos me deram de honestidade. Contudo, houve dia em que não mais pude ocultar-lhes a verdade. Levada pelo desespero, mas a conselho do médico, contei-lhes tudo.

Alisei-lhe a cabeça com amor. Como tinha sofrido!

— Mamãe, calada, abraçou-me e procurou confortar-me, mas seus olhos estavam sofridos e tristes. Papai foi maravilhoso. Conversou comigo. Falou-me das maravilhas da maternidade. Conseguiu transformar meu drama em alegria, minha mágoa em esperança. Desde então, passou a conversar muito comigo, sobre a vida e sobre a justiça de Deus. Ensinou-me a amá-la de novo, a aproveitar a oportunidade presente para ajudar e servir o semelhante. Fez-me crer que estamos de passagem pela Terra, que já vivemos outras vidas aqui mesmo e certamente voltaremos ainda até conseguirmos purificar nosso espírito. Fez-me compreender a guerra, o aparente triunfo dos maus, as lutas que precisamos vencer. E, o mais importante, o crime que representa atentar contra a própria vida!

Suspirei aliviado. Fitando os olhos iluminados de Gisele, comovi-me profundamente. Também meu coração fora tocado pela beleza daquela filosofia, pelo conforto que nos proporcionava, pelas forças que nos ministrava.

— Você também leu os livros de papai? — inquiri satisfeito.

— Sim. Confesso que neles hauri grandes ensinamentos. Compreendi muitas coisas. Encontrei ânimo para lutar e sobreviver. A luta tem sido dura, Denis. Não fora a confiança que tenho em Deus e em suas divinas leis, talvez não tivesse suportado. O racionamento, cada vez maior. Papai ganhando cada vez menos. Pensei em trabalhar novamente. Voltei ao café. Aceitaram-me a troco de miserável paga. Revi Ernst. Mas, eu era outra. Menos ingênua, pude compreender que para ele eu não passara de mais uma conquista fútil e banal. Suportei muitas humilhações por causa de meu estado. Eram muitos os soldados que me perseguiam com propostas obscenas. A tal ponto que o doutor Gérard, que tem sido muito nosso amigo, ofereceu-me um emprego de enfermeira para que eu pudesse deixar o café. Mas, para que recordar tantas coisas tristes? Vamos aproveitar esses momentos em que nos reunimos para cultivar a alegria.

Percebi que a rememoração do passado a fazia sofrer. Contudo aventurei:

— Há só mais uma coisa que desejo saber. E a criança?

Gisele encarou-me com firmeza. Havia muita sinceridade em seu olhar:

— A princípio, tinha pensado em evitar que viesse ao mundo. Tencionava procurar alguém para isso. Entretanto, as palavras de papai esclareceu-me que um filho representa uma prova de confiança divina; que lhe cortar o fio da existência, ainda que nos primeiros estágios de formação no ventre materno, e impedir que um espírito necessitado de progredir na Terra venha a renascer é um crime de grandes e graves consequências pelas quais um dia deveremos responder. Sentindo a realidade, resolvi aceitar minha culpa e assumir inteiramente a responsabilidade por meus atos, enfrentando as consequências sem revolta e sem desespero. Muitas mulheres já tinham passado pelo mesmo problema com coragem e altivez. Resolvi fazer o mesmo.

Fez ligeira pausa e prosseguiu:

— Todavia, parece que Deus nos põe à prova para confirmar nossos sentimentos. Um dia, após terrível bombardeio, eu e o doutor Gérard socorríamos os feridos. A angústia e a dor eram indescritíveis. Quando fazíamos nosso trabalho de atendimento, inesperadamente eles retornaram. Transportamos como pudemos alguns feridos para os abrigos, mas, durante uma hora sofremos o tremendo castigo das bombas sibilando sobre nossas cabeças e espoucando, terríveis. Parecia o fim do mundo. Não pude suportar. Senti dores horríveis. Meu pobre filho nasceu morto, duas horas depois.

Fiquei comovido. Apertei-lhe a mão com força.

— Quando acariciava a ideia de tê-lo, eu o perdi. Conformei-me. Deus sabe o que faz. Este mundo está muito triste. Lá, onde se encontra, estará mais feliz! Se um dia ele quiser voltar a nascer, e me escolher para sua mãe, desejo que seja em um tempo de paz, e com um pai de fato.

Abracei-a com carinho. Como ela estava mudada! Com que certeza expressava-se. Tão jovem! Era tão fraca! Como pudera tornar-se tão forte?

— Você merece, Gisele. Um dia viveremos em paz e, então, seu sonho se tornará realidade. Agradeço a Deus por ter-lhe dado tanta coragem.

— Eu também. Hoje vejo o mundo de forma diferente. Sei que nosso espírito é eterno. Nosso corpo carnal morre, mas a vida continua. Nossos entes amados, que partiram para a outra vida, permanecem separados de nós somente porque nossos olhos carnais não podem enxergá-los, mas um dia nos reencontraremos. Nesta hora triste de desolação e guerra, de destruição e luto, quanto conforto essa certeza nos dá!

Tocado pelo tom emocionado de minha irmã, repliquei:

— Também me impressionaram esses livros de papai. Confesso ter encontrado neles extraordinária correspondência. Mas, mesmo assim, surpreende-me essa convicção tão profunda que lhe deram. São fatos que precisamos observar, investigar. Quem sabe um dia possam ser comprovados, e então poderemos ter absoluta certeza de sua veracidade.

Gisele abanou a cabeça com tranquilidade.

— Para mim, já o foram o suficiente. Creio neles. E foi essa fé que me deu forças para compreender que todo o nosso sofrimento atual é passageiro. Que a vida na Terra é transitória. Não sente como o pensamento modifica toda a estrutura de nossos problemas?

Sorri com alegria:

— Tem razão, minha querida. Gostaria de ser como você. Entretanto, mesmo aceitando essa teoria, sempre fica um resquício de dúvida. Como conseguiu vencê-la?

— Quando você foi embora, eu estava morta por dentro e bem debilitada por fora. A ideia do suicídio ainda povoava meus pesadelos constantes. A obsessão por Ernst envenenava-me os dias. Apeguei-me à esperança louca de que você pudesse devolver-me

Ernst. Quando perdi você, não restou mais nada. A mente criativa trabalhava ideias desencontradas e os porquês e a noção de injustiça atiçavam-me à autodestruição. Quando papai falou-me sobre *O Livro dos Espíritos*, sobre *O Evangelho Segundo o Espiritismo*, explicando as causas e os porquês das dores, das lutas, das tristezas, foi como se me tivessem arrancado dos olhos um véu que dantes eu nunca percebera. E compreendi. Serenei meu coração. E, todos os dias, papai, escondido de mamãe, lia-os para mim, explicando-os e meditando comigo. Então, senti que tudo era verdade. Era como se eu sempre tivesse sabido e aprendido todos aqueles ensinamentos. Quanto mais o tempo foi passando, tanto mais eles se firmavam dentro de mim. Submetia todos os problemas dos amigos e conhecidos e tentava analisá-los à luz do Espiritismo, e, maravilhada, conseguia sempre encontrar causas, soluções e explicações. Não foi difícil entender como Deus é justo e bom. Tendo essa certeza, não preciso preocupar-me mais com o passado. Sei que posso construir meu futuro de uma maneira melhor. Não fora esta guerra, poderia cantar, sorrir, principalmente agora, Denis, porque você voltou.

Abracei-a feliz. Tanta simplicidade comovia-me profundamente. Gostaria de ser assim como ela. Esquecer ódios, ressentimentos e poder perdoar!

No íntimo senti brotar um pensamento novo de gratidão a Deus por ter cuidado tão bem da pequena Gisele durante minha ausência.

O dia foi agradabilíssimo, mas a noite chegou e tive que partir. Nossas despedidas não foram tristes, apesar da preocupação dos meus. Confiávamos na vitória.

Cheguei ao celeiro e os homens estavam reunidos. Os boatos eram muitos. Sabíamos que o exército estava perto da cidade. Alguns queriam começar a tomá-la. Outros mais exaltados já tinham massacrado alguns soldados alemães, de maneira clandestina e terrível. Esperávamos armas que o exército francês nos deveria lançar por paraquedas, contudo elas não chegavam. A impaciência era grande. O duro castigo de mais de três anos de ocupação parecia insustentável agora, quando já se podia vislumbrar a liberdade. Foram dias de agitação e de correria. Recebemos ordem de agir, mas as armas não vieram. A chegada das forças francesas do interior, que fez da Prefeitura uma trincheira, animou todo o povo a se unir.

Os alemães estavam encurralados e tentaram reagir. Mas, muitos também estavam cansados dessa guerra. Queriam voltar para casa, recomeçar a viver. Não posso descrever toda a emoção que se apossou de nós naqueles dias. Recordo-me de que, quando o exército aliado entrou na cidade, eliminando os últimos pontos de ação alemã, nossa alegria transbordou.

No dia seguinte, após a assinatura da rendição alemã, o general De Gaulle, como presidente provisório da República, fez sua entrada oficial na cidade e nos juntamos a ele na Champs--Élysées, com todo o povo gritando e saudando.

Não podíamos sopitar o entusiasmo. As mulheres beijavam--nos. Os homens apertavam nossas mãos, em delirante alegria. Para nós, era como se a guerra tivesse acabado. Sabíamos que ela ainda continuava, mas a libertação da pátria era para nós a emoção mais cara. Apesar de ter muita vontade, não pude ir para casa naquela noite.

A cidade precisava ser policiada para impedir as vinganças desnecessárias e a desordem motivada pela excitação popular.

Por ironia do destino, deram-me a ingrata missão de aprisionar e proteger todos os soldados alemães que conseguíssemos encontrar.

Alguns estavam arrasados e deixaram-se prender sem oferecer resistência. Tenho até a impressão de que gostaram de ser presos. Naturalmente, não mais iriam lutar. Difícil levá-los ao quartel, convertido em prisão. Por onde passávamos, queriam agarrá-los; alguns atiravam pedras, todos berravam insultos e muitos palavrões.

Só quando amanheceu, obtive ordem de ir para casa dormir. Quando cheguei, os meus estavam à minha espera. Abraçamo-nos e choramos juntos. Só quem viveu a dor de ver sua terra invadida, os seus ameaçados, a impotência frente ao poder da força, a humilhação do domínio estrangeiro, pode compreender a nossa alegria, a nossa imensa felicidade por termos podido viver para ver raiar o dia da liberdade.

CAPÍTULO XVI
A RECOMPENSA

Integrados no exército francês, nós precisávamos continuar combatendo, encurralar o inimigo, destruindo-lhe toda possibilidade de reação, eliminá-lo definitivamente.

Apresentamo-nos. Eu e meus companheiros fomos ao quartel receber ordens. A cidade conservava ainda um aspecto festivo. Os cartazes de propaganda alemã tinham sido destruídos, e o povo voltava a ser alegre e otimista, gentil e sorridente.

Havia como que um frenesi em todas as criaturas, nos comerciantes, nos homens de negócios, nas mulheres que se preparavam para recomeçar a viver procurando novamente encontrar caminhos de paz, de trabalho e de progresso.

Fomos todos tratados com deferência pelo capitão e soubemos que podíamos continuar lutando.

Em virtude de nosso trabalho ter sido no campo da espionagem e da sabotagem, julgaram mais necessária nossa presença na retaguarda, enquanto voluntários e veteranos continuariam sob o comando aliado, a expulsar os alemães da França.

Havia necessidade de homens da confiança do novo governo para a manutenção da ordem interna do país libertado, bem como a organização de elementos positivos para a consecução da vitória definitiva.

Meu caso foi examinado e agraciado com honrosa medalha. Deram-me o posto de primeiro-tenente.

Apesar disso, meu desejo era ir à luta. Sabia que a meta era a Alemanha. Confesso que não era por patriotismo que queria ir. Estava cansado da guerra. Desejava notícias de Ana e de Karl. Entretanto, precisava obedecer às ordens.

Os prisioneiros estavam guardados em um velho, porém bem guarnecido quartel. Senti-me estremecer quando recebi ordens do capitão para acompanhá-lo. Pretendia proceder ao interrogatório dos oficiais prisioneiros.

Levamos um segundo-tenente para tomar as anotações. Os oficiais estavam separados dos soldados.

Apesar do desprezo e do ódio de que eram objetos, nosso comandante respeitou as leis internacionais, tratando-os com a deferência do cargo que ocupavam. Foram colocados em celas especiais, quatro em cada uma.

Apesar de tudo quanto eu já tinha passado, davam-me um frio no estômago esses interrogatórios. A atitude deles era de altivez e de cólera. Parecia-lhes impossível perder a guerra. Nada quiseram declarar sobre o que queríamos saber. Todavia, meu desassossego aumentou quando entramos numa cela e deparei com Ernst. Não pude evitar um sentimento de satisfação.

Onde a arrogância com que pisara os sonhos primeiros de minha irmã? Onde o ar altivo, o riso superior com o qual me atirara no rosto as calúnias e as vilezas contra Gisele?

Ernst estava pálido. O uniforme sujo e amassado. As insígnias da SS que portava na manga, arrancadas, naturalmente por algum patriota mais exaltado.

Olhei-o bem e certamente meus sentimentos transpareceram, porquanto ele se fez ainda mais pálido e apertou os lábios com força.

Sabia que as coisas tinham mudado. Agora era a minha vez! Pensei em contar ao capitão o que Ernst fizera às jovens francesas. Seria um crime a mais que ele teria que responder, além dos que lhe eram imputados por suas atividades no "Comitê de Cooperação". Suspeitava-se ser ele um dos responsáveis pelo desaparecimento de centenas de judeus. Saber que fim tinham dado a esses homens era um dos objetivos do interrogatório. Para onde os teriam levado?

Suspeitávamos do pior. Todavia, não tínhamos nada de definitivo. Que tinham sido conduzidos para o interior da Alemanha, para campos de prisioneiros, era de nosso conhecimento. Mas, o número de pessoas aprisionadas atingira tal cifra que nos parecia difícil, senão impossível, que um país em guerra contra o mundo pudesse mantê-los e alimentá-los.

O interrogatório nenhuma luz acrescentou ao que já sabíamos. Fui colocado na posição de intérprete, o que me obrigou a conversar com ele. Repugnava-me a situação, mas tive que enfrentá-la.

Ernst quase nada respondeu. Olhava-me com desafio e arrogância. Parecia não ser um vencido, mas estar em superioridade em nossa presença. Eu sentia náusea quando saímos dali.

Nossas investigações eram preliminares. Certamente Ernst tinha muito a ver com a prisão dos judeus. Teríamos tempo de acertar nossas contas particulares.

O que me preocupava era Ludwig. Teria conseguido escapar? Precisava saber. Acompanhei o capitão diversas vezes em visita aos prisioneiros, mas não tive notícias dele.

Não disse nada a Gisele sobre a prisão de Ernst. Queria poupá-la. Receava por suas emoções. A ferida recém-curada poderia reabrir. Para que feri-la?

Minha irmã desdobrava-se junto ao doutor em atendimento aos feridos. Empolgara-se de tal maneira por sua tarefa que nos preocupava por não descansar, desdobrando-se em dedicação e sacrifícios.

A cada dia surpreendia-me com a sua serenidade, com a sua calma. Seu rosto querido ganhara traços mais definidos. Olhando-a tranquila e segura, jamais poderia supor que havia tão pouco tempo quisera desertar da vida.

Quando me voltava a lembrança da cena terrível, imediatamente agradecia a Deus por sua transformação.

Gostaria de ser como ela. Encontrara força e paz na doutrina dos espíritos. Era o que Gisele dizia convicta, quando eu e papai nos reuníamos a ela em palestra mais íntima. Disse-nos certa noite:

— Encontrei nessa doutrina paz e consolação, forças e motivos para viver.

— De que forma? — inquiri curioso.

— Em tudo. Sentia-me culpada, aviltada por ter amado Ernst, inimigo de minha gente, de minha pátria. Essa doutrina mostrou-me que a nossa verdadeira pátria é a espiritual. Que nós somos todos irmãos. A reencarnação dilata nosso conceito de raça, de cor, destruindo os preconceitos e o orgulho. Entendi que meu amor por Ernst não foi crime perante Deus pelo fato de ele ser alemão. Mas, era, sim, um amor inútil, porque ele não era um homem de bem. Amei meu filho, antes de nascer, e o perdi. Essa doutrina mostrou-me que ele já existia antes de vir ter comigo e ainda continua existindo em algum lugar, apesar de seu corpinho frágil não ter conseguido sobreviver. Ensinou-me que é possível ele ter sido meu amigo em outras vidas e continuar a me amar apesar de nossa separação. Como não lhe ser grata pelo conforto e pela consolação que me ofereceu? Como deixar de procurar estudá-la cada vez mais, para elevar-me até a felicidade eterna e sem mácula que nos faz entrever?

Minha irmã falava com sinceridade e convicção. Impressionava-me pela firmeza e pela segurança das expressões.

— Veja bem, Denis. Quem era eu antes de conhecer o Espiritismo? Uma criatura desventurada e sem forças. Uma covarde e triste mulher sem coragem para enfrentar seus próprios problemas. Hoje sei o que quero. Sei aonde devo ir. Tenho um roteiro, uma meta, uma diretriz. Vou segui-la, custe o que custar.

Meu pai, que ouvia comovido, perguntou:

— E qual é?

— O Evangelho de Jesus, papai. A verdade estava com Ele, e a maioria das pessoas está cega, não podem ver em toda a plenitude a profunda sabedoria do Mestre. Dedicam-lhe alguns minutos por semana à oração encomendada na pompa das igrejas sem perceber que Ele representa vida, verdade, vivência, em todos os momentos. Ninguém foi mais ativo no bem do que Ele. Ninguém trabalhou mais para a melhoria dos homens do que Ele. Ninguém exemplificou melhor do que Ele na aceitação da vontade de Deus, que sabe nos conduzir para o bem. Sua lição de força, fé e confiança no Pai só agora eu consigo compreender.

Eu estava pasmado. Aquela não era Gisele, tão suave e delicada, mas ao mesmo tempo tão insegura e tímida. Quando se calou, pareceu um pouco cansada e fechou os olhos como se tivesse sono.

Olhei para papai um pouco assustado. Ele estava calmo. Apenas disse:

— Meus filhos, agradeçamos a Deus tanta bondade, permitindo-nos viver e aprender sempre.

Cerrando os olhos por sua vez, proferiu ligeira prece. Ao fim, Gisele sorriu. Abriu os olhos, voltou-se para mim e disse:

— Não se preocupe por causa de Ludwig. Ele está bem. Você verá.

Sobressaltei-me. Ia perguntar o que ela queria dizer, mas meu pai com um gesto firme convidou-me ao silêncio. Intrigado, esperei que ela continuasse, mas Gisele não disse mais nada.

Cerrou os olhos novamente e permaneceu assim alguns minutos. Quando os abriu de novo, surpreendeu-se:

— Adormeci — disse. — Como pude? De novo, papai?

Ele acenou confirmando. Não compreendi o que estava ocorrendo.

— Vá dormir, minha filha. Já é tarde. Amanhã você se levanta muito cedo.

— Está bem, papai.

Quando ela nos beijou e saiu, não pude evitar a estranheza:

— Você acha que ela está bem?

— Certamente, Denizarth.

— Como pôde ela me dizer aquelas estranhíssimas palavras e depois não se lembrar de nada?

— O fato é explicável. Sua irmã é médium. Tem sido envolvida por alguns espíritos e sob sua influência nos fala e orienta.

Certamente sua preocupação foi vista por eles, que quiseram dar-lhe uma resposta. Utilizaram-se dela como que de um aparelho telefônico.

Eu tinha lido nos livros que isso era possível. Aceitava em tese, mas que acontecesse com minha irmã e comigo, jamais me ocorrera. O fato era único. Nunca falara aos meus sobre minhas preocupações atuais a respeito de Ludwig. Como pudera ela saber?

— O que há nisso de extraordinário? Nunca viu nenhum caso de comunicação de espíritos? Nunca conheceu ninguém que tivesse um caso desses na família para contar?

— Sim. Vários. Na trincheira contam-se muitos casos de manifestações dos espíritos. Mas, sempre achei que fossem fruto da imaginação doentia de alguns, da depressão e da ruína da guerra.

— Estava enganado, meu filho. Elas existem e foi o que aconteceu aqui hoje.

Senti um arrepio percorrer-me o corpo.

— Você tem certeza?

Meu pai olhou-me nos olhos com firmeza.

— Não estava preocupado com Ludwig?

Sobressaltei-me:

— Sim, estava — confessei a contragosto.

— Então por que duvida? Acaso falou à sua irmã sobre isso?

— Claro que não. E isso é justamente o que me intriga.

Meu pai permaneceu alguns instantes em meditação, depois tornou com voz firme:

— É tempo de você pensar seriamente na vida espiritual. Gisele encontrou seu caminho e já não me preocupa. Saberá defender-se das ilusões e dos perigos da vida. Mas, você, meu filho, também está participando de uma guerra cruel que perverte os sentimentos dos mais equilibrados e tem despertado o fogo das paixões e do ódio. Gostaria que você também encontrasse a paz. Não a paz dos homens, passível de ser destruída ou aviltada, mas a paz interior que só o Evangelho de Jesus pode dar.

Senti-me comovido. Meu pai preocupava-se por mim. Coloquei minha mão sobre a sua e apertei-a com força:

— Não precisa temer por mim. Sei dominar-me. A vida deu-me experiência. Não me deixo arrastar pelas paixões.

— Antes assim, meu filho. Mas, apesar disso, existem momentos em nossa vida para os quais nosso controle não pode ser mantido, a não ser aliado às forças superiores. A certeza da vida futura além da morte, a certeza da perfeição da Justiça Divina, a certeza de que precisamos a todo custo sobrepujar nossa inferioridade moral se quisermos progredir espiritualmente e ser felizes no futuro, a certeza de que todas as nossas faltas permanecem registradas no tempo e que cedo ou tarde seremos forçados a resgatá-las, a certeza de que reencarnaremos na Terra para isso, tantas vezes quantas forem necessárias, nos faculta tanta compreensão, tanta paz, que sempre encontraremos a melhor solução para cada um de nossos problemas.

— Sinto que tanto você quanto Gisele têm razão. Gostaria de ser como vocês. Contudo, apesar de aceitar essa teoria, há sempre uma parcela de mim que levanta objeções e nega-as. Como conseguir essa fé que se revela em vocês?

Meu pai suspirou:

— Disse bem. Como conseguir? A fé realmente vai sendo construída aos poucos dentro de nós. Precisa ser desenvolvida pelo estudo sincero, sem intenções preconcebidas, pela observação e pelo raciocínio. Sei que vai objetar que muitos nascem com fé. E nem sabem por que acreditam. Experiências do passado, certamente. Entretanto, a fé cega pode conduzir ao fanatismo, tão prejudicial como a descrença, porque ambos cegam a criatura, que não consegue discernir e acaba emaranhada nas ilusões do orgulho e da ignorância. Só a fé raciocinada, experimentada, vivida, pode nos conduzir com equilíbrio à certeza da vida espiritual. Se você precisa melhorar sua fé, sua capacidade de certeza, observe. Observe não só as lições da natureza, mas dos acontecimentos que nos envolvem. As lutas e os sofrimentos individuais e coletivos. Procure entendê-los, medir-lhes a profundidade. O Evangelho é a base moral da vida e a doutrina dos espíritos fornece a chave para podermos abrir a porta dos mistérios que as religiões humanas estabeleceram e que, dada a pouca capacidade moral dos homens, Deus os deixou acreditar. Irá percebendo, pouco a pouco, que tudo se explica dentro das provas mais concludentes e nos conduzem às verdades fundamentais. A sobrevivência da alma após a morte. Sua comunicabilidade com os homens, a necessidade de progresso moral e espiritual e a justiça perfeita e amorosa de Deus. Chegando a essas conclusões, fatalmente teremos desenvolvido nossa fé sobre bases reais e sólidas. Teremos paz, suportaremos as vicissitudes com paciência e aprenderemos a lutar por nossa melhoria espiritual.

Eu estava emocionado. Enquanto a voz agradável e grave de meu pai discorria com tanta fluência, uma brisa suave nos envolvia, proporcionando-me sensação de bem-estar. De repente, senti como era bom estar em casa gozando daquele convívio generoso, junto a meus entes queridos, eu, que tantas vezes me sentira morrer entre o desespero no matraquear dos combates e a fome, a sede, a solidão, o medo, a angústia, o horror, o inferno! Deus fora bom para mim, poupando-me e aos meus em meio a tanto horror.

Senti-me pequeno e humilde ante tanta bondade, e duas lágrimas de gratidão rolaram-me dos olhos, sem que eu as pudesse impedir.

CAPÍTULO XVII
A DECEPÇÃO

O trem corria cadenciadamente em meio à noite que prenunciava chuva iminente. O ar esfumaçado do vagão cheio de soldados não me incomodava muito.

Sentado rente à janela, olhava a noite pelo vidro embaçado. Meus olhos percorriam com indiferença tanto o vagão cheio onde viajava como a noite que se estendia lá fora. Meu pensamento ia longe. Estava com Ana e Karl. Vivia dias de intensa ansiedade.

O exército aliado, de vitória em vitória, transpusera a fronteira alemã e já se podia esperar a queda de Berlim para muito breve.

Foi a custo que consegui transferência para a linha de frente. Faria qualquer coisa para poder estar na Alemanha. Temia pela sorte de Ana e de meu filho. Ardia de impaciência para revê-los.

Não ia como soldado, mas como oficial, honra com que me agraciaram pelas lutas e desempenhos durante a libertação de Paris e Vichy. Contavam com a vitória aliada, e os generais davam especial preferência àqueles que falassem o alemão para poderem dirigir-se ao povo e serem compreendidos.

Em Paris, tudo caminhava para a normalidade, tendo o governo reprimido com energia as tendências comunistas de alguns membros do Comitê de Libertação Nacional. Só assim consegui a tão sonhada oportunidade de voltar à Alemanha.

Ardia para estar com Ana, poder falar-lhe sem reservas, contar-lhe a verdade, dizer que a amava, apesar de tudo.

Às vezes, um sentimento misto de medo e angústia me invadia o ser. Conhecia a que extremos a guerra pode conduzir a criatura: o fanatismo, o orgulho e principalmente a propaganda desonesta, de parte a parte, a atiçar um país contra outro, na faina inglória de dar-lhes condições de ódio e de motivação para a luta.

Além do mais, Ana talvez guardasse de mim apenas as feridas que, involuntariamente, eu lhe abrira no coração.

Então, acudiam-me à mente os momentos de convivência íntima na exteriorização do amor sincero e recíproco. As alegrias da vivência em família, as emoções do nascimento de Karl e o otimismo voltavam na certeza de que Ana certamente também guardaria de nosso passado, de nossa vida em comum, preciosas recordações incrustadas em seus sentimentos mais caros.

Passei o olhar pelos soldados amontoados nos bancos e nos corredores do vagão. Iam silenciosos e tristes, o rosto cansado, preocupado. Nenhuma manifestação de alegria. Apenas cansaço e desalento.

Lembrei-me de que estávamos ganhando essa guerra, mas não havia alegria em nenhum rosto. Todos nós estávamos pesados de recordações tristes e desagradáveis. Quem poderia sorrir?

Era madrugada quando chegamos a Nouville. Nossa viagem terminava ali.

Apresentei-me ao comando e fui conduzido ao alojamento, mas, no mesmo dia, pela manhã, fui engajado em um destacamento destinado a reunir-se às tropas que haviam transposto a fronteira alemã.

Os combates recrudesciam, agora que tínhamos a vitória como certa. Os russos invadindo o norte; nosso comando aliado, a leste. Apesar da troca de mensagens entre os dois comandos, a luta era também para ver quem chegava primeiro à capital e a Hitler.

Foram dias terríveis aqueles. Por saber falar alemão, não fui combater. Permaneci junto ao comando, na decifração de mensagens cifradas do inimigo, mantendo contato com o centro de espionagem aliada e trabalhando ativamente nos interrogatórios dos prisioneiros alemães.

Foi em meio a um grupo deles, famintos, rotos e emagrecidos, que pude reconhecer o rosto lívido de Ludwig. Sobressaltei-me horrivelmente. O que eu desejara e temera viera a acontecer.

Seu olhar, ao fixar-me, refulgiu em uma centelha de ódio. A sensação de angústia reapareceu no íntimo.

Procurando mostrar-me calmo, perguntei o nome de cada um enquanto meu imediato anotava. Quando Ludwig passou por mim, tive vontade de dizer-lhe algumas palavras, pedir notícias de Ana, de Karl, mas, ali não era possível. Depois, seu olhar fixava-me com ódio e eu temia que reagisse violentamente obrigando-me a puni-lo por estar investido de autoridade, naquele momento, representando meu país diante de meus comandantes e subalternos.

"Haveria tempo mais tarde", pensei. Ludwig estava prisioneiro e eu poderia vê-lo livremente. De certo modo, sua presença ali me tranquilizava. O fato de vê-lo vivo e prisioneiro viera ao encontro de meus desejos mais íntimos. Não me envergonho de dizer que em meu egoísmo temia que sua morte cavasse um abismo intransponível entre mim e Ana. Ludwig era muito amado pela família. Se tivesse morrido nessa guerra, o ódio de todos eles contra nós seria muito maior. Confiava que o tempo fizesse esmorecer os ódios e pudéssemos mais tarde viver em paz.

Conhecera belas mulheres depois de Ana, mas nenhuma jamais despertara em mim tanto amor, tanta emoção. Não conseguia esquecê-la. E, depois, havia Karl, era meu filho!

No dia imediato, mandei buscar o prisioneiro, aproveitando um momento em que me encontrava só na sala onde exercia meu trabalho. Meu superior saíra e iria demorar-se.

Ludwig foi trazido e ordenei aos soldados que aguardassem do lado de fora. Ele se conservou de pé, em atitude de contida revolta.

Fixei-lhe o rosto emagrecido cujo ódio ostensivo desfigurava ainda mais. Fingi ignorar seu rancor e assentei-me frente à mesa dizendo-lhe com voz que procurei tornar polida e firme:

177

— Sente-se, Ludwig, precisamos falar.

Ele permaneceu em pé e não respondeu. Percebi que se esforçava por dominar-se. Sem poder conter-me, fui logo ao assunto.

— O motivo de sua presença aqui não se prende a problemas políticos entre seu país e o meu. O assunto é particular. Há muito tempo tenho desejado lhe falar, sem que tivesse oportunidade.

Percebi que por seu olhar passou um lampejo de emoção. Decidido, continuei:

— Sei que existe entre nós um mar de sangue, de meus amigos, de meus entes queridos, e de seus amigos e de seus entes queridos. É a guerra. Estamos lutando em lados opostos.

Parei alguns momentos, analisando-lhe o olhar tempestuoso, e continuei:

— Entretanto, preciso falar a verdade, aproveitando esta chance de encontrá-lo novamente. Devo-lhe a vida.

Surpreendido, Ludwig resmungou irritado:

— Não me deve nada. Se eu soubesse quem era, o teria matado com minhas próprias mãos.

— Por isso, espero que possa compreender por que menti ocultando minha identidade. Em meu lugar, teria feito o mesmo.

Ele me olhou com raiva:

— Sou um oficial alemão. Não desceria à desonra de mentir, renegar meu país, aceitando a ajuda de um inimigo.

Senti um frio percorrer-me o corpo. Olhei-o bem nos olhos:

— Sim — disse. — Você é um oficial alemão. Devia ter pensado nisso. Mas, apesar de tudo, preciso falar. Não quero que ignore a verdade. Eu era jovem e tinha medo da morte. Não era muito entusiasmado pela luta. Tive chance de viver e aproveitei. Pode crer que sua família é sagrada para mim. Eles estão fora dessa guerra sórdida.

Ludwig cerrou os olhos com força. Parecia ter dificuldades para controlar-se:

— Você não passa de um traidor sujo. Não toque no nome dos meus. Ainda o farei pagar por isso com as próprias mãos.

Não pude conter-me. Segurei-o pelo braço e continuei, nervoso:

— Mas, é sobre eles que preciso falar. Não pode negar-me essa oportunidade. Sou marido de Ana. Casei-me com ela porque a amava.

Ludwig estremeceu, cerrando os punhos com força:

— Não fale nela, nunca mais a verá.

Um sentimento de terror penetrou-me fundo e foi crescendo, dominando-me o raciocínio. Pensei enlouquecer:

— Aconteceu-lhe algo?

Um brilho mau passou-lhe pelos olhos:

— Você se casou com ela por diversão e com um nome falso. Essa união nada significa.

— Ao contrário — tornei com firmeza. — Nós nos amamos. Ana é minha esposa. Karl, meu filho. Vim para buscá-los. Apesar de tudo que aconteceu, guardo esperanças de sermos felizes. A guerra vai acabar. Quero provar-lhes que foram as circunstâncias que nos envolveram de maneira desfavorável. Quero que sintam minha gratidão por tudo quanto fizeram por mim.

Eu estava comovido e meu sentimento era sincero. Ludwig, que a princípio demonstrara emoção, retomou sua frieza, desferiu uma gargalhada sarcástica e respondeu:

— Não sabia que os gauleses usavam esses métodos para arrancar-nos segredos e confissões. Mas, comigo não deu resultado, agente 223. A sua versão dos fatos é muito comovente, mas sei que a verdade é outra. Valeu-se de nossa credulidade para esconder-se em minha casa, abusou de nossa hospitalidade. Enquanto nos fazia crer que amava minha irmã, enviava informações a nossos inimigos. Pena que não me comova agora seu conveniente amor por Ana.

— Ludwig, você sabe que digo a verdade. Nada quero de você. Não o estou interrogando sobre questões militares ou informações políticas. Nosso assunto é particular. A guerra vai acabar. Tudo será esquecido. Quero apenas notícias de Ana e de Karl.

Ludwig olhou-me fixamente e o ódio continuava a transparecer nesse olhar:

— Não fale mais em Ana. Nunca mais a verá.

— Ela me ama, vou levá-la comigo. Como está ela?

— Morta. Ana está morta.

Senti a cabeça rodar e um abalo tremendo no coração. Por um minuto a sala desapareceu diante de meus olhos.

— Não é verdade — gritei apavorado. — Não é verdade...

— Morreu num bombardeio. Vocês a mataram.

Deixei-me cair em uma cadeira, porque as pernas negavam-se a suster-me. Pensei enlouquecer de angústia e de dor.

— E Karl? — sussurrei desalentado.

— Morreu com ela.

Passei a mão trêmula pela testa. Parecia que o mundo inteiro tinha desabado sobre mim.

Permaneci assim durante alguns minutos sem poder coordenar o pensamento. Depois dei acordo de mim e perguntei com voz sumida:

— Quando foi?

— Há alguns meses — respondeu com secura.

De repente, a presença de Ludwig começou a molestar-me. Envergonhei-me de chorar diante dele.

Chamei os soldados e mandei reconduzi-lo à cela. Depois deixei-me cair na cadeira. O mundo estava acabado para mim. Tive impulso de sair gritando por aí, de revólver na mão, dando tiros contra tudo e contra todos. Infame guerra sem glórias e sem vitórias.

***

Permaneci longo tempo imerso em íntimos pensamentos, alheio ao mundo que me rodeava. Pensava em Ana. Seu rostinho jovem, alegre, corado, cheio de vida.

Não podia imaginá-la morta, pálida, imóvel. Até ali, apesar de tudo, os meus tinham conseguido sobreviver, mas, agora, o golpe duro, ferindo-me fundo, demonstrara que ninguém podia sair ileso desse morticínio. Cada criatura humana, de parte a parte, tinha a lamentar perdas e danos irreparáveis.

Fui para meu quarto e estendi-me no leito, de olhos cerrados. Havíamos ocupado algumas casas e dormíamos em três nesse quarto, razoavelmente confortável.

Não consegui dormir. Queria esquecer as palavras de Ludwig, mas inutilmente.

"Ela está morta! Ana está morta! Nunca mais a verá. Karl está morto! Karl está morto!"

Pensei enlouquecer.

Jamais a vida me pareceu tão triste, tão dolorosa.

À noite, os companheiros, preocupados com minha agitação, foram buscar um médico. Não sei por que, mas revivi todos os meus sofrimentos passados na Enfermaria 2. Vi aqueles rostos hediondos se aproximarem de mim e em minha alucinação eu os via alcançando Ana e Karl, arrancando-os de mim.

Era quase dia claro quando um de meus amigos, sem ter conseguido o facultativo, deu-me dois comprimidos para dormir e conseguiu aconchegar-me nas brumas da inconsciência.

No dia imediato, levantei-me mais tarde. Recebera autorização do general para guardar o leito. Acordei um pouco mais calmo, embora febril. Apresentei-me ao serviço ativo. Queria trabalhar para esquecer. Cansar o corpo para amortecer a dor que me compungia. Por outro lado, a indiferença tolhia-me os passos.

Todos esses anos ansiara por essa vitória como pelo ar que respirava, mas, agora, de que adiantaria? A paz com a Alemanha nada mais significava para mim. Gostaria de voltar para casa, estar com os meus, encontrar um pouco de calor humano, de amizade, de conforto. Infelizmente, não era possível. Tinha que continuar e continuei.

Sempre que recordo esses dias, uma nuvem de dúvidas ensombrece-me as lembranças. Não consigo recordar-me com clareza. Talvez me seja penoso e, por isso, meu subconsciente nega-se a revivê-las. Só sei que a luta prosseguiu e a vitória nos sorriu conforme esperávamos.

Seguimos para outras cidades alemãs enquanto recebíamos notícias de que os russos obtinham vitórias sobre vitórias. Por fim, a invasão da capital. O desaparecimento de Hitler provocou alegrias e urras, mas, meu coração estava frio e macerado para que a morte tão desejada de nosso inimigo pudesse provocar explosões de alegria.

Se Ana estivesse viva, então, sim, meu coração teria vibrado de felicidade. Agora, de que me valia? Sentia-me cansado. Desejava voltar para casa. Talvez pudesse esquecer.

CAPÍTULO XVIII

O CAMINHO DE DAMASCO

Sentado em uma confortável poltrona, em nossa sala de estar, passei o olhar através da vidraça vislumbrando o burburinho da rua. Havia flores na janela e o sol acendia alegria em todos os olhares.

Fazia apenas um ano que a guerra acabara, entretanto nada mais a recordava. Estava pasmado pela rapidez com que os homens recolhem os destroços e recomeçam a vida.

Aparentemente tudo voltou ao normal. As escolas funcionavam, as fábricas, as lojas, os divertimentos, numa explosão de progresso vertiginoso. Parecia que a longa tensão da luta se exteriorizava na busca de emoções alegres e de novos horizontes.

Contudo, dentro de cada um existe ainda uma ferida que sangrava. Estava com vinte e sete anos e me sentia velho. Teria alguém na Terra vivido tanto quanto eu?

De volta à vida normal, não mais quis estudar. Acostumado à agitação e ao movimento, não me encontrava em condições de trancafiar-me em uma sala de aula ao contato com os livros.

De início, trabalhei com meu pai, que reabriu seu escritório de advocacia. Mas, não conseguia adaptar-me.

Foi quando fui solicitado pelo governo a ingressar na diplomacia. Minha folha corrida no exército durante a guerra, minhas aventuras e presença de espírito granjearam a simpatia do comando militar. O governo precisava formar urgentemente um corpo diplomático de confiança, à altura da França.

A guerra viera demonstrar que o exército francês não estava em condições de enfrentar um adversário como os alemães, mas com a luta e os brios espicaçados, tínhamos conseguido reconquistar pelo menos o respeito do resto do mundo.

Agora, após a vitória, havia necessidade de estabelecer condições seguras de paz, sem os riscos do passado e o excesso de confiança que nos levara quase à ruína.

Para isso, precisava o governo contar com elementos novos e experientes, que não tivessem se filiado ao perigo do comunismo, fantasma que começava a infiltrar-se perigosamente contra nossa segurança política.

Compareci ao gabinete do senhor Pierre Declair, secretário do ministro das Relações Exteriores, e foi-me oferecido um cargo de confiança dentro do Palácio.

Aceitei. Confesso que sem muito entusiasmo. Nada conseguia despertar-me emoções. Esgotara-as todas. Esperava poder servir ao meu país de alguma forma.

Olhei as flores graciosamente dispostas no vaso da sala. Em casa, aparentemente voltáramos aos velhos tempos. Minha mãe já não trabalhava, contávamos com empregados. Meu pai sorria com mais frequência e Gisele tornara-se uma moça alegre e bem-disposta. Embora suas amargas experiências a houvessem transformado em mulher, seu rosto delicado não possuía nenhum traço de amargura. Estava tranquila e feliz.

Sua vida era repleta de atividades. Ajudava o pai no escritório, atuando voluntariamente como secretária. Desejava trabalhar, e papai, encantado, a contratara. A afinidade entre os dois era admirável. Não precisavam falar muito para entenderem-se.

Mas, Gisele não parava aí. Dedicava também grande parte de seu tempo ao atendimento de quantos lhe necessitassem dos cuidados na enfermagem, como na assistência aos desajustados do pós-guerra.

Não raro a procuravam em casa altas horas ou nos momentos mais impróprios solicitando ajuda.

A princípio, não me agradaram essas interrupções inoportunas de nosso sossego, mas, meu pai a incentivava e tivemos até algumas discussões por causa disso.

Não que eu lhe reprovasse o auxílio aos outros, mas, no meu entender, abusavam de sua boa vontade, não lhe dando ocasião de descansar. Solicitado por mim a intervir, papai respondera com energia e firmeza:

— Sua irmã precisa socorrer os aflitos. Feliz daquele que encontra sua tarefa e procura cumpri-la com coragem.

— Mas você não acha que ela está exagerando? Que nossa casa parece um "Muro das Lamentações"?

Meu pai olhou-me com firmeza, como querendo devassar-me o íntimo.

— Denizarth, peço-lhe que a deixe fazer seu trabalho em paz. Só assim poderá encontrar a serenidade de que necessita. Por que não faz o mesmo?

— Eu?!

— Sim. Você. Por que não a auxilia? Meu filho, sinto em seu olhar a frieza do desencanto. Estamos neste mundo conturbado, fazemos parte dele sem que possamos sair por agora. Essa guerra trouxe-nos muita dor. Há muito sofrimento ainda em nossos corações. Sei que você sofreu um rude golpe que tornou seu coração insensível e sofrido.

Enquanto meu pai falava, minhas mágoas, Ana, Karl, a guerra ensombreciam-me a fisionomia.

— Eu tenho direito agora de encontrar a paz. Já cumpri com meu dever.

— Você esquece que este mundo não é estagnação, mas ação. Nada para, tudo se movimenta. Quando a Primeira Guerra acabou, pensava como você que pudesse gozar de uma relativa paz. Entretanto, o mundo caminhou para nova luta. Nada para.

— O que você diz é desalentador.

— Também pensei assim, até o dia em que li *O Livro dos Espíritos*.

Fiz ligeiro gesto de enfado. Eu, que a princípio aceitara feliz aquela teoria da existência de um mundo aonde iríamos após a morte do corpo, da preexistência da alma, da reencarnação, agora parecia muito distanciado dela.

— Acho que você está se impressionando demais com essas teorias, que, afinal, nem sequer foram comprovadas.

— A simples negação também não estabelece prova em contrário. Para mim, Denizarth, não há nenhuma dúvida. Tenho a mais absoluta certeza do que afirmo.

— Continue com suas convicções, se isso lhe dá paz e conforto. Quanto a mim, embora não as negue, também não me causam boa impressão. Parecem antes haver contribuído para desenvolver tanto em você como em Gisele certo fanatismo que acredito pernicioso.

Longe de irritar-se com minhas palavras, ele sorriu calmamente:

— É uma pena você não estar conosco. Mas, estará um dia, tenho certeza. O tempo se encarregará de tudo.

A tranquilidade dele exasperou-me:

— Por que pensa assim? — perguntei irritado.

— Porque todos os caminhos levam à verdade. Alguns são mais longos e tortuosos, mas, no fim vão dar no mesmo lugar.

Calei-me. Por dentro, invejava-o. Gostaria de ser igual a eles. Mas, não era.

Esperei que se cansassem de trabalhar desinteressadamente em favor dos outros ou que a ingratidão de alguns os desiludissem. Porém, nada os demovia. Ao contrário. Pareciam tão felizes interiormente que eu os admirava.

Gisele, sempre que eu me aproximava de ambos, dava-me a máxima atenção, compreendendo talvez meu inconsciente ciúme por não poder alcançar a mesma satisfação que eles irradiavam. Mas, eu percebia que era com as pessoas que a procuravam e com as quais se entretinha em confidências e gentilezas que seus olhos refletiam aquela luz que eu quisera ver sempre quando ela me fitava.

Não interferi em suas atividades. Porém, aquela tarde sentia-me muito só. Havia uma hora que ela se entretinha em palestra com uma mocinha na saleta onde habitualmente atendia seus visitantes.

Eu e mamãe nunca interferíamos, todavia naquele dia senti vontade de conversar um pouco. Levantei-me e fui até lá, girei a maçaneta e alguns soluços provocaram-me ligeiro sobressalto. Estava sendo indiscreto. Resolvi voltar, mas, a voz de Gisele deteve-me:

— Acalme-se, Louise. Você fez o que podia. Não acha melhor esperar um pouco? O tempo favorece as soluções dos problemas emocionais como o seu.

Novos soluços.

— Não posso viver sem ele. Não posso... Se ele não voltar, eu me mato!

A voz de Gisele era doce, mas enérgica:

— Não fale assim, minha querida. O que se passou não é irremediável. Seja paciente e compreenderá que o caso não é tão grave assim.

— Você fala assim porque nunca sofreu como eu!

Senti vontade de protestar, mas, receoso de ser surpreendido em tão desagradável posição, refugiei-me novamente na sala de estar, um tanto contrariado. Afinal, por que minha irmã prendia-se a tão desinteressante companhia? Devia estar terrivelmente maçada com uma palestra tão lamuriosa.

Senti-me frustrado também por não poder estar com ela, usufruindo-lhe a acolhedora presença.

Meia hora depois foi que Gisele pôde libertar-se da incômoda visita e procurou-me com alegria. Seu rosto estava feliz e sereno. Não havia nele nenhum reflexo de tristeza ou cansaço.

— Finalmente deram-lhe um pouco de paz!

Gisele não pareceu compreender:

— Paz?

— Sim. Ainda há pouco essa moça contava-lhe histórias lamentosas e tristes. Não tive coragem de aproximar-me.

A fisionomia de Gisele assumiu atitude séria.

— A visita de Louise deu-me muito prazer. Confiou em mim, e lamento não ter podido ajudá-la melhor. Precisa muito de orações. Não se esqueça disso à hora de suas preces costumeiras.

Senti-me um pouco embaraçado. Antigamente, Gisele era fraca e precisava muito de meu apoio. Era sempre ela a perguntar, e eu a responder. Parecia que a tinha mais perto e a compreendia melhor. Mas, agora as coisas tinham se transformado. Era ela quem respondia e eu quem perguntava. Precisava esforçar-me por entendê-la, e todas as vezes que pretendia orientá-la por julgá-la em erro, recebia nova lição de amadurecimento e compreensão.

Tinha certo ciúme por vê-la bastar-se a si mesma, libertar-se de minha tutela amorosa e amparar-me moralmente com tanta segurança e superioridade.

— O caso de Louise é muito delicado. Nunca se sabe a que extremos se pode chegar quando as paixões nos queimam a alma.

Uma sombra de melancolia cobriu-me o rosto um tanto amargurado. Lembrei-me de Ana. Ao simples pensamento, meu coração sobressaltou-se e funda depressão brotou dentro de mim.

Minha irmã, com carinho, tomou-me pelo braço e, levantando-se na ponta dos pés, beijou-me a face com infinita ternura.

— Meu querido! Esqueçamos as tristezas e vamos procurar a alegria. A experiência e a dor são abençoadas riquezas com as quais a vida na Terra nos favorece o espírito. Aprendamos a plantar a alegria para que nos tornemos fortes. Sente-se aqui, a meu lado, e vamos conversar. Tenho algumas coisas boas para contar-lhe.

Sorri. Nunca pudera resistir a seu sorriso. Palestramos durante muito tempo. Rimos, brincamos, como nos tempos antigos, e esquecemo-nos de todos os nossos problemas.

Mesmo após o jantar, continuamos juntos. Senti-me feliz por estar a seu lado, vendo-a, sentindo-a, como a irmãzinha que sempre fora.

De repente, inesperadamente ela ficou séria. Seu rosto empalideceu e seus olhos se fecharam. Assustado, perguntei:

— O que foi? O que aconteceu? Sente-se mal?

Não me respondeu.

Passados alguns segundos, após reiteradas perguntas, quando já me dispunha a chamar por papai, ela pareceu despertar. Sobressaltou-se e olhando-me fixamente disse com energia:

— Preciso ir imediatamente. Dê-me o casaco, Denis. Tenho que sair.

Assustado, quis impedi-la:

— Sair para onde a esta hora? Fazer o quê?

— Largue-me, Denis. Preciso ir. Depressa, antes que seja tarde demais.

Levantou-se de um salto e soltou-se de meus braços. Apanhou um casaco e dispunha-se a sair. Agira com tanta rapidez que eu não pudera evitar. Preocupado, apanhei o sobretudo e dispus-me a acompanhá-la. Aonde iria? A noite era fria, mas minha irmã não se importava. Caminhava a passos rápidos e precisos. Sabia aonde queria ir.

Acompanhei-a preocupado, tentando encontrar explicações para tal atitude. A certa altura disse-me:

— É um pouco distante. Chame um táxi, caso contrário chegaremos muito tarde.

Obedeci admirado e Gisele deu um endereço ao motorista. Partimos apressados. Minha irmã seguia calada, ar preocupado, em verdadeira tensão emocional.

Finalmente chegamos. Um prédio de apartamentos. Ela subiu as escadas velozmente e eu assim que paguei o táxi a segui.

Tinha medo de sua palidez e de seu evidente mal-estar. Frente a uma porta, ela parou e tentou abri-la. Estava trancada por dentro. Tocou a sineta, mas ninguém atendeu.

Gisele agarrou-se a mim, ordenando-me:

— Depressa, Denis. Vá ao zelador e mande abrir essa porta. Depressa, que pode ser tarde demais.

Não sei por que, obedeci. Se foi pelo olhar ou pela energia de minha irmã. O certo é que o zelador resmungando veio abrir a porta. Gisele entrou correndo e acendeu a luz do quarto. Deitada na cama, pálida como a morte, estava a jovem Louise, que à tarde estivera em nossa casa.

Abeirando-se do leito, Gisele colou o ouvido no peito da moça com ar preocupado. Levantou-se rápida e dirigindo-se a nós dois, que apavorados não tínhamos ainda saído da surpresa, esclareceu:

189

— Depressa! Corram a buscar o médico. Está viva, mas muito fraca. O tempo é precioso. Avisem que ela está intoxicada. Esperem um pouco.

Com rapidez procurou sobre a cama, sobre a mesa de cabeceira e no chão, até que encontrou o que queria: um frasco vazio.

— Digam que foi com isto.

Fiquei com receio de deixá-la ali, a sós com a pobre moça, mas, o zelador não me parecia ágil o bastante para trazer o socorro necessário.

Saí com ele. Pouco depois conseguíamos uma ambulância do posto médico. Trazido o socorro urgente, os primeiros cuidados foram logo ministrados.

Mas Louise estava mal. Não tinha condições de ser removida. Passei em casa e avisei que pernoitaríamos com a tresloucada moça.

Durante duas horas o médico permaneceu à cabeceira da enferma, lutando para libertá-la do medicamento ingerido.

— Agora, parece que está reagindo mais. Entretanto, não sei ainda se escapará. Confiemos em Deus. Ela vai dormir ainda por muitas horas.

Dirigindo-se a uma mesa a um canto do aposento, empunhou a caneta e pediu:

— Preciso agora registrar a ocorrência. Como sabem, preciso notificar a polícia. Em caso de morte, precisaremos documentar bem os acontecimentos.

Fiquei um tanto embaraçado. Não conhecia Louise. Mas Gisele, com calma, dirigiu-se ao médico:

— Pois não, doutor. Vou prestar-lhe todas as informações de que disponho. Antes, precisamos avisar sua família, que não está a par do que está acontecendo.

— Ela não é sua parente?
— Não. Somos amigas.
— Mas, então, ela não reside aqui?
— Não.
— É sua casa?
— Não.

O médico estava admirado, e havia uma ponta de desconfiança em sua voz ao perguntar:

— Mas, então, quem mora aqui?

Desta vez foi o zelador quem respondeu:

— Aqui é o apartamento do doutor Antoine Labelle.

— O senhor conhece essa moça?

— Bem... A senhorita Louise foi a namorada do doutor Antoine.

— Onde está ele?

— Viajando, doutor. Não sei como essa moça conseguiu entrar aqui.

— Bem, doutor — esclareceu Gisele —, Louise estava muito nervosa ultimamente e eu pressenti que ela planejava fazer alguma loucura. Vivia desesperada. Por isso, vim até aqui e a encontramos caída no leito, já em estado grave.

— Ela a avisou que iria praticar suicídio?

— Não propriamente, mas temi que o fizesse. Certamente, terá deixado alguma carta ao doutor Antoine, ou a seus pais.

O médico concordou e procuramos até que encontramos sobre a mesa da sala de estar dois envelopes. Um para seus pais e outro para o doutor Antoine.

— Isto elimina todas as dúvidas possíveis e esclarece a tese de suicídio — disse o médico.

— Doutor — disse minha irmã com voz suplicante —, vou pedir-lhe um favor especial. Essa moça é de família honrada e muito boa. É muito jovem. Gostaria de poupar-lhes o vexame de uma notificação policial ou um escândalo público.

O médico titubeou:

— A senhora sabe que é meu dever.

— Sei. Mas, peço-lhe apenas alguns dias para ver se ela se recupera. Se, infelizmente, isso não acontecer, o senhor notificará a polícia. Porém, se ela ficar fora de perigo, não há necessidade de promovermos publicidade em torno do caso.

O médico olhou Gisele surpreendido. Parecia embaraçado.

Seu rosto moreno de traços bem delineados contraiu-se pensativo. Era um homem alto, esbelto, aparentando quando muito seus trinta e cinco anos.

Gisele, sentindo que ganhava terreno, insistiu:

— Por favor, doutor! Sei que pode fazer isso. Eu lhe peço!

Eu nunca soubera resistir a seus olhos súplices e seu rostinho suave. O médico não conseguiu:

— Está bem. Concordo em esperar até amanhã. Creio que será o suficiente. A decisão está nessas próximas dez horas. Se aguentar, estará salva. Gostaria, entretanto, que guardassem discrição da ocorrência. Minha responsabilidade proíbe-me de comprometer o posto médico ao qual pertenço.

— Certamente, doutor — ajuntou ela. — Nosso amigo não contará a ninguém o que aconteceu aqui hoje. Pode comprometer o doutor Antoine.

— Certamente. Certamente. O doutor Antoine não gostaria de ver seu nome envolvido. Ele pode despedir-me. Certo. Nada direi.

— Muito bem — disse o médico. — Agora preciso ir. Aqui vocês têm meu endereço. Qualquer novidade, podem chamar. Virei imediatamente.

Gisele apanhou o cartão que o doutor lhe estendia e o acompanhou até a porta. O zelador foi com ele e ficamos a sós com Louise na penumbra do quarto. Apanhei o cartão e li: Bertrand Duval, médico.

— Ainda bem que ele resolveu esperar — comentei para iniciar um assunto. Sentados ao lado do leito, mil perguntas turbilhonavam-me a mente aflita.

Na calma e no silêncio profundo da noite, os últimos acontecimentos surgiam-me na forma de perguntas para as quais não encontrava resposta. Eu estava profundamente comovido. Revivia o passado. Olhando Louise no leito, revia Gisele, seu drama, seu sofrimento. Rezava para que ela se recuperasse. Louise, naquele momento, não era para mim uma desconhecida, mas minha própria irmã. Entendi por que precisamos viver para poder aprender e compreender. Se eu já não tivesse passado por isso, talvez naquele instante não houvesse sentido o problema da pobre moça.

— Ele é uma boa pessoa — comentou Gisele referindo-se ao médico.

— Como sabe?

— Basta olhar para ele. É uma criatura excelente.

Certas atitudes de minha irmã intrigavam-me, mas não era o médico que me interessava naquele momento. Ainda não tinha conseguido entender como Gisele soubera que Louise estava à beira da morte. Sem poder me conter perguntei:

— Como foi que você descobriu que ela tentara o suicídio? Alguém a avisou?

Minha irmã olhou-me um pouco admirada:

— Sim. Vi Louise tomando o remédio e deitando-se para morrer.

— Como? Se nós dois estávamos em casa conversando... Como pode ser?

Ela me olhou com doçura:

— Há muitas coisas que você ainda não compreende, Denis. Sou médium. Tenho procurado obedecer aos mensageiros de Deus que se utilizam de mim para ajudar e socorrer os que sofrem. Tanta luz, tanta paz, tanta alegria, tanta beleza colhi da doutrina de Jesus que agora estou empenhada em ajudar aos outros para que, como eu, reencontrem a alegria de viver.

— Então é mesmo sério?

— Sim. Muito sério. As pessoas, Denis, procuram o comodismo de uma religião de culto exterior tentando enganar a si mesmas. Como se a conquista do Reino de Deus dependesse das aparências. No entanto, o Espiritismo vem nos esclarecer que a vida na Terra representa uma oportunidade de aprimoramento moral e espiritual, na aquisição das experiências que pouco a pouco nos transformarão de seres ignorantes e maus em seres equilibrados e felizes. De que vale enganar-se a si mesmo desviando-se da finalidade maior da vida, colocando-se, muitas vezes, no comodismo da indiferença ou da negação sistemática, se ao fim de cada existência na Terra seremos julgados por nossas obras?

— Você fala com tanta certeza! Gostaria de ser assim.

— Um dia você compreenderá. Espero que não seja tarde demais.

— O que quer dizer?

— É muito difícil renascer na Terra. Se não aproveitar essa chance para melhorar-se espiritualmente, certamente terá que esperar muito até que possa retornar.

Fiquei um pouco aborrecido:

— Você sabe que, apesar de ter lutado durante a guerra, conscientemente nunca fiz mal a ninguém.

Ela sorriu com doçura.

— Antes assim. Só espero que você se empenhe em fazer o bem.

Senti-me contrafeito. Pela mente desfilaram rapidamente certas cenas chocantes a que me foram dadas assistir e involuntariamente participar. Assaltou-me subitamente o temor. Podia realmente afirmar isso?

Permaneci calado durante alguns minutos, imerso nas profundezas de meus pensamentos.

— Quer dizer que você pressentiu o gesto de Louise?

— Sim. Estávamos conversando quando, de repente, surgiu-me na mente a cena estarrecedora, Louise ingerindo a droga.

— E como soube onde ela estava? Acaso já conhecia este lugar?

Gisele sacudiu a cabeça.

— Não. Quando vi a cena, algo me impulsionou para ir ter com ela. Foi uma força irresistível. Quando estávamos na rua e eu não sabia qual o rumo a tomar, ouvi distintamente este endereço. Assim, viemos até aqui. Ela ficará boa.

— Como sabe? — inquiri em um tom respeitoso.

— Se não fosse para salvá-la, não me teriam ido avisar. Logo, sei que ficará boa.

Concordei. Sua lógica era inegável. Fosse quem fosse que a houvesse avisado, certamente o fizera porque ela precisava e devia ser salva.

Calei-me. Sentia-me impressionado. A prova, ou melhor, os fatos eram concludentes. Conhecia minha irmã, sabia-a incapaz de mentir-me. E, depois, como explicar de outra forma? Eu participara dos acontecimentos. Fora testemunha ocular. Como duvidar?

Quase sem querer, pensei em Ana e Karl. Será que os encontraria algum dia em algum lugar? Suspirei saudoso.

— Você acha mesmo que os mortos podem voltar?
— Voltar como?
— Voltar, como espíritos...
— Certamente.
— Você acha que Ana poderia vir ver-me?

Senti uma onda de rubor subir-me às faces. Não estivéssemos na penumbra e não teria coragem de perguntar.

— Claro que sim.
— Poderíamos pedir isso a Deus?
— Certamente.

Uma onda de entusiasmo tomou conta de mim.

— Então peça isso por mim, Gisele. Nunca mais a vi depois do encontro na prisão. Eu a amo. Não quero que ela conserve de mim uma impressão errônea. Por favor, ajude-me!

Tinha me sentado ao lado de Gisele e apanhara uma de suas mãos, apertando-a com força na veemência de minha rogativa. Ela passou a mão pelos meus cabelos num gesto de infinito carinho.

— Vamos pedir. Entretanto, só Deus pode permitir ou não sua vinda.

Ela cerrou os olhos em oração e eu, coração aos saltos, procurava as velhas preces decoradas da infância na expectativa do reencontro com Ana.

Minha irmã permaneceu assim por alguns instantes até que ligeiro tremor sacudiu-lhe os ombros delicados. Olhou-me, mas seus olhos estavam parados, fixos e seus lábios entreabriram-se em doce sorriso.

— Olá, soldado 413 — disse ela com a voz um pouco modificada, mais grave.

Sobressaltei-me. Gisele não sabia meu número no destacamento no início da guerra.

— Você teve sorte, meu velho. Pôde continuar no mundo. Vim para dizer-lhe que também não posso queixar-me. Não me reconhece?

— Não — respondi um pouco assustado.

195

— Sou o Atravessa, companheiro.

Meu coração bateu com força enquanto desenhou-se em minha mente a figura do amigo gaiato e querido de todos, que ganhara esse apelido porque não havia barreira que não pudesse atravessar. Por mais importante ou fechado que fossem os homens de nossa companhia, o soldado Jacques conseguia fazer amizade e conversar inclusive com os superiores. Por seu temperamento especial, por sua simpatia pessoal, era muito estimado, e sua morte em cerrada e sangrenta batalha em Sedan nos deixara bastante impressionados. Agora, quando menos esperava, depois de tantos anos e quando sua figura jazia esquecida no recôndito de meus pensamentos, eis que de maneira estranha e inusitada ele vinha a mim.

— Jacques?! — murmurei quase sem querer.

— Sim. Sou eu. Tive ordem para falar-lhe com a graça de Deus. Sei que não esperava por mim. Há muito desejo esta oportunidade. Desde que tombei no campo de batalha, tenho procurado de alguma forma contar aos companheiros que a vida continua. Quando vivia na Terra, não era místico, como você sabe, mas, aqui despertando, entre a perturbação e o medo, mãos amigas me sustentaram. Aos poucos a perturbação foi passando e a lucidez veio intensa e completa. Oh! Meu caro amigo! Como é bela a vida na essência plena sem o embotamento da carne! A morte é um salto entre um estado e outro. Mas, os problemas, a personalidade, os sentimentos permanecem.

— Sente-se feliz? — perguntei admirado.

— Dentro de minhas condições de criatura ainda imperfeita, sinto-me relativamente feliz.

— Existe algo que o entristece?

— A lembrança de meus erros e fracassos. Porém, conforta-me saber que terei tempo e oportunidade para ressarci-los.

— De que forma?

— Por meio do trabalho em favor do próximo e da reencarnação.

— Então é verdade? Poderá reencarnar ainda na Terra?

— Sim. Eis a misericórdia de Deus que a todos permite recomeçar e apreender.

— Se a vida na Terra é necessária ao espírito para redimir-se e aprender, por que então os jovens morrem na guerra? Por que Deus permite que vidas como a sua e a de nossos amigos sejam ceifadas tão cedo?

— Ah! Denizarth, também eu no início de minha volta à pátria espiritual formulei essa pergunta. Entretanto, meu amigo e mentor espiritual contou-me que as guerras representam um círculo vicioso que os homens estabeleceram engolfados no egoísmo e na ambição, delimitando a Terra, estabelecendo fronteiras, do qual difícil será agora sair. Só o Evangelho do Senhor, assimilado em cada coração, terá força suficiente para rompê-lo. Quanto a mim, com essa morte resgatarei pesado débito do passado. Acredito que os outros também fossem devedores da Lei Divina.

— E os demais companheiros, estão todos juntos?

— Não. Alguns, infelizmente, estão em dolorosas condições. Deixaram-se arrastar pelo ódio e não abandonaram o campo de batalha, surdos aos apelos dos irmãos socorristas. Tomados de ódio, investiram contra o inimigo, mergulhando cada vez mais na perturbação e na dor. Outros, em apatia e inconsciência, foram removidos a postos de socorro. Outros ainda, como eu, se recuperaram e procuram no trabalho e no estudo a preparação para o futuro.

— É surpreendente — murmurei boquiaberto.

Não pude duvidar da presença de Jacques nem por um segundo. Gisele assumira a postura, o jeito e até a maneira de expressar-se de meu amigo. Olhando-a, como que o via através dela.

— Há ainda muitas coisas que você ignora e deve saber. Espere e confie. Deus tem sido misericordioso e bom também para você. Trabalhe. Ajude Gisele em sua tarefa. Rompa de vez a barreira da indiferença e do comodismo. Deus preservou sua vida, procure usufruir proveitosamente essa bênção. Não deixe o desânimo e a dúvida destruírem suas possibilidades de progresso. Deus o abençoe.

Percebendo que ele se despedia, inquiri preocupado:

— Ana virá?

Gisele calou-se alguns segundos:

— Por ora, não é possível. Confie em Deus, trabalhe, ore. Que Deus o abençoe!

Um pouco decepcionado, eu não disse mais nada. Gisele permaneceu silenciosa por alguns minutos, depois em voz alta fez uma prece de agradecimento a Deus pela presença de Jacques.

Vendo-me calado, ela sorriu com alegria, dizendo:

— Não está grato a Deus pela presença do amigo querido?

— Sim. Estou surpreendido também... Por que veio ele se evocamos Ana?

— Bem que o avisei. Nós não sabemos a situação em que se encontram aqueles que evocamos. Nem sempre podem atender ao nosso chamado. Há muitos obstáculos que precisam transpor para manifestarem-se entre nós. Se Ana viesse, talvez você duvidasse da veracidade de sua palavra. O que você recebeu hoje foi uma prova irrecusável da manifestação dos espíritos. Não conheci seu amigo e nunca o vi referir-se a ele. Não lhe conhecia o apelido nem as condições de vida que levou na Terra. Nós pedimos o que queríamos e Deus atendeu-nos dando-nos não o que queríamos, mas o que precisamos.

Enquanto Gisele falava mansamente, com ternura, uma serenidade, uma paz enorme invadiu-me o espírito. Era verdade. Eu tivera a prova de que a vida continua. Então, algum dia, em algum lugar, de alguma forma, tornaria a encontrar-me com Ana. Poderia dizer-lhe tudo quanto guardava no mais recôndito de meu ser. O espírito é eterno! A morte perdeu seu mistério aterrador! Como Deus é bom! Como a vida é bela!

E no silêncio e na penumbra do quarto, não me envergonhei de deixar cair livremente duas lágrimas. Meu coração encontrara esperança e motivos para viver.

Segurei a mão de Gisele com gratidão e apertei-a com força. Compreendíamo-nos. Olhamos o rosto pálido de Louise e pareceu-nos que dormia suavemente, respirando com mais regularidade.

Quando o novo dia surgiu e os primeiros raios solares filtraram-se através das cortinas das janelas, Louise ainda continuava a dormir. Mas, seu sono era agora mais regular e tranquilo. Podíamos ter esperanças.

Providenciei uma leve refeição para nós dois e aguardamos a presença do médico, que compareceu antes do que esperávamos.

Examinou a doente e seu rosto distendeu-se em alegre sorriso. Vendo-nos ansiosos, esclareceu:

— O coração aguentou bem. Penso que o pior já passou. Entretanto, seu estado ainda é precário.

— Ela vai ser mãe, doutor — esclareceu Gisele com seriedade.

— Por isso mesmo. Precisa tomar medicamentos para desintoxicar-se. Apliquei uma injeção agora, mas, à tarde, deverá tomar outra.

— Aplicarei — ofereci com boa vontade. — Fui enfermeiro durante a guerra.

— Eu também — esclareceu Gisele atenciosa.

— Fico tranquilo. Confesso que ontem saí preocupado. Temia pela doente. Vejo que ficou em muito boas mãos.

Seu olhar era franco e amigo. Sentimo-nos muito bem a seu lado, e agora que o estado de Louise tinha melhorado, permitimo-nos oferecer um café, que o médico aceitou com prazer.

— É sempre lamentável atender casos como este. Infelizmente, repetem-se com grande frequência.

— A que atribui essa incidência? — perguntei admirado.

O médico pousou a xícara na mesa e olhou-me com firmeza:

— À imaturidade e à falta de orientação religiosa.

Surpreendi-me: um médico falando em "orientação religiosa"?

— Por quê? — perguntei sério. — Acredita que os sermões religiosos possam ajudar de alguma maneira, evitando os problemas emocionais?

O médico sorriu, mas tinha firmeza na voz ao responder:

— Não falo do conceito de religião humana. Falo de conhecimentos a respeito de Deus. De suas sábias leis e de sua sábia justiça. Há muitos jovens que estão maduros na compreensão e instintivamente percebem como a vida age para disciplinar nossos sentimentos. Há, entretanto, aqueles que infelizmente são maioria, que apesar da idade avançada, não passam de seres imaturos sem compreensão nem discernimento para disciplinar os sentimentos, enfrentando as lutas da vida.

Gisele olhava para o rosto moreno e agradável do médico com surpresa e alegria. Querendo compreender melhor, ajuntei:

— Concordo que a maturidade em alguns não vem com a idade, mas acho difícil para o jovem a conquista do conhecimento filosófico da vida, de Deus, que o ajude a vencer com coragem seus próprios problemas. Onde encontrar essa força?

O médico permaneceu em silêncio, engolfado nos próprios pensamentos. Depois explicou:

— Na verdade não é fácil. É a experiência que amadurece o indivíduo. Uns possuem mais experiência, outros menos. Acredito que aquele que sabe, que viu, que sentiu, que passou, que analisou, que aprendeu, tem a obrigação moral de dar o testemunho, de ensinar, de ajudar.

— Nesse caso sua teoria é falha. Foram os adultos que mais viveram, portanto os mais experientes que fizeram a guerra, e os jovens inocentes e imberbes da população civil que foram mortos.

— Quando falo de experiências vividas, não me refiro à idade física. Falo do espírito eterno, não do corpo de carne que o reveste.

Troquei um olhar surpreendido com Gisele, que parecia muito à vontade. Ele continuou:

— Quando menciono as leis de Deus, reporto-me ao estudo e à aplicação prática dos ensinamentos de Jesus. Só eles nos poderão dar forças e maturidade.

— Alegro-me que pense assim, doutor — admitiu Gisele. — Partilhamos do mesmo ideal. Acredito que o senhor também tenha estudado a filosofia espírita.

— Não teria entrado nesse terreno se não tivesse observado que possuímos o mesmo ideal. Ontem, quando a vi, percebi por seu modo de expressar-se, pelos fatos que narrou, que estava diante de uma companheira. Permita-me apertar-lhe a mão.

Depois dos apertos calorosos de mãos que trocamos os três, sentimo-nos muito à vontade. Os dois discorriam sobre a vida, suas dificuldades, seus méritos, à luz do Espiritismo, e eu, novato e ignorante, ouvia-os admirado.

Orgulhava-me de Gisele. Expressava-se com firmeza e profundidade, equilíbrio e força. Quem diria, tão jovem e tão tímida?

Decidimo-nos a ajudar Louise, e o médico encarregou-se de tomar conta da paciente enquanto eu e Gisele iríamos conversar com os pais da jovem, naturalmente aflitos, para preveni-los e contornar a situação.

Realmente, estavam desesperados. Receberam-nos entre lágrimas, e, com tato, Gisele foi relatando o problema, procurando opinar o mínimo possível. Choraram, dando expansão aos nervos abalados pela noite em claro. Sabedores que a moça tentara suicídio, aterrados, só atentaram para o fato de ele não se ter efetuado. Diante desse perigo, aceitaram a gravidez da jovem sem nenhum preconceito, apesar de intransigentes e rijos na moral.

Foi-nos fácil conduzi-los ao apartamento de Antoine. A cena tocante desses pais aflitos, que, após certificarem-se de que a vida da filha estava fora de perigo, nos cobriram de abraços agradecidos e lágrimas emocionadas, calou profundamente em meu coração.

Foi com a alma em festa e o peito cantando de alegria que saímos do apartamento, os três. Gisele, o médico e eu.

Há muito tempo que não me sentia daquela maneira. Pareceu-me mesmo que naquele momento recomecei a viver!

CAPÍTULO XIX
DUAS ALMAS SE ENCONTRAM

Engolfado em íntimos pensamentos, eu olhava sem ver o fogo crepitante da lareira. O inverno era rigoroso e chovia lá fora, tornando ainda mais aconchegante a poltrona na qual eu me distendera em confortável repouso.

"Ana, Ana, onde você está?"

Infelizmente, nunca obtivera notícias suas, embora as aguardasse com ansiedade. Seis meses fazia que eu encontrara a certeza da sobrevivência do espírito após a morte. Entretanto, de Ana, nem notícia.

Bertrand confortava-me com palavras amigas, aconselhando-me a esquecer. Tornara-se muito nosso amigo e frequentava nossa casa com assiduidade. Sua figura alegre, elegante, sua inteligência, aliada a uma encantadora simplicidade, tinham conquistado o respeito e a amizade de meus pais.

Nossas palestras eram alegres e esclarecedoras, e mamãe já não ralhava por abordarmos os temas espíritas. Os acontecimentos, a mudança de Gisele, sua firmeza, seu caráter tinham-na impressionado satisfatoriamente.

Bertrand tornara-se meu amigo particular, e eu, saudoso e entristecido, não conseguia esconder-lhe meus sofrimentos, minha saudade, minha dor.

Certo dia em que minha mágoa se acentuava, ele aconselhou:

— Você é jovem, Denizarth. Não deve inutilizar sua vida por um mal que, por ora, não é possível sanar.

— Tudo isso eu já disse a mim mesmo. Entretanto, à medida que o tempo passa e acentua-se a distância do passado, mais e mais suas lembranças me ferem o coração. Ana era tão jovem, tão cheia de vida! Karl era inocente!

Bertrand colocou a mão sobre meu ombro como para confortar-me:

— Todos nós pagamos pesado tributo a essa guerra. Perdi minha família. Fiquei órfão de parentes. Contudo, é preciso continuar. A vida na Terra é uma passagem rápida e os nossos nos esperam mais além. Sofrendo com nossos fracassos, exultando com nossas vitórias. Muitas crianças e civis inocentes, muitos soldados que não desejavam a guerra sucumbiram. O massacre do povo judeu, tudo isso nos pode lançar à revolta e ao desespero se desconhecermos a justiça de Deus. Todavia, ela funciona imperturbável e perfeita, dando a cada um segundo suas obras.

— Quer dizer que Deus colaborou para que esses crimes fossem cometidos? Que a Justiça Divina os delineou como punição daqueles que, inocentes a nossos olhos, eram culpados de crimes em anteriores existências na Terra?

— Absolutamente, meu amigo. Nosso conceito de Deus, nesse caso, cairia por terra. Ele seria pior do que nós próprios. O que quero dizer é que, quando cometemos um crime ou um ato de crueldade, usando nosso livre-arbítrio, automaticamente nos candidatamos a receber de volta aquelas forças negativas que arremessamos aos outros. Assim, estabelecemos uma necessidade de sofrimento que as leis de Deus permitem porque com eles nos tornaremos mais experientes. Todavia, quando nós, ignorantes e reincidentes, acrescentamos mais crueldade, mais maldade em nossos atos, estamos acumulando duras expiações que ninguém poderá sustar. A Terra é um mundo de expiação e de provas, onde renascem espíritos ainda ignorantes e maus. Nossa civilização tem se desenvolvido por meio do egoísmo, da ambição e da força bruta. E a violência, estabelecendo clima de resgate coletivo, ocasiona catástrofes e destruição. É a crueldade do homem que torna nosso planeta triste, atingindo vidas, para nós, inocentes. Contudo, serão inocentes? Só Deus o sabe. Não nos compete julgar.

— Mas, dessa maneira nunca mais sairemos desse círculo vicioso. Os assassinos de agora deverão morrer assassinados depois. Isso não obriga uma mão a tornar-se por sua vez assassina?

Bertrand abanou a cabeça com serenidade:

— Engana-se. Existem muitas doenças que concedem ao espírito faltoso expiar suas faltas. Nem sempre o assassino perece assassinado. Muitas vezes, aquele que enterrou a faca nas costas de um semelhante sofre por meio da tuberculose, que lhe apunhala em dores lancinantes o tórax, dores mais atrozes do que ocasionou. Quem deu um tiro na cabeça, no abdome ou em outro lugar, poderá possuir um tumor nesse local, que o fará sofrer dores iguais e, às vezes, por mais tempo do que fez sofrer. Depois, os acidentes, as epidemias, tudo isso, causados pelo proceder do próprio homem, poderia fazê-lo purificar-se, redimir-se. Mas, a crueldade e a ambição proliferam. Pelo poder efêmero na Terra, não recuam diante das maiores chacinas. Então, Deus, em Sua infinita bondade por meio de Suas leis perfeitíssimas e justas, restabelece o equilíbrio que o homem imprevidente destruiu, transformando esse sofrimento em aproveitamento para o espírito faltoso. Sua bondade transforma em frutos de aperfeiçoamento os espinhos de nossa maldade.

Fiquei comovido e não esqueci suas palavras. Nossas palestras repetiam-se amiúde. Frequentávamos uma reunião de estudos espíritas em casa de um amigo do médico e Gisele apreciava muito essas reuniões, onde colaborava como médium.

Era sempre com o coração aos saltos que eu assistia às manifestações dos espíritos. Ana poderia ser um deles. Mas, minha expectativa frustrava-se todas as vezes. Ela não vinha.

A cada dia, meu amor por ela, longe de esmaecer, firmava-se. Olhando as chamas mirabolantes da lareira, por um momento, sentia-me na sala de *frau* Eva. Senti a presença de Ana, revi seu rostinho adorável. Mas, durou um segundo e logo a sensação desapareceu, deixando a tristeza e a solidão. Se eu tivesse pressentido o que iria ocorrer, teria procurado fugir com Ana e Karl para algum lugar, onde pudéssemos esperar a guerra acabar.

Mil pensamentos remoíam-me a mente na inutilidade de minha exasperação.

Sobressaltei-me, vendo entrar Gisele acompanhada de Bertrand. Abraçamo-nos. Nosso amigo jantava conosco naquela noite. Gisele foi preparar-se e ficamos os dois em agradável palestra.

— Você precisa distrair-se, Denizarth. Tem vivido muito só.

Abanei a cabeça.

— Não posso, Bertrand. Sinto-me velho. Não encontro mais prazer nos entretenimentos comuns. Estou um pouco desgastado. Invulnerável às emoções frívolas da sociedade.

— Em parte concordo. Parece que tem havido certo exagero no comportamento da maioria, buscando emoções fortes nas orgias, com tal assiduidade, querendo viver numa noite todos os prazeres roubados por tantos anos de guerra. Mas, não é a isso que me refiro. Você deve procurar companhia de sua idade. Ir a teatros, interessar-se novamente pela vida e até, quem sabe, encontrar uma companheira que o faça feliz.

Suspirei sem querer.

— É cedo, Bertrand, muito cedo. Mais tarde, quem sabe. Por ora, ainda não estou preparado. Faria infeliz qualquer mulher. Não consigo esquecer-me de Ana. Que fazer? Só o tempo poderá ajudar-me.

Bertrand olhou-me sério.

— Respeito seu ponto de vista e o admiro. Gostaria de vê-lo feliz, realizado. Por isso, toco no assunto.

— Eu sei. Você é meu amigo!

— Sou. E quero saber sua opinião.

— Sobre o quê?

— Sobre Gisele. Eu a amo! Acha que me aceitaria como marido?

Sorri satisfeito. Jamais poderia ter ouvido notícia melhor. Tinha notado o interesse dele. Sabia que Gisele também o queria. Levantei-me e abracei-o com efusão.

— Bertrand. Que alegria! Sinto-me muito honrado e feliz!

A voz dele estava trêmula:

— Acha que me aceitará?

— Experimente falar-lhe.

— É. Pretendo fazê-lo. Entretanto, é preciso que eu esclareça que já fui casado.

Olhei-o surpreendido. Ele prosseguiu:

— Casei-me muito moço. Ela era dois anos mais velha. Infelizmente, não fomos felizes. Seu ciúme envenenara-me a existência e por fim nos separamos. Foi logo no início da guerra. Aturdi-me com trabalho e procurei esquecer. Quando a guerra acabou, soube que ela tinha sido encontrada morta em seu quarto, possivelmente intoxicada. Procurei descobrir alguma coisa mais sobre ela, porque me sentia responsável. Ela dizia amar-me, mas, nossa vida em comum era impossível. Tentei diversas vezes ajudá-la, mas nunca me permitiu. Autoritária e intransigente, dizia amar-me, mas, às vezes, penso que me odiava. Nunca consegui entendê-la. Amargurado, encontrei no Espiritismo conforto e paciência. Pretendia viver a seu lado, apesar de tudo, cumprir meu dever e ver se conseguia ajudá-la de alguma forma. Porém, era tarde. Quando regressei, estava morta. Meus pais também morreram durante um bombardeio e meu único irmão morreu lutando. Às vezes, penso que deveria ter ajudado minha mulher a modificar-se. Assim, quem sabe, talvez ela ainda vivesse! Isso me entristece!

— Você a amava?

— A princípio pensei que sim. Depois, compreendi que não. Contudo, desejava ampará-la e protegê-la. Não foi possível.

Olhei-o com simpatia. Bertrand não gostava de falar de si. Não sabia nada sobre seu passado. Descobri naquele momento que ele também vivera seu drama. Quanta gente conhecemos nas mesmas condições? Quantos que se cruzam conosco na via pública, parecendo-nos equilibrados e felizes, guardam uma chaga no coração?

— Você não teve culpa. Estava na guerra cumprindo seu dever quando ela morreu. Nunca lhe escreveu?

— Sim. Às vezes, eu lhe escrevia pedindo notícias, mas raramente ela respondia.

— Nunca recebeu notícias dela como espírito?

— Por meio de um médium, não. Mas, a tenho entrevisto algumas vezes, a meu lado. Procura atingir-me. Nesses momentos, oro fervorosamente em seu favor. Então, ela se vai.

Fiquei calado, pensando. Bertrand continuou:

— Denizarth, agora sei o que é o amor. Amo Gisele. Seu espírito leal, nobre e puro tocou-me fundo os sentimentos. Sua figura, seu rostinho suave, tange as fibras mais profundas de meu ser. Acha que posso esperar que ela aceite o que lhe posso oferecer?

Olhei-o nos olhos. Havia um brilho úmido de emoção a marejar-lhe o olhar.

— Converse com ela. Confidenciem-se. Vocês foram feitos um para o outro. Ambos têm um passado para esquecer. Deus permita que isso aconteça.

Abraçamo-nos. Gisele, entrando na sala, olhou-nos admirada e curiosa. O jantar ainda demoraria. Convenci-os a dar uma volta e percebi que Gisele tremia ao abraçar-me na saída. Ela pressentia que algo iria acontecer. Talvez esperasse por isso.

Vendo-os sair lado a lado, ouvindo o ruído do carro que se distanciava, senti-me mais otimista. Gisele merecia a felicidade. Bertrand também.

Agradável calor percorreu-me o corpo.

Uma hora depois, voltavam de mãos dadas, rostos risonhos, olhares enternecidos.

Decidido, Bertrand conversou com meus pais naquela mesma noite e nosso jantar amigo e simples transformou-se em uma íntima e agradável festa de noivado.

CAPÍTULO XX

UMA ESPERANÇA?

Com as janelas do quarto abertas de par a par, gozando a beleza do sol que se espraiava atrevido sobre a cama, eu ia e vinha arrumando cuidadosamente uma maleta de viagem.

O ruído alegre da rua, naquela manhã de junho, convidava-nos à alegria e ao otimismo. Sentia-me um pouco emocionado. Ia para a Alemanha, a serviço do ministério. Quando iria esquecer-me de Ana?

Partia tranquilo, apesar de ter de ficar um ano ausente, possivelmente. Havia dois meses que Gisele se casara, vivendo em contagiante felicidade.

Bertrand comprara uma confortável residência que ambos haviam amorosamente decorado. Com Bertrand cuidando dos meus, podia ausentar-me sem preocupações.

Finalmente nossa vida familiar tornara-se feliz e amena. Todos viviam alegres e agradecidos a Deus pelo milagre extraordinário de havermos conseguido atravessar a guerra fisicamente ilesos. Essa sensação tornava-nos humildes diante de Deus e valorizava infinitamente cada momento de alegria que juntos desfrutávamos.

Minha mãe entrou trazendo algumas coisas embrulhadas.

— Preparei alguns docinhos. São os seus preferidos. Talvez você não os encontre na Alemanha.

Sorri. Abracei-a bem-humorado:

— Com certeza. Só aprecio os que você faz.

Ela me olhou envaidecida.

— Por algum tempo não vou poder fazê-los.

— O tempo passa depressa — ajuntei à guisa de consolo. — Dentro em breve estarei de volta.

Fechei a bagagem e papai ajudou-me a arrumá-la no carro. Iam acompanhar-me à estação.

Apesar das lágrimas furtivas de Gisele, que nos aguardava na gare, de mamãe e das muitas recomendações, não me senti triste. Precisava viajar um pouco para modificar a rotina sem emoções de minha vida.

E, à medida que o trem corria veloz, renovando as paisagens que eu contemplava distraído através da janela, gradativamente, sem querer, eu ia levando meu pensamento de volta ao passado.

Havia momentos que eu reagia, procurando esquecer, mas, invariavelmente, meu amor por Ana, a lembrança de meu filho conservavam-se intactos e contundentes dentro de mim.

Eu procurava outras mulheres. Queria sair desse estado quase mórbido e deixar de reviver constantemente o passado com Ana, que já se ia tornando distante.

Às vezes, um rostinho bonito, um corpo bem-feito lograva despertar-me algum entusiasmo, mas, em pouco tempo, surpreendia-me estabelecendo comparações constantes nas quais Ana sempre se salientava, fazendo desaparecer o fugidio interesse inicial.

"Vou rever a Alemanha!", pensei emocionado.

Meu destino era Berlim, no lado em que os aliados comandavam. Mas, tinha intenções de ir a Dresden rever a casa de Ana e, mesmo de longe, matar a saudade. Talvez voltando àquele lugar eu me libertasse daquela obsessão.

À medida que o trem corria, sentia crescer minha ansiedade. Depois da fronteira, admirei-me profundamente ao verificar a modificação das cidades alemãs, grandemente destruídas pelos bombardeios. Em tão pouco tempo, apresentavam já aspecto bem diverso. Muitas reconstruídas e outras tantas em construção. Parecia imensa colmeia, tal a operosidade que se notava no povo.

Tal como acontecera em meu país, cada um procurava enterrar seus mortos, juntar os destroços, limpar o caminho e recomeçar.

Admirei-me da facilidade com que o homem consegue reagir para poder sobreviver. A derrota e as acusações tremendas de crueldade que pesaram sobre a consciência desse povo não foram suficientes para arrasá-los.

Encontrar-me novamente na Alemanha sensibilizava-me bastante. O idioma, as fisionomias, o povo, tudo me lembrava o passado, embora já os vestígios da guerra se tivessem apagado.

Cada menino que aparentasse quase sete anos prendia-me a atenção e eu procurava imaginar que Karl seria assim se estivesse vivo.

Atormentava-me pensar nisso e, inconscientemente, cada moça que passava por mim com ligeira semelhança com Ana, fazia-me bater o coração em indomável reflexo.

Fui para o apartamento que me fora reservado e procurei dormir. Mas o sono não chegava. Agoniado, lembrei-me da oração que sempre me auxiliava a suportar essa mágoa. Levei o pensamento a Deus com firmeza e emoção, murmurei sentida prece, enquanto uma lágrima rolou de meus olhos cansados. Então, como que acariciado por suaves eflúvios, adormeci.

Nos dias que se seguiram, ocupei-me das tarefas para as quais fora designado por meu governo, e nos departamentos e arquivos de nosso serviço de informações fui acometido de imensa curiosidade.

Sabia que a grande maioria dos prisioneiros de guerra haviam sido libertados. O Tribunal de Nuremberg limitara-se a responsabilizar o alto comando alemão ao apurar os crimes de guerra que estarreceram o mundo.

Tinha quase certeza de que tanto Ernst como Ludwig, apesar de oficiais e de haverem participado ativamente das SS, deveriam estar em liberdade.

Mas, mesmo assim, valendo-me das credenciais que possuía de livre ingresso nesse departamento, passei uma tarde inteira procurando o relatório do processo e a ficha de cada um.

Encontrei Ernst. Estivera preso até o julgamento de Nuremberg, aguardando deliberação dos juízes quanto a seu destino. Era acusado de participar da Associação de Preservação e Pureza da Raça Ariana, tendo trabalhado na arregimentação dos judeus, pesquisando e elaborando listas completas e minuciosas dos futuros prisioneiros. Embora tendo sido evidenciada sua culpa de acordo com a decisão dos juízes do Tribunal, como subalterno fora restituído à liberdade em maio de 1946, portanto há pouco mais de um ano.

Foi com justificável emoção que encontrei a documentação de Ludwig. Seu rosto sério provocou-me ligeiro estremecimento. Seus traços lembravam um pouco o rosto de Ana. Lembrei-me da última e desagradável entrevista que tiverámos.

Não completara ainda trinta anos. Lutara com bravura, tendo se distinguido em diversas batalhas, recebendo diversas medalhas. Mandado para Paris logo no início da ocupação, por causa de seus conhecimentos do idioma e de sua perícia no setor de planejamento e estratégia, economia e estatística, tomou parte ativa nas atividades das SS, principalmente no confisco dos bens dos judeus presos, convertendo-os em recurso hábil para sustentação financeira do poderio bélico alemão.

Não era mais surpresa o fato de que a matança dos judeus houvesse servido mais à pilhagem de suas vultosas posses materiais do que propriamente ao aperfeiçoamento da raça ariana, que representou apenas um véu acobertando a ambição desmedida e a astúcia desastrosa de um punhado de visionários. Fossem os hebreus pobres e não teriam sofrido tanta perseguição e tantos golpes. Apossavam-se deles para desapropriarem seus bens, amontoavam-nos nos campos de concentração, mas como sustentá-los?

Um país contra o mundo! Teria condições de alimentá-los? De que lhes valeria o dinheiro arrancado dos prisioneiros se teriam de consumi-lo em sua alimentação? Essa foi a verdadeira causa do morticínio incessante e cruel.

Estabeleceu-se um círculo vicioso. A guerra prosseguia. A vitória tardava, consumindo recursos incalculáveis. Novas frentes se abriram, havendo necessidade de ampliá-los ainda mais. Então, a lista de judeus crescia ao mesmo tempo que a falta de espaço e de alimento forçava-os a exterminá-los, sempre mais.

Existem coisas que nos chocam a sensibilidade, todavia, quando iniciamos a descida frente ao mal e enveredamos pelo erro, nunca sabemos a que extremos podemos chegar. Eles estavam tão envolvidos pelo fanatismo e pela ambição que, com facilidade, se tinham deixado levar por um caminho do qual não mais poderiam sair sem esgotá-lo até o fim, ladeira abaixo, até encontrar as consequências de seus atos.

Ludwig era o gênio que cuidava da "economia" alemã. Não pesquisava nem tomava conhecimento das "listas" elaboradas. Recebia os recursos confiscados e os equacionava e distribuía. Prisioneiro de guerra no início de 1945, fora posto em liberdade também em maio de 1946.

A ficha trazia seu endereço e o nome de seus familiares. Meu coração bateu mais forte ao ler os nomes de *frau* Eva e de Elga, de Ana e Karl. O nome do avô não constava.

Vivo rubor assomou-me ao rosto ao ler a anotação: Karl, filho de Ana Gruber e de pai desconhecido. Não constava mais nada. Admirei-me. Por que não constava a morte de Ana e de Karl? Teriam se desinteressado desse detalhe?

Por um momento violenta emoção tomou conta de mim. Estariam vivos? Estremeci e com a ficha na mão abordei um funcionário, a quem perguntei:

— É possível que o nome de pessoas mortas apareçam na ficha, sem que se esclareça esse fato objetivamente?

Enquanto meu interlocutor, atencioso, percorria a ficha com o olhar, eu, com o coração batendo descompassado, aguardava ansioso seu pronunciamento.

— É possível, sim. Os dados familiares são coletados por meio dos documentos dos próprios cadastrados ou pelos livros de registro do cartório civil. Não pesquisamos dados familiares com minúcias. Basta-nos apenas a composição nominal dos membros da família.

Profunda decepção transpareceu em meu rosto. Evidenciou-se tanto que o rapaz, condoído, inquiriu:

— Procura encontrar alguém?

Era comum essa busca de pós-guerra e muitos valiam-se desses arquivos solicitando informações sobre soldados desaparecidos. Em meu caso, porém, não tive coragem para confessar. Respondi, procurando dominar o desânimo:

— Não. Surpreendi-me ao ver nesta ficha o nome de uma pessoa que já morreu, sem que constasse aqui nenhuma anotação.

O funcionário sorriu:

— Para isso, precisaríamos recorrer aos livros de óbitos, que andam tão atrapalhados hoje em dia. Seria uma calamidade que não teria nenhuma utilidade para nós, a não ser que nosso cadastrado tivesse falecido.

Saí dali angustiado. Por que afinal fora servir à curiosidade? Por que reavivar mais a ferida que ainda sangrava tanto?

Procurei reagir. Afinal, para que me atormentar inutilmente?

Atirei-me com disposição ao trabalho nos dias que se seguiram e procurei esquecer a mágoa que me consumia por dentro.

Tinha receio de ir a Dresden. Teria coragem para rever a casa de Ana, sem que a pudesse abraçar? Teria coragem para visitar a laje fria, onde ela e Karl foram sepultados, derramando minhas lágrimas de saudade sem que o desespero me toldasse o raciocínio?

Talvez não tivesse forças e, por isso, eu adiava o reencontro com o cenário do passado com medo de enfrentar a dolorosa realidade.

Ana morta! Karl também!

Meu Deus, quanto sofrem os seres humanos!

CAPÍTULO XXI

MENSAGEM DE PAZ

Foi em uma tarde de outono que cheguei a Dresden. Havia conseguido alguns dias de férias e depois de muito hesitar resolvi, finalmente, voltar à casa de Ana.

Confesso que não reconheci a cidade, que fora castigada duramente pelos bombardeios aliados. Por toda parte havia euforia e trabalho, na faina de sua reconstrução.

Cheguei quase ao anoitecer e procurei um hotel, sem coragem de aparecer a *frau* Eva, sem aviso ou sem lhe conhecer a opinião. Apesar de tudo, eu lhe temia o olhar acusador e as palavras amargas, que, por certo, como Ludwig, me lançaria ao rosto.

À noite, saí pela cidade e, sem destino, admirava-me da quantidade de casas de diversões que funcionavam, da ruidosa alegria que reinava nos rostos, sem a aparência de um povo vencido e traumatizado. Surpreendia-me a força de vontade para suplantar a dor e a tragédia, procurando sobreviver e esquecer.

No dia seguinte, pela manhã, mandei uma missiva a *frau* Eva, marcando uma entrevista para a tarde daquele mesmo dia, perguntado-lhe se poderia receber-me. Recomendei ao mensageiro que não voltasse sem resposta.

Foi com nervosismo e ansiedade que aguardei sua volta. As horas não passavam e a cada minuto minha angústia aumentava.

Finalmente, regressou e indaguei aflito:

— E então?

— Não encontrei a casa, senhor. Não existe mais. Perguntei, mas ninguém sabe o novo endereço.

Nervoso, tomei a carta que ele me estendia e meti-a no bolso, amassando-a com raiva. Dei uma moeda ao garoto e decidido chamei um táxi e ordenei ao motorista que rumasse para a casa de Ana.

Queria estar ali novamente. Não me conformava de não poder sequer saber dos detalhes da tragédia, de visitar-lhes o túmulo, de falar com *frau* Eva. Precisava saber se Ana me havia perdoado.

Parecia-me que, se *frau* Eva me perdoasse, Ana certamente também me perdoaria. Sempre solicitara a presença do espírito de Ana nas sessões a que assistia. Nunca ela viera. Certamente não me tinha perdoado. Eu sabia que os espíritos dos que viveram na Terra continuam a ser as mesmas pessoas no além da morte, com as mesmas simpatias ou ódios, permanecendo com a mesma personalidade. Temia o juízo que Ana faria de mim. Se ela vivesse, haveria de penetrar meu pensamento, saber de minha sinceridade. Mas só o silêncio respondia a meus brados de angústia. Nem o conforto de rever sua mãe, de saber de seus últimos desejos, me restava.

Desci do táxi um pouco atordoado.

Parecia-me que a rua não era a mesma. Mas, depois de certo tempo, identifiquei a casa vizinha a de Ana. Estava um pouco diferente, reformada, pintada de outra cor, mas era a mesma. Porém, ao lado não mais existia o portão de madeira vermelha.

Aproximei-me. No lugar da casa graciosa e alegre, havia uma moderna construção que, pelo tamanho, pela forma, pareceu-me uma fábrica. Do belo jardim, nada restara. Só reconheci, com um susto, a cerca dos fundos que eu mesmo ajudara a consertar e pintar.

Compreendi que a construção não terminada me possibilitaria ainda a emoção de revê-la.

Passei a mão pela testa como para afastar a dolorosa lembrança. Permaneci algum tempo em contemplação emocionada. Depois, animei-me. Toquei a sineta. Um homem em mangas de camisa surgiu na porta do centro. Aproximei-me.

— Por favor. Preciso de uma informação.

O desconhecido acedeu:

— Pois não. Pode falar.

— Sou parente da família que morava aqui durante a guerra. Naturalmente sabe para onde foram.

O homem abanou negativamente a cabeça.

— Não. Não sei. Não os conheci.

Aflito, insisti:

— Não comprou a casa deles?

— Sim. É verdade. Mas o negócio foi feito por meu advogado. Não sei para onde foram.

Fez menção de entrar, mas eu, inconformado, segurei-o pelo braço:

— Por favor! É muito importante! O nome e endereço de seu advogado. Talvez ele possa ajudar-me.

Via-se que meu interlocutor não era muito prestativo, mas meu aspecto aflito deve tê-lo comovido, porque declarou:

— Um momento.

Pouco depois voltava com um cartão e ajuntava com ar protetor:

— Aqui está. Por que não procura a casa vizinha? Os moradores são antigos e certamente poderão ser-lhe úteis. Quem sabe até conheçam o paradeiro dessa família.

Agradeci sensibilizado. Guardei o cartão e fui bater na casa do lado. Conhecera *frau* Hildegard e, embora o receio de ser descoberto me tivesse obrigado a evitar a convivência dos vizinhos, ela era amiga de *frau* Eva e vinha muitas tardes tomar chá em nossa saleta, trocando guloseimas caseiras tão a gosto das donas de casa alemãs.

Reconheci-a quando abriu a porta. Mais velha e mais cansada, mas, a mesma. Emocionei-me. Era o primeiro elo com o passado.

Ela me olhou fixamente e vi que estremeceu. Assustou-se e fez menção de fechar a porta. Certamente me reconheceu.

Segurei a maçaneta com força e implorei:

— Por favor, *frau* Hildegard, preciso falar-lhe! Não tenha medo de mim!

Vendo minha atitude humilde a angustiada, pareceu mais calma.

— Sua presença assustou-me — disse por fim. — Ando muito nervosa. Ainda não me refiz.

Procurei mostrar-me mais calmo.

— Não desejo assustá-la. Preciso falar-lhe. Sei que a senhora poderá ajudar-me.

A velha senhora olhou-me nos olhos fixamente. Depois decidiu-se, abrindo a porta de par em par:

— Está certo. Pode entrar.

Com o coração aos saltos, entrei. Aceitei a cadeira que me foi oferecida, não porque sentisse cansaço, mas, porque a emoção amolecia-me as pernas.

— E então? — perguntei quando a vi sentada à minha frente em expectativa.

— O que deseja de mim? — inquiriu por sua vez.

— Quero notícias de Ana. Preciso saber de tudo.

Um pouco admirada, a velha senhora tornou:

— O que deseja dela? Não chega o mal que lhe fez?

Levantei-me angustiado.

— Não quero que pense assim. Amo Ana. Sempre a amei. Casei-me com ela porque a amava com sinceridade.

— Não sei se posso acreditar. A pobrezinha sofreu muito!

Vendo-a mencionar o sofrimento de Ana, não me contive:

— O que aconteceu depois que parti? Pode contar-me?

— Algumas coisas posso. Entretanto, não creio que deva...

— A senhora duvida de minha sinceridade? Por que pensa que voltei, senão para saber notícias, apesar de ter certeza de que ela e Karl estão mortos?

Frau Hildegard soltou pequeno grito de susto:

— Estão mortos?

— Não sabia? — perguntei sentindo a louca esperança de um engano renascer dentro de mim.

— Não. Não sabia.

Aproximei-me dela entre angustiado e esperançoso.

— Por favor! Conte-me o que sabe. Se ela morreu aqui, na casa, como pode ignorar?

Frau Hildegard olhou-me fixamente e compreendeu toda a ânsia que havia em mim. Mas, percebi que hesitava.

— *Frau* Hildegard, por favor! Que posso dizer para provar minha sinceridade? Talvez conhecendo toda a verdade possa ajudar-me.

Em poucas palavras contei-lhe tudo, e ajuntei:

— Peço-lhe por favor, senhora! Esqueça a guerra, esqueça tudo o mais. Lembre-se de que sou um homem angustiado e ajude-me!

Ela suspirou e pareceu tomar uma resolução. Começou:

— Acredito em você. Vou contar o que sei. Apesar de você nunca ter sido comunicativo e até parecer que nos evitava, dispensávamos-lhe simpatia. E a razão é clara. Ana sempre foi muito meiga e a amávamos bastante. Vendo-a feliz, sentindo-a amada, sentíamo-nos contentes. Muitas vezes, observamos os passeios noturnos que vocês faziam de mãos dadas, pelo jardim ou pelo parque vizinho. Temíamos que um casamento nas circunstâncias do seu pudesse trazer-lhe sofrimentos, porquanto sua amnésia parecia-nos grave. Mas, os dois eram felizes e nós os apreciávamos. Nunca suspeitamos de sua identidade. Por isso, surpreendeu-nos a notícia de sua prisão. Naquele dia vimos chegar à casa de *frau* Eva uma patrulha e admiramo-nos muito porque, quando se foram, Ana sentiu-se doente e Eva veio procurar para ela um calmante que sempre uso. Quando perguntei o que acontecera, soube que você tinha sido preso sob suspeita de espionagem, e Ana, cuja cumplicidade era veladamente insinuada pelo oficial, sofrera terrível abalo.

Um frio desagradável percorria-me o estômago. Pobre Ana! Quanto sofrera!

— Daquele dia em diante, começou para a pobre menina horrível sofrimento. Muitas vezes, Eva confessou-me sua dor e sua revolta. Ana foi ao quartel diversas vezes e a última, ao chegar em casa, sofreu uma síncope, da qual custamos arrancá-la. Ajudei a socorrê-la e, muitas vezes, abracei-a soluçante.

Sem poder conter-me, retruquei:

— Mas, eu não queria que ela sofresse. Eu a amava! Não quis fazer-lhe mal!

— Mas, fez! Ela o queria muito. Confiava em você e em seu amor. Só a presença do filho conseguiu impedi-la de fazer uma loucura. Ela conseguiu provar inocência perante o capitão porque um general muito importante intercedeu a seu favor a instâncias de *frau* Eva, sua aparentada. Mas, não era isso que a preocupava. Quando ela acordou da síncope, disse-nos entre lágrimas:

— *Apesar de tudo, eu o amo! Seu sofrimento me enlouquece! Sinto-me a última das mulheres, ele me enganou, serviu-se de mim como de um meio para alcançar seus fins. Mas, não importa, eu o amo!*

— *Filha, procura esquecer* — aconselhou *frau* Eva. — *Nunca mais você o verá. Certamente vão matá-lo. Um espião! Um inimigo da Alemanha! Como pode falar assim?*

— *A mim não importa a guerra que enlutou minha juventude. Não importa o que ele fez. Não quero que morra, não quero!*

Emocionado, lutava por deter algumas lágrimas que teimosas afloravam-me aos olhos.

— Pobre Ana! — ajuntei num suspiro.

— Sim. Pobre Ana. Não era moça que esquecesse depressa. Ela ainda nos disse:

— *Estive com ele, mamãe. Ele disse que me ama. Eu acredito! Havia tanta sinceridade em seus olhos! Ele me ama, eu sei. Não importa se veio fazer de mim um instrumento útil a seus fins. Isso foi o início. Depois, eu sei que ele me amou!*

Emocionado, pousei a mão no braço de *frau* Hildegard.

— A senhora não sabe o conforto que me dá ouvir essas palavras! Deus a abençoe por isso.

Ela sorriu com ar meio triste e por seus olhos passou um lampejo de ternura.

— Percebo sua sinceridade. Ana tinha razão. Contudo, naquele dia, não pensávamos assim. Ela desejava inclusive pedir clemência e ajuda para você. Foi a custo que conseguimos dissuadi-la. Só lograria aumentar as suspeitas da SS sem nenhum êxito, pondo em risco a posição de Ludwig e a própria segurança da família. A pobre menina sofreu muito quando recebeu a notícia de sua morte. Tivemos que lhe fazer companhia dia e noite. Eu ia muitas horas do dia estar com ela para que Eva descansasse. A pobre menina lamentava-se muito:

— Eles o mataram! Maldita guerra. Envenenou nossas vidas. Um dia ainda pagarão por isso.

Foi a custo que ela conseguiu reiniciar a vida normal. Era obrigada a trabalhar em uma fábrica de munições. Acredito que um tal capitão Rudolf a perseguia e sempre desconfiou dela. Onde quer que fosse, sempre era observada discretamente. Só encontrava um pouco de alegria e de paz ao lado de Karl, a quem cobria de carinhos e de beijos. Disse-me, certa vez, com lágrimas nos olhos referindo-se ao filho:

— É bonito e terno como o pai. Como se amariam se estivessem juntos!

— Apesar de não concordar muito, calei-me. Julgava-o morto. Que adiantaria argumentar? Essa foi nossa vida naquele tempo. Mas, como sabe, Dresden, que tinha sido poupada, foi de repente muito visada pelos bombardeios que, em massa, começaram a acontecer, repetindo-se amiúde, destruindo tudo. Foram momentos de horror e de sofrimento. Meu marido resolveu ir para o campo e nos mudamos temporariamente para lá, onde permanecemos até o fim da guerra. Quando regressamos, para o Natal de 1945, encontramos a casa de Eva semidestruída e fechada.

— Então não sabe o que lhes aconteceu, nem onde estão?

— Infelizmente, não. Todos os vizinhos partiram como eu, e ninguém sabe informar. Pensei que eles também tivessem fugido e aguardei seu regresso diariamente. Contudo, a casa foi vendida por um agente e demolida. Sempre quis ter notícias deles.

Senti-me decepcionado.

— Não sabe sequer onde estão enterrados os mortos?

— Posso ensinar-lhe o cemitério. Entretanto, naqueles dias, tal era a confusão que não sei se encontrará alguma indicação.

— Em todo caso — retruquei desalentado —, quero tentar. Agora sei que é verdade. Ana e Karl morreram no bombardeio. A casa meio destruída confirma essa versão. Ana não teria podido ausentar-se. Prestava serviços ao governo trabalhando na fábrica.

— Também penso assim. Quando nos despedimos, ela comentou:

— Bem, quisera ir-me também para longe deste inferno. Infelizmente, não é possível. Que Deus guarde seus passos.

Abracei-a e argumentei:

— A você também. Deus guarde sua casa e todos os seus.

— Foi a última vez que a vi. Deu-me adeus do portão e parece-me vê-la ainda, quando olho para o lado e me recordo de sua casa alegre e acolhedora.

Nada mais tinha a fazer ali. Deixei meu cartão com endereço de Paris e escrevi minha direção em Berlim.

— Se souber alguma coisa — pedi —, em qualquer tempo, escreva-me. Peço-lhe, por favor.

Frau Hildegard abraçou-me na despedida. Compreendera. Era-lhe muito grato por isso.

— Deus a abençoe pelo muito que fez por mim — considerei, beijando respeitoso a mão enrugada que ela me estendia.

A boa senhora abanou a cabeça enquanto dizia com seriedade:

— Odeio a guerra, monstro destruidor e sangrento que consegue amargar na vitória tanto quanto avilta na derrota. Quem a estabeleceu e quem a consignou como recurso de patriotismo? Quem conseguirá apagar o sangue que mancha e afoga os que sobreviveram e quem conseguirá destruir as lembranças, o horror, as atrocidades e a dor?

Quando saí, suas palavras ainda ecoavam-me no coração. Ela tinha razão. Perdera um filho e diversos parentes nessa luta inglória. Vira sua pátria destruída e aviltada pela crueldade do fanatismo sanguinário. Vira-me a mim, vitorioso na guerra, derrotado por sua força destruidora.

No fim, os governos acertam suas diferenças nos conluios das negociações políticas e seguem lado a lado, e nós, povos sofridos e espoliados, nos sentimentos mais caros. Quem nos ajudaria a recomeçar?

Apesar de tudo, conseguira saber notícias de Ana. E a certeza de que ela me compreendera no desesperado esforço que fizera, quando nos encontramos pela última vez, dava-me algum conforto.

Ana não morrera me odiando, não ensinara meu filho a odiar-me.

Revi mentalmente a figura de ambos, como os vira na última vez em casa, e a saudade se tornou insuportável.

Fui ao cemitério, apesar do entardecer, e qual duende, entre temeroso e incerto, procurei inscrição por inscrição, lápide por lápide. Nada.

Com o coração apertado, voltei ao hotel e apesar do cansaço naquela noite quase não dormi.

No dia imediato, pela manhã, saí. Estava disposto a investigar mais. Precisava descobrir exatamente tudo quanto acontecera com Ana. Empresa difícil.

Fui ao departamento de cadastro do serviço de recenseamento alemão, agora sob o controle aliado. Lá, procedera a um levantamento sobre o número de mortos e desaparecidos, para que pudessem regularizar os registros oficiais. Trabalho difícil e incompleto. Lá, descobri que os desaparecidos eram considerados mortos.

Foi com paciência e determinação que procurei notícias de Ana ou de sua família. Nada.

Por dois dias me dediquei a essa tarefa sem obter nenhum resultado. Não figuravam na lista dos habitantes da cidade.

Senti-me desanimado e cansado. Afinal, para que procurar? Sabia que Ana tinha me perdoado. Ela estava morta. O que mais eu poderia esperar?

Mas, ao mesmo tempo, sentia necessidade de saber tudo e mesmo muito depois sofrer com ela.

Voltei a Berlim depois de ter saudosamente revisto a cidade, cuja feição bastante modificada na faina da reconstrução não satisfez minha sede do passado. Estava exausto e desalentado. Tudo inútil.

À noite, em preces, roguei a Deus a bênção do esquecimento. Desejava apagar de meu coração aquele passado que me fazia sofrer. Queria viver em paz, sem carregar o fardo amargo da saudade sem remédio.

Quanto mais meu pensamento implorava a Jesus forças para esquecer, os rostos de Ana e de Karl surgiram-me na memória e a dor recrudesceu dentro de mim.

— Ana! Ana! — gritei num soluço —, venha buscar-me, eu lhe peço. Não posso esquecer!

Apesar de endurecido pelos sofrimentos e lutas pelas quais havia passado, atirei-me ao leito e, sem poder conter-me, pus-me a chorar. Sem saber como, adormeci e sonhei.

Uma bela mulher, amável, cuja fisionomia muito me tocou, conduziu-me para agradável jardim onde o perfume das flores embalsamava o ambiente, despertando-nos delicadas emoções e encantamento.

Apesar da beleza do lugar, eu estava sério, envolvido pelas sombras das preocupações inquietantes.

Sentei-me em um banco, e a bela senhora, passando-me a mão pela testa com delicadeza, disse-me com suave aceno:

— Denizarth, não se deixe envolver pelo desânimo e pela dor. Tenha confiança em Deus, que tudo sabe e determina em nosso favor. Espere e confie!

Embora tocado pela suavidade, sem poder conter-me, enumerei todos os meus problemas, supliquei notícias de Ana.

Ela, num gesto amoroso, alisou novamente meus cabelos, como se eu fora seu filho muito querido, e ajuntou novamente:

— Não se deixe abater nem desanimar. Principalmente, lembre-se de que Deus é Pai justo e bom. Espere e confie. Há muitas criaturas que perderam seus pais e muitos entes que estão lacerados pela ruína das mais sérias necessidades e deslizes morais. Ajude-os o mais que puder. Distribua amor e benefícios. Que possa ver em cada criança órfã o seu filhinho perdido e, em cada mulher necessitada, sua amada companheira. Faça isso e então, um dia, quando menos esperar, a felicidade a de lhe sorrir novamente.

Senti uma onda suave e delicada, tênue e agradável, invadir-me o ser e logo após acordei.

Toda ânsia que eu sentia havia passado. Apenas restava, impávido e triunfante, meu amor por Ana. Porém, estava sereno e refeito.

Lembrei-me do sonho de momentos antes. Eu sabia que quando dormimos nosso espírito se desliga do corpo e pode entrar em contato com os seres espirituais, receber deles ajuda e orientação, conforto e refazimento.

Acontecera comigo. Tivera já por diversas vezes sonhos e ajuda, mas nunca com tanta lucidez e emoção como aquele. Tinham se perdido na lembrança, restando ao despertar apenas a agradável sensação de bem-estar. Mas, esse calara fundo dentro de mim. Ainda sentia a mão suave daquela doce criatura alisando-me a fronte desalentada. Recordei uma a uma as palavras ouvidas e reconheci-lhe razão, envergonhado do egoísmo que demonstrara pensando só em minha dor quando ao meu redor tantas criaturas sofriam e choravam abandonadas e aflitas, sem arrimo nem consolo.

Prometi a mim mesmo agir de modo diferente. Não conseguiria esquecer Ana e Karl, mas, estenderia esse amor a quantos precisassem de minha ajuda e de minha proteção. Parecia-me que um novo caminho se abria diante de mim. Um caminho onde ainda poderia viver e encontrar a paz, até que pudesse ir ter com Ana e Karl, quando Deus me chamasse.

Agradeci a Deus em prece calorosa e depois, emocionado, mas, sereno, deitei-me novamente e adormeci.

CAPÍTULO XXII
NO CAMINHO

Voltei a Berlim no dia seguinte. Estava resolvido a não mais remexer minha ferida. Deliberadamente, procurei dar corpo ao pensamento de servir de alguma forma na ajuda aos órfãos de guerra. Havia-os em quantidade. Deliberei prestar alguns serviços como voluntário. Conhecia sobre enfermagem e poderia colaborar onde fosse mais útil.

Reassumi meu posto e nos dias que se seguiram procurei informar-me quanto às organizações que deveria procurar.

Fui à Cruz Vermelha e apresentando-me à diretora expus-lhe meu desejo de colaborar. Recebido com entusiasmo por ela, declarei desejar auxiliar no atendimento aos órfãos.

Imediatamente, fui encaminhado com uma carta de apresentação a uma velha casa que escapara milagrosamente à destruição geral, fora reparada pelo órgão e abrigava cinquenta crianças das mais variadas idades.

Impressionei-me. Apesar das cores claras e alegres das paredes e dos pertences pintados com amor, as crianças eram, na maioria, quietas. Havia os bem pequenos, entretanto o silêncio e a quietude não me faziam sentir que visitava um lar infantil.

Falei sobre isso com a voluntária que me conduzia, mostrando-me as dependências da casa, uma senhora agradável e tranquila.

— Eu também me senti como o senhor quando vim pela primeira vez. Mas, temos que compreender que eles passaram por emoções terríveis. Muitos que, estão tranquilos e quietos, têm horríveis pesadelos noturnos. Vários viram seus pais mortos, seus lares destruídos. Ainda não se recuperaram. Precisam de amor, tanto quanto de alimentos e roupas. Não compreendem o porquê da tragédia. Em sua inocência, nem sequer sabem o que lhes aconteceu. Espelham o resultado nefando da irresponsabilidade daqueles que fomentam e criam a guerra. Vítimas inocentes da maldade dos homens.

Senti-me comovido. Aproximei-me de um menino que a um canto folheava uma revista sem muito interesse. Vendo-nos chegar, levantou-se em atitude respeitosa. Era louro e franzino, aparentava seis a sete anos.

— Como é o seu nome? — inquiri.
— Hans — respondeu-me com polidez.
— Quantos anos tem?
— Oito anos — tornou ele com voz tranquila.

Minha acompanhante abraçou-o com carinho, dizendo-lhe:
— Este é o senhor Denizarth. Veio visitar-nos. Deseja fazer parte de nossa família.

O menino volveu os olhos com repentino interesse e perguntou:
— Seus pais também morreram na guerra?

Senti-me tocado de emoção.
— Venha aqui, sente-se a meu lado. Vamos conversar.

Quando o vi observando-me com interesse, seus pequenos olhos azuis, compreensivos e adultos, tive vergonha profunda de ter sido um soldado. De ter matado tantos pais de meninos como aquele. A custo, pude dominar-me e dizer:

— Não, Hans. Meus pais não morreram na guerra. Mas também perdi pessoas a quem amava tanto quanto a eles e que me deixaram órfão como você. Perdi minha esposa, a quem muito amava, e um filho como você. Se fosse vivo teria quase a sua idade.

Vendo-me tão emocionado, o menino, em um gesto muito particular, tomou minha mão entre as suas, apertando-as com força.

— Você estava com eles?

— Não — respondi num sussurro.

— Não tenha medo. Logo achará outro filho para cuidar. Existem muitos que se sentem sós.

Percebendo o ar patético do menino, procurei sair daquele assunto traumatizante:

— Pois, por isso, estou aqui. Espero que seja meu amigo. Juntos, poderemos afastar de nós a tristeza e a solidão.

— Não é fácil. Mas, podemos tentar.

Estendi-lhe a mão com firmeza enquanto olhava-o bem nos olhos.

— Quer então ser meu amigo e ajudar-me a sentir menos só?

— Quero — disse-me, apertando-me a mão com desenvoltura.

Senti o coração bater forte. Como seria bom se fosse meu filho!

— Venha conosco — pedi. — Apresente-me a seus amigos.

Permaneci por duas horas naquela casa singular e quando saí sentia-me um pouco chocado. Fizera amizade com diversos meninos e meninas, nas duas alas da casa, mas o encontro face a face com uma realidade que desconhecia tornava-me um pouco amargo e desalentado.

Como seriam esses meninos recalcados e sofridos, amadurecidos na tragédia e na dor tão prematuramente? Teriam condições normais de sobreviver emocionalmente e enfrentar a luta humana do dia a dia?

A revolta dominou-me o coração. Contra quem? Não sabia. Talvez contra os homens que estabeleceram guerras e destruição.

Aqueles rostinhos sérios e adultos não me saíam da mente. Que podia fazer por eles?

Pensei em Gisele. Sempre que tinha um problema, desabafava com ela.

Naquele mesmo dia, escrevi-lhe longa carta extravasando meu desânimo e minha angústia, sentindo-me incapaz de fazê-los novamente felizes.

Alguns dias depois veio a resposta. Como sempre, minha irmã assistia-me com seu carinho. Sua carta fez-me grande bem, principalmente num trecho que dizia o seguinte:

Não se martirize por algo que não tem remédio e cuja culpa não lhe cabe. Se Deus colocou-os em seu caminho, foi para que você os ame e os ajude. O amor é a grande força reparadora das chagas de nossa alma e é com ele que apagamos todos os erros e sofrimentos. A situação aí está. Você não a criou. Mas, lembre-se também de que o importante é amar e ser amado. Seja para eles o pai que perderam, e eles cedo se transformarão no filho que você perdeu.

Os laços consanguíneos não devem representar obstáculo a nosso amor, pois eles são frágeis e passageiros. Quantos há que vivendo no mesmo lar não se estimam como irmãos?

A vida na Terra é efêmera e, embora a família corpórea seja bênção de Deus, nossos laços de amor devem sobrepor-se a eles no extravasamento de nossos sentimentos.

Quando deixamos a Terra, os laços consanguíneos desaparecem, prevalecendo na vida espiritual e eterna os elos da afinidade e do amor.

Deus o abençoe, irmão querido, nessa tarefa nova. Persevere. Esteja com eles sempre que puder. Dê-lhes amor, carinho, alegria. Não estamos na Terra para julgar, mas, para dar o nosso testemunho no aprendizado constante. Estou orgulhosa de você. Não deixe que o egoísmo estabeleça barreiras convencionais. Procure ver em cada orfãozinho o seu filho. Dê-lhes amor, e Deus fará o resto.

Senti-me sereno. Gisele tinha razão. Era egoísmo querer amar Karl apenas porque nascera de meu sangue. As outras crianças não eram iguais a ele? Não tinham as mesmas necessidades de amor e segurança? Percebi que estivera cego. O preconceito e o personalismo não me fizeram enxergar bem o que Deus esperava de mim. Mas, agora eu sabia. Sabia e haveria de prosseguir.

Desde esse dia, dediquei-me de corpo e alma aos órfãos. Sempre que dispunha de algumas horas, ia àquela casa, procurando integrar-me no trabalho de assistência e de amor que se pretendia realizar.

Quis integrar-me no trabalho útil e desempenhei as mais variadas tarefas. Colaborava na enfermagem no pequeno ambulatório. Ministrava-lhes aulas de diversas disciplinas escolares. Auxiliava com entusiasmo nas atividades recreativas. Quando podia, assistia ao culto religioso que o pastor evangélico ministrava, de quando em quando.

Aos poucos, fui conhecendo-os um a um, observando-lhes os dramas, as mágoas, os traumas e meu amor por eles aumentava dia a dia.

Talvez porque sentissem minha necessidade de amor ou porque também a sentissem dentro de si, agarraram-se a mim com ternura e confiança. Aos poucos, fui sentindo que me queriam bem, que me confiavam seus problemas e suas incertezas, que se apoiavam em mim com segurança e ternura.

Essa convivência alterou completamente o rumo de minha vida. Quando os via acercarem-se de mim, com a mão buscando a minha e o rostinho ansioso desfeito em lágrimas, uma onda de calor aquecia-me o coração.

Abraçava-os, conversávamos e, olhos nos olhos, eu procurava a cada dia devolver-lhes a confiança em Deus, em sua bondade, nos homens e em si mesmos.

Confesso que era difícil. A tragédia deixara marcas profundas e inesquecíveis naqueles coraçõezinhos imaturos.

Muitas vezes, procurei na prece e no silêncio, enquanto aconchegava-os ao coração, a palavra certa no momento exato. Agradeço a Deus, que sempre colocou em meus lábios uma boa resposta.

O maior problema para eles era conciliar tudo que tinham visto e sofrido com a bondade de Deus. Muitos chegavam a

231

perguntar onde estava Deus quando seus pais foram mortos diante de seus olhos esbugalhados e aflitos.

A criança tem uma noção de justiça muito mais objetiva e mais pura do que o adulto que a desvirtua de acordo com a malícia e o comodismo de seus interesses pessoais. A resposta era para eles mais difícil. Foi então que, quase sem pensar, falei-lhes da justiça divina, da reencarnação, da existência da vida após a morte do corpo.

Tudo quanto lera sobre o Espiritismo, todas as palestras que eu mantivera com papai e com Gisele sobre esse assunto afloravam-me à mente nas explicações que dava aos meninos, queridos filhos de meu coração.

Os resultados foram surpreendentes. Tão surpreendentes que, emocionado, escrevi a minha irmã pedindo-lhe que me enviasse livros a respeito.

O ano passou depressa. Surpreendido e emocionado, compreendi que encontrara um motivo para viver. Sentia-me útil e querido. Necessário e amado.

Não podia abandoná-los regressando a Paris. Por isso, escrevi a alguns amigos influentes, que me garantiram a permanência em Berlim o tempo que quisesse. Aliás, meus superiores estavam muito satisfeitos com o exercício de meu cargo e sentiram-se contentes por eu desejar exercê-lo por mais tempo. Era um cargo em que a maioria não gostava de exercer, porque os deixava longe da pátria. Por isso, havia o revezamento. Meu desejo vinha ao encontro de seus próprios interesses.

Assim, fui ficando. Aos poucos, percebi que precisava fazer algo mais por eles. Embora os amasse muito, eles precisavam de um lar. O lar é o esteio para o ser em desenvolvimento. Estabelece condições de segurança e equilíbrio que nenhum outro ambiente pode dar.

Pensei também nos pais, sozinhos, órfãos de filhos que a guerra brutalmente também levou. Entre eles eu encontrara paz e calor, motivação e alegria, por que não lhes ensinar o caminho?

Falei com a direção da casa, que entusiasticamente me incentivou. Elas procuravam fazer esse trabalho, mas, com pouco sucesso.

Os pais eram muito mais intransigentes do que as crianças. Fechavam em seu coração a imagem do filho morto, procuravam viver na mórbida memorização de sua lembrança e se recusavam egoisticamente a receber outros filhos no coração, como se aqueles que tinham partido pudessem ser menos amados por isso.

Parecia-lhe falta de amor a seu ente querido extravasar o coração a outro ente solitário e triste. Constatei que o egoísmo é o grande entrave à felicidade humana.

Resolvi lutar. Dediquei-me a esse trabalho com sinceridade e esforço. Começou então para mim uma luta hercúlea e sem tréguas.

O primeiro passo era a convivência. A criança encanta e por sua espontaneidade dificilmente poderá ser substituída por nossos argumentos. Por isso, de início, resolvi aproximá-los: os pais solitários e tristes e os órfãos expectantes e mudos de nosso carinho e de nosso amor. Não era tarefa fácil. Os pais, solitários, fechavam-se no mutismo da dor, fugindo ao convívio com seu semelhante.

Determinei iniciar meu esforço corajosamente. Fui ao escritório de recenseamento e procurei fazer um levantamento das famílias cujos membros haviam morrido na guerra. Para isso, contei com o auxílio de alguns companheiros de trabalho que, espontaneamente se decidiram a colaborar comigo.

Uma semana depois tinha em mãos uma lista extensa e precisa, inclusive com dados pessoais completos. Esse recenseamento meticuloso e detalhado foi a forma que o governo encontrou para atualizar os registros civis e as baixas. Esse trabalho, para minha alegria, forneceu-me largo campo de ação.

Em reunião com a direção da casa dos órfãos, estabelecemos um plano de ação.

Daríamos uma festa beneficente, com apresentação de programa artístico e cultural, e convidaríamos essas famílias relacionadas.

Fiquei incumbido de visitá-los pessoalmente, um por um, a fim de levar-lhes nosso amoroso convite. Dispunha para isso de dois meses de prazo e, como havia muitos nomes na lista, já no dia imediato iniciei meu trabalho. Fui acompanhado por Berta, companheira dedicada e excelente voluntária da Cruz Vermelha. A bem da verdade, devo dizer que, ao preparar-me para a primeira visita, meu coração batia descompassado, enquanto um vazio no estômago provocava certo mal-estar.

Sentia tanta vontade de atingir meu objetivo, tanta vontade de arranjar um bom lar para meus meninos que ali mesmo cerrei os olhos e orei ardentemente, pedindo a Deus que nos ajudasse.

A oração acalmou-me o coração ansioso e ao mesmo tempo pus-me a pensar que a luta era abençoada e certamente os espíritos do Senhor me ajudariam.

Demos preferência a visitar os que residiam mais próximo da casa, por pensar que lhes seria mais cômodo atender nosso apelo.

A primeira casa que visitamos distava pouco e fomos recebidos com cortesia por um casal já idoso, alquebrado e abatido. Amargura e sofrimento nos olhos, embora procurassem dissimular.

Palestramos com amabilidade, fizemos nosso convite e nos retiramos um pouco preocupados. Eram muito velhos para conseguirem sorrir de novo, e sua amargura certamente não faria de nosso menino, caso o adotassem, um menino feliz.

Esse era um aspecto da questão que precisava ser carinhosamente estudado.

Para as crianças, a readaptação social e à família seria esperado, mas e o adulto? Nem todos ofereciam condições de readaptação.

Queríamos dar àqueles órfãos um lar feliz. As famílias precisavam ser detalhadamente observadas e estudadas.

Desse dia em diante, Berta e eu passamos a viver praticamente em função de nosso programa de ação.

Tivemos momentos de emoção e de angústia, de entusiasmo e de euforia. Berta era uma moça suave e prática. Muito dedicada e bondosa, mas, não conhecia nada sobre a vida espiritual e sobre a existência dos espíritos.

Em virtude das circunstâncias, sempre que fazíamos nossas visitas havia oportunidade de falar sobre a sobrevivência do espírito, sobre a justiça de Deus por meio da reencarnação e nossa necessidade de progresso moral.

Ela permanecia muito quieta e pensativa, enquanto eu procurava confortar aqueles corações amargurados, buscando reacender neles a chama da fé e da confiança em dias melhores e na bondade infinita de Deus.

O conceito era novo para eles, mas, apesar disso, surpreendentemente, muitos compreenderam e reforçaram meus argumentos, contando casos ocorridos com eles ou com membros de suas famílias, nos quais a manifestação dos espíritos era evidente.

Interessante notar que eu, que fora distribuir fé e consolação, recebera deles testemunhos incontestes da sobrevivência do espírito que, me emocionaram e aqueceram o coração.

Encontrei também os pessimistas, os desesperados, os céticos. Não desanimei. Procurei plantar minha semente. A cada um relatei meu caso particular, falando-lhe da perda da esposa e do filho querido. Dos sofrimentos e da solidão. Do conforto e da alegria que encontrara naquele lar coletivo. Não entrei em detalhes íntimos, mas procurei dar-lhes a minha experiência, meu exemplo, no desejo de que, como eu, pudessem renascer para a vida e sentir novamente o prazer de viver.

Fui compreendido e abençoado por muitas mães comovidas, mas não era esse meu objetivo. Por isso, sob emoção e amizade, procurei interessá-los em nossa festa.

Pedi-lhes que levassem bolos ou doces à guisa de colaboração.

O tempo foi passando, tão rápido que eu não sentia. Surpreendi-me quando percebi que faltavam apenas oito dias para nossa festa.

As crianças estavam mais animadas com as perspectivas do espetáculo, cuja primeira parte seria dada pelas próprias crianças e a segunda teria a participação de alguns artistas norte-americanos que a Cruz Vermelha conseguira convidar.

Programamos tudo para que sobrasse tempo entre um espetáculo e outro a fim de que as famílias pudessem conversar com as crianças. Havíamos marcado para as duas da tarde em um domingo, e à uma e meia algumas famílias começaram a chegar. Eram conduzidas a uma sala onde algumas de nossas voluntárias procuravam entretê-las prestando-lhes os esclarecimentos solicitados.

Às duas e meia, já havia pelo menos uns dez casais dos lares que nós visitáramos. Fiquei comovido. Nossa diretora saudou-os agradecendo a presença com palavras simples e amigas.

Teceu comentários sobre o doloroso drama daquelas crianças e pediu-lhes com voz comovida que procurassem olhá-las com amor.

— Pensem, senhores — terminou ela —, que, se Deus os tivesse escolhido para levar em vez de vossos filhos, seriam eles que agora estariam aqui, solitários e tristes.

Vi que algumas senhoras, disfarçadamente, enxugaram uma lágrima, e em meu coração acendeu-se, alentadora, a chama da esperança.

Após as palavras amorosas de nossa diretora, passamos ao pequeno salão onde o palco graciosamente arrumado convidava-nos à alegria. Eu me sentia tomado de particular emoção, em euforia, e parecia que meus pés não pisavam no chão.

Jamais pensei que uma festinha singela, com números infantis, pudesse causar-me tal estado de alma. Talvez tenha me sentido assim por ver que meu trabalho começava a existir, a florescer na perspectiva de abençoados frutos.

É possível que os bons espíritos tivessem procurado enternecer nossos corações para que nossos protegidos pudessem aconchegar-se a um novo lar. O certo é que em cada face havia um lastro de emoção incontida e de humanização. Tive a impressão de que muitos dos pais que estavam ali naquele instante romperam a barreira rija do egoísmo e compreenderam que sua dor não era nem a única nem a maior.

As coisas desenrolaram-se normalmente. Conforme previramos, finda a parte infantil do programa, nossos filhos do coração juntaram-se aos visitantes. Tímidos e inibidos, procuravam isolar-se, mas, algumas senhoras os procuraram e, aos poucos, trocavam ideias travando relações.

O tempo passou rápido e no fim da tarde os casais foram se despedindo, muitos deles fizeram nova visita, uns para trazer um livro, outros um brinquedo ou um objeto de uso pessoal, para seus novos amiguinhos.

Quando tudo terminou e reuni-me com minhas companheiras, a diretora, com olhos brilhantes, disse:

— Graças a Deus, tudo correu bem. Parece que conseguimos interessá-los em nossos meninos. Confesso que organizando esse programa, que em tão boa hora nosso Denizarth idealizou, tinha em mente apenas os benefícios a nossas crianças. Pelo muito que vivi, pelas experiências que tive, não podia estar otimista quanto à dedicação dos adultos, encastelados em seu egoísmo e na indiferença. Entretanto, no decorrer de nossa festinha, pude observar comovida o enternecimento de nossos visitantes e considero que mesmo que eles não ofereçam seus lares a nossos meninos, nos apoiarão e, o que é importante, humanizarão seus espíritos endurecidos na dor e na angústia. Agradeço a Berta e a Denizarth o imenso trabalho e a dedicação, e a todos que colaboraram, meu muito obrigada. Que Deus os abençoe!

Nos olhos azuis da diretora brilhava uma lágrima.

Cedendo a um impulso incontrolável, tornei:

— Meus amigos, só Deus pode realizar o que desejamos. Só Ele tem poderes para nos tirar do coração as dores e os sofrimentos passados, dando-nos o esquecimento e o calor de novas amizades que preencham o vazio dos entes queridos que partiram. Aqui encontrei a paz, o amor e a alegria. Mas, foi Deus quem me guiou os passos até aqui. E Ele espera que saibamos ajudá-Lo a trazer para cá todos quantos se encontram vazios de amor e de esperança. Ele espera que nossos meninos possam encontrar um lar. Por isso, ajudou-nos. Por isso, está conosco. Tenho certeza de que será somente uma questão de dedicação e de tempo. Conseguiremos nosso objetivo. Acho que todos nós, neste instante, devemos agradecer a Deus e a Jesus por tudo quanto recebemos hoje.

O silêncio respeitoso com que fui ouvido incentivou-me a continuar. Banhado em serenidade inefável, murmurei comovido:

— Pai Celestial, que tantos benefícios nos deste, que transformas tudo quanto fazemos de mal em preciosas lições e recursos de aprendizado, abençoa nossa casa, nossos filhos do coração e todos os colaboradores. Permite, Senhor, que em Teu nome possamos conseguir nosso objetivo. Ajuda-nos a perseverar em nossos propósitos e abranda os corações enfermos dos irmãos solitários e dos lares vazios onde o desespero entrou. Que possamos ser, Senhor, mensageiros de Tua alegria, de Tua vontade e de Teu amor!

Calei-me. Uma brisa amena volatizava o ar, como se mãos invisíveis e amigas nos acariciassem a fronte. Ninguém mais quis falar. Cada um em silêncio, olhos brilhantes e eloquentes, apanhou seus objetos pessoais e com um simples "até logo" foi saindo tranquilamente.

Nossa diretora, a enfermeira Gertrudes, abraçou-me, apertando-me as mãos com calor.

Saí. A noite descera de todo e as primeiras estrelas cintilavam no firmamento. Ia cansado, mas, feliz. Sentia vontade de cantar, de sorrir, de extravasar minha alegria. Olhei o céu e pensei: "Ana, onde quer que se encontre, deve estar feliz comigo. Karl também."

E, guardando fundo sentimento de paz e serenidade, fui para casa.

CAPÍTULO XXIII
A ADOÇÃO

Sentado em uma agradável poltrona, entretinha-me na leitura de um relatório de atividades do abrigo dos órfãos, que deveria ser remetido na semana próxima a Nova Iorque, sede da Cruz Vermelha, sobre nossas atividades no setor de encaminhamento de nossos tutelados.

Apesar de ser inverno e noite, eu fora até lá não só para estudar o relatório como para fazer companhia aos meninos.

Era sempre um prazer estar com eles, contar histórias, ensinar algo, dar um pouco de calor humano.

Sentia-me bem quando Hans me recebia refletindo nos olhinhos azuis alegria e confiança. Esperava-me invariavelmente na porta de entrada. Era a primeira fisionomia amiga que eu via ao adentrar a ala onde residiam.

Tomava-me a mão, perguntava-me como passara o dia e conduzia-me a uma poltrona, sentando-se na banqueta a meus pés, e conversávamos sobre as novidades.

Depois, eu ia ver os demais, a ala das meninas, e nos reuníamos todos na sala de estar, onde procurava sempre conversar com eles, entretendo-os com jogos e brincadeiras.

Talvez, por isso, era sempre bem recebido com muitas demonstrações de alegria.

Lendo o relatório, sentia-me alegre e satisfeito. Fazia um ano que déramos a primeira festinha, logo seguida de outras mais, e nosso trabalho continuou intensivo e o número de casais amigos, de mães solitárias que nos visitavam aumentou.

As crianças, pouco a pouco, começaram a ser adotadas. Nosso objetivo estava sendo alcançado. E com o tempo a casa foi ficando vazia. Felizmente, não separamos os irmãos e encontramos famílias que os levassem juntos.

Só na última reunião, conforme o relatório, seis crianças tinham encontrado um lar.

As campanhas em toda a Europa se multiplicaram e nossos relatórios foram muito comentados em virtude do êxito alcançado.

Hans, sentado na banqueta costumeira, lia uma revista infantil, copiando-me instintivamente a posição e o jeito. Sorri. Era um menino bonito e inteligente. Qualquer pai se orgulharia dele. Por que não tinha ainda sido adotado? Olhei-o sério e perguntei:

— Hans, você gosta daqui, desta casa?

Ele levantou os olhos e sorriu:

— Claro. Agora é nosso lar.

— Eu sei. Mas, um dia você encontrará uma nova mãe e um novo pai a quem você ame e poderá ter novamente um verdadeiro lar.

De um salto o menino levantou-se e fitou-me assustado:

— Eu não quero ter mãe. As mulheres não nos compreendem. Eu não preciso de mãe! Não quero! Não quero!

Olhei-o admirado, sem saber o que responder. Por que tanta revolta contra a mãe? Senti que ele tinha um problema que talvez o tivesse impedido de ser escolhido pelos casais visitantes.

— Ninguém o obrigará a algo que o contrarie. Tranquilize-se. Se quiser ficar aqui, pode ficar. Mas, eu quis dizer que você é um menino e precisa do carinho de uma mãe em que você possa confiar. Um pai que o ajude e oriente nos rudes caminhos do mundo. Já pensou como é triste a solidão? Aqui têm vindo muitos amigos, pessoas que sofreram como nós e desejam trocar carinho e ternura. Não fez amizade com ninguém?

Hans não respondeu. Olhou-me apenas, e o brilho da mágoa e do sofrimento que há muito não transparecia refletiu-se em seus olhos. Depois, demonstrando tristeza infinita, saiu da sala, refugiando-se no dormitório.

Fiquei preocupado. O que teria acontecido? Teria feito mal em falar-lhe sobre aquele assunto? Muitas crianças emotivas guardavam vivas lembranças dos pais e não queriam substituí-los no coração, como se isso os afrontasse. Não compreendiam que temos capacidade de somar os afetos no coração sem que um apague o outro.

Talvez pensasse assim. Aborreci-me. Hans era-me particularmente querido. Meu filho, se estivesse vivo, teria a sua idade. Seu tipo físico fazia lembrar a família de Ana. No fundo, eu gostava de imaginar que ele o fosse realmente.

Depois, o apego do menino, sua espontânea simpatia emocionavam-me o suficiente para querê-lo ainda mais. Havia entre nós grande afinidade e nos sentíamos bem um ao lado do outro.

Levantei-me e fui procurar nossa diretora. Dona Gertrudes encontrava-se na ala feminina em alegre palestra com as crianças. Não pude deixar de admirá-la. Perdera quase toda a família na guerra. Americana de nascimento, Gertrudes era uma apaixonada por seu trabalho. Trabalhara ativamente durante a conflagração e acreditava que seu trabalho ainda não havia terminado, apesar de a guerra já ter acabado. Residia no prédio com as crianças e, apesar de sua figura enérgica e disciplinada, amava os seus tutelados com profunda ternura. Sabia como elevar-lhes o moral abatido tanto quanto orientá-los com segurança e firmeza.

Vendo-me parado à entrada da sala, aproximou-se atenciosa:

— Se a senhora não está muito ocupada, gostaria de falar-lhe um momento.

— Certamente, meu filho. Venha para a saleta.

Acompanhei-a à pequena sala de estar contígua a seus aposentos de dormir.

Quando nos sentamos, fui direto ao assunto que me preocupava:

241

— Dona Gertrudes, gostaria de falar-lhe sobre Hans. Parece-me com problemas. É um menino inteligente, bonito, vivo, simpático. Ninguém ainda quis adotá-lo?

A diretora não se surpreendeu, disse-me apenas:

— Sim. Já quiseram adotá-lo. Porém, ele se recusou.

— Recusou? Como foi isso?

— Você não soube, mas, o casal Wasserman demonstrou grande amizade por ele. A princípio, pareceu-me que Hans os estimava, devotando-lhes especial simpatia. Contudo, quando, a pedido dos interessados, conversei com ele, reagiu com certa violência, recusando o lar que se lhe oferecia. Desde esse dia tornou-se arredio com todos os visitantes e algumas vezes tem se portado mal para com eles, o que me surpreende.

— A mim também. Sempre foi bem-educado! O que estará acontecendo com ele?

Dona Gertrudes suspirou:

— Foi o que pensei. Procurei descobrir e agora sei o motivo de tanta preocupação.

— Posso saber?

— Certamente. Esperava um momento oportuno para falar-lhe a esse respeito. Você sabe de nossa luta, tem se dedicado carinhosamente a essa tarefa. Tem se esforçado por distrair e ajudar nossas crianças, tem dado seu amor e seu tempo em função deles. Sabe também que só permitimos adoção em caso de afinidade e simpatia recíprocas. Caso contrário, estaríamos desajudando em vez de ajudar nossos meninos. Procuramos dar o melhor de nós, e acontece que as crianças sentem nosso carinho, nossa proteção, nosso apoio. Por isso, dedicam-nos afeto e amizade. É o que acontece com Hans. Não quer ir para longe de você. Estima-o como a um verdadeiro pai.

As palavras da diretora deixaram-me embaraçado.

— A mim? A senhora acredita que seja por minha causa que ele reage assim?

— Tenho certeza. Observei-o bem. Sente verdadeiro enlevo por você. Quando você não está aqui, seu comportamento é sintomático. Refere-se a você como se fosse seu filho, como se viesse vê-lo e juntos fazem companhia aos demais. Sinto trazer-lhe esse problema, Denizarth, mas, era inevitável na presente circunstância.

Passei a mão pelos cabelos, preocupado.

— O que posso fazer? — perguntei aflito.

— Não sei. Pense bem e tenho certeza de que achará a melhor solução.

Meio sem jeito balbuciei:

— É, vou pensar.

Saí da casa dos órfãos naquela noite bastante preocupado. Que podia fazer? Não fui despedir-me de Hans. Não saberia o que lhe dizer.

Se eu fosse casado, se tivesse um lar, o teria adotado prontamente, mas morava num apartamento onde pouco permanecia. Fazia as refeições em restaurantes, o que certamente não era situação conveniente para uma criança. Que fazer? Ao mesmo tempo, a afeição sincera e profunda do menino provocava-me incontida emoção.

Fui para casa. Pouco dormi naquela noite. Remexia-me no leito e durante um pesadelo voltei à Enfermaria 2. Vi o rostinho de Karl e ao mesmo tempo Hans, estendendo-me os braços e pedindo ajuda.

Pela manhã, apresentei-me ao consulado e não pude trabalhar. Uma ansiedade enorme me dominava. Assim que pude, ao entardecer, fui ver o menino.

Quando entrei, o rostinho ansioso de Hans esperava-me como de costume. Não posso explicar o que se passou comigo. Quando o vi olhando-me abatido, rostinho macerado e aflito, abracei-o com ternura. Chamei-o de meu filho e senti suas lágrimas molhando-me o peito. Sem uma palavra, quando dominamos a emoção, segurando-o pela mão, conduzi-o ao terraço, onde nos sentamos.

— Você é um homenzinho — disse-lhe. — Já sabe o que quer. Gostaria de ser meu filho para sempre? De ir comigo para a França e morarmos juntos?

Pelos olhinhos de Hans passou um brilho intenso de emoção.

— Você quer mesmo que eu seja seu filho? Não está só com pena de mim?

— Não. Eu preciso de você. Vivo muito só. Quando todos encontrarem um lar, eu estarei só. Nós nos entendemos muito bem e, se você puder suportar-me os defeitos, seremos felizes juntos.

Seu rostinho distendeu-se em um indisfarçável sorriso.

— Eu sabia que era com você que eu ia viver! Eu o escolhi para pai desde o primeiro dia. Acha que procedi mal?

Acariciei-lhe os cabelos louros.

— Será porque sou viúvo? Você não gosta das mulheres? E se eu me casar um dia?

Hans tornou-se sério, pensou um pouco e respondeu:

— Se você se casar um dia, ela deve ser muito boa, como você. Se serve para sua esposa, servirá para minha mãe.

Abracei-o contendo o riso. Eu bem sabia que Hans queria estar comigo, nada mais.

— Venha, vamos conversar com dona Gertrudes.

Quando ela nos viu entrar de mãos dadas, seus olhos brilharam e seus lábios distenderam-se em alegre sorriso.

Imediatamente, externei meu desejo de adotar Hans e ao mesmo tempo solicitei seu concurso para que eu pudesse fazê-lo.

— Certamente. Sabia que você encontraria a forma melhor. Pode contar com nossa colaboração no que for necessário.

Um pouco preocupado tornei:

— Receio que, por agora, eu não possa dar a Hans um verdadeiro lar. Contudo, tomarei providências para arranjar uma governanta que possa cuidar de tudo.

— Muito bem. Faça como achar melhor. Contudo, Hans é nosso amiguinho muito querido e sua presença entre nós será sempre motivo de alegria. Pode deixá-lo em nossa casa o tempo que quiser.

Senti-me mais tranquilo. Precisava preparar acomodação e tudo o mais que daria a Hans o conforto e o aconchego necessários.

Aquela foi para nós uma noite feliz. O riso aflorava no rostinho claro de Hans e a luz que brilhava em seus olhos dava-me nova sensação de felicidade. Quando nos despedimos, ele me disse com singular doçura:

— Até amanhã, papai.

Beijei-lhe a testa com incontida emoção.

— Até amanhã, meu filho.

Saí sereno e reconfortado. Não me sentia mais sozinho. As noites não pareceriam mais longas. Sentia-me pai e essa sensação ocupava-me a mente, enchendo meus pensamentos de uma nova responsabilidade que eu sentia presente e desejava assumir plenamente.

No dia seguinte, começaram meus apuros de pai. Fui a um jornal pôr um anúncio de emprego. Desejava uma governanta.

Às cinco da tarde, fui para casa aguardar as candidatas. Vieram três de uma vez, mas, suas figuras não me inspiravam confiança. Tinham aspecto rígido, o que me desagradou. Hans precisava encontrar uma amiga, não uma carcereira. Apesar disso, não desanimei. Continuei procurando. Não tinha pressa. O aconchego do lar da Cruz Vermelha, onde o menino possuía amigos e companheiros, deixava-me tempo para agir com cuidado.

Havia ainda muitas crianças para serem adotadas e, enquanto isso não acontecesse, o lar continuaria a ser mantido. Procedíamos ainda a busca incessante dos parentes dos internados, para ver se podiam receber os órfãos. Isso demandava tempo e paciência.

Por isso, não quis precipitar-me. Aguardei pacientemente até que, por intermédio de um casal que adotara uma de nossas meninas e do qual me tornara muito amigo, consegui contratar a senhora Hilde, que preencheu minhas pretensões. Pessoa séria, uns quarenta anos presumíveis, limpa, rosto simpático, gestos meigos.

Tomou conta de meu apartamento com mãos hábeis e em poucos dias transformou-o em um lar. Encantou-me realmente.

É triste chegar a casa após um dia de trabalho e não encontrar fogo na lareira nem cheiro agradável na cozinha.

Hilde proporcionou-me de início alegre sensação de não estar só, dando-me vontade de retomar o antigo hábito de ler ao lado da lareira, saboreando chá com bolinhos ou comer nas horas certas.

Levei Hans para casa. Apesar disso, havia mil providências a serem tomadas para que eu o pudesse adotar realmente. O fato de eu ser francês e residir oficialmente em meu país tornava o caso mais complicado juridicamente, mas, nossos amigos da Cruz Vermelha tinham grande interesse em acomodar esses órfãos e ajudaram bastante a oficialização do ato.

Era minha intenção deixar a Alemanha assim que meu trabalho no lar dos órfãos terminasse, provavelmente quando alcançássemos plenamente nosso objetivo e nenhuma criança permanecesse sem lar.

Às vezes, me preocupava um pouco o fato de Hans ser alemão. A guerra ferira fundo os lares de ambas as partes, por isso, talvez, houvesse ainda muita mágoa, muito ressentimento de ambos os lados.

A propaganda a soldo dos interesses políticos e os graves acontecimentos do conflito ainda estigmatizavam muitos corações revoltados e vingativos.

Apesar do muito que perdi nessa guerra, que me despertou dos anos felizes da juventude para uma realidade aterradora e cruel, de meus estudos truncados às torturas pelas quais passara, eu compreendi que não se pode responsabilizar um povo pela loucura de seus líderes.

Não guardava ressentimento algum para com os alemães, talvez por ter convivido com eles na intimidade. No desempenho de minhas funções tinha podido verificar que somos todos fundamentalmente iguais, com os mesmos anseios e as mesmas preocupações.

Pude ver que a crueldade existia de parte a parte, porque o homem, nos campos de batalha, seja qual for, sente despertar seus instintos mais primitivos e, envolvido por certas circunstâncias, pode chegar à crueldade e à loucura. Pude perceber que, embora o Estado Maior alemão e Hitler tenham abusado dessas alternativas no massacre sangrento, não só dos campos de batalha como no crime a soldo da cobiça e dos interesses militares, no morticínio de seis milhões de judeus, o povo, enganado, aviltado e sofrido, além do peso dos conquistadores na invasão de seu país, teve que suportar o peso ainda maior da estarrecedora revelação desse hediondo crime que todo o mundo civilizado repele e condena, na alegação justa e decisiva do respeito ao homem em seu sagrado direito de viver.

Grande parte do povo alemão desconhecia esse fato. Embora a perseguição fosse ostensiva e real, eles não puderam imaginar a verdade. Numa frase tão pessimista quanto real, alguém disse:

"Os grandes homens brigam e os jovens de ambos os lados morrem na luta. Depois, a paz, o acordo e a retomada do cotidiano. Novamente os grandes trocando relações de amizade e de interesse. E os nossos mortos?"

Apesar de ser verdade, eu não raciocinava assim. As coisas aconteceram. A luta foi uma realidade. Porém, acabou. O melhor é esquecer. Para que continuar sofrendo o peso das reminiscências e dos ódios?

O Espiritismo abriu em meu coração uma compreensão nova neste particular. Somos todos irmãos. Espíritos criados pelo mesmo Pai.

A reencarnação é um fato. Quantas vezes terei reencarnado? Quantas vezes terei sido alemão, russo, árabe, americano, italiano ou francês? Quantas vezes terei defendido pátrias diferentes, esquecido de que tudo na Terra é transitório e só o mundo espiritual é o definitivo e real?

Chamado a defender a pátria, cumpri meu dever e o fiz com coragem. Estou tranquilo. Compreendo que, quando estamos no mundo, temos que preservar e defender a bandeira que nos abriga. Contudo, isso não nos impede de ver nos outros povos, inimigos ou não, o ser humano, igual, propenso a errar ou a se redimir.

Foi isso que compreendi. Por isso, não guardei rancor contra ninguém. Mas, outros não tinham ainda entendido e eu temia que Hans, na França, pudesse sentir-se malquisto. Mas, importava ajudá-lo e estarmos juntos. Confiava que, fazendo minha parte, Deus faria o resto.

CAPÍTULO XXIV

O PRESENTE DE FIM DE ANO

Apesar da neve e do frio, saí da embaixada naquela manhã alegre e apressado. Último dia do ano de 1948 e eu planejava algumas brincadeiras com Hans. Havia seis meses que o adotara e a cada dia nos sentíamos mais amigos e felizes. A presença alegre e agradável do menino modificara minha vida extraordinariamente.

Meu apartamento agora se tornara um lar, para onde eu me dirigia com alegria depois de um dia cansativo de trabalho. Nossa governanta, bondosa e prestativa, facilitava-nos a vida, cumulando-nos de solicitudes e atenções.

Não coloquei Hans no colégio, embora ele necessitasse continuar seus estudos. Não pretendia demorar-me na Alemanha e preferia fazê-lo estudar na França. Mas, não querendo que ele permanecesse inativo, arranjei alguns professores que se encarregaram de prepará-lo: uma velha senhora francesa ministrava-lhe aulas de francês, literatura e história; um funcionário da embaixada, duas vezes por semana, ia à nossa casa para as aulas de matemática e ciências.

Era o último dia do ano! Precisara ir à embaixada por causa de uns papéis muito importantes, mas, tendo tomado as providências devidas, saí porque aquele seria um dia cheio. Precisava pegar Hans em casa para as compras que pretendíamos fazer. À tarde, deveríamos ir à casa de madame Genet, que resolvera reunir seus diversos alunos para uma pequena festa de despedida, uma vez que viajaria por duas semanas, suspendendo as aulas.

Eu a apreciava muitíssimo. Era uma dama de grande educação e finura. Tendo perdido seus haveres durante a guerra e sozinha no mundo, vivia das aulas que ministrava com zelo e eficiência.

Hans, para agradar-me, esforçava-se muito para aprender e fizera grandes progressos. Conversávamos muito em francês, o que o ajudava bastante.

Eu era grato a madame Genet, porque ensinava não só o idioma, mas o espírito do povo francês. Falava com tal entusiasmo e conhecimento ilustrando suas aulas que despertara em Hans respeito e admiração por meu país, que seria o seu também dali por diante.

Isso me facilitava as coisas, de sorte que eu lhe era muito grato.

Apressei-me a ir para casa, onde Hans me aguardava com alegria e ansiedade. Abraçamo-nos como de costume enquanto ele me contava minúcias e particularidades referentes à reunião que teríamos em casa de madame Genet.

— Você vai conhecer meus amigos. Somos três do mesmo horário. Creio que gostará deles. Quanto aos outros, não os conheço, mas há meninas também...

— Muito bem — respondi bem-humorado. — Creio que precisamos levar muitos presentes.

Os olhos de Hans brilharam de alegria.

— É, papai, Hilde já confeitou alguns bolos e tortas. Ficaram uma beleza!

— Ah! Então ela já preparou os doces!

— Já. Alguns para levarmos e outros para nós.

— Muito bem. Apresse-se que vamos almoçar e depois sair. Quero que você escolha uma linda lembrança para madame. Além de algumas coisas para nós.

Conversamos ainda com entusiasmo até às duas da tarde, quando saímos contentes. Passamos uma tarde agradável e voltamos para casa apenas para deixar alguns embrulhos e nos dirigimos à casa de madame.

A reunião fora marcada para às cinco e chegamos pontualmente. A figura simpática de madame nos recebeu com elegância e dignidade. Na sala de estar um pouco antiquada, mas arrumada com o bom gosto francês, algumas crianças e alguns adultos conversavam com alegria e cordialidade.

Hans sentiu-se logo à vontade. Encontrara um de seus companheiros. Trouxe-o pela mão e com um misto de alegria e orgulho me apresentou:

— Este é meu melhor amigo Karl. Este é meu pai!

Olhei para o jovenzinho que me examinava com certa curiosidade. Seus olhos eram azuis e lindos, seu rosto corado e delicado fez-me sem querer recordar a figura doce e agradável de Ana.

Estranha emoção apoderou-se de mim. A custo consegui controlar-me. Hans, um pouco impaciente, tornou:

— Papai, este é Karl, meu melhor amigo!

Caí em mim e estendi a mão para o menino, dizendo com voz um pouco trêmula:

— Como vai, Karl?

— Bem — respondeu com simplicidade.

— Tenho muito prazer em conhecê-lo, Karl. — Quase que involuntariamente perguntei: — Quantos anos tem?

— Sete, senhor. Mas, sou muito crescido!

— Naturalmente. Já é um homenzinho.

De repente, uma suspeita, uma dúvida começou a brotar dentro de mim. A idade de meu filho! Seu rosto lembrava um pouco o de Ana e uma agitação imensa me dominou. Precisava conhecer, saber quem era esse menino. E se por um desses milagres do acaso ele estivesse vivo? E se Ludwig tivesse mentido? Eu precisava descobrir.

Todavia, minhas pernas tremiam e resolvi aceitar uma bebida quente e reconfortante que madame me oferecia.

— Oh! Senhor Lefreve, preciso apresentar-lhe meus convidados. Faço questão que os conheça melhor. A maioria são nossos patrícios, mas há alemães e austríacos também. Venha comigo.

Segui-a. Precisava conhecer a família de Karl. Assim sairia da dúvida e da angústia em que caíra.

Procurava convencer-me de que estava enganado, que o nome do menino me despertava louca esperança que como tantas outras tinham ruído.

Aproximamo-nos de um grupo; duas moças e dois rapazes que não nos viram chegar estavam entretidos em palestra amigável.

— Meus amigos, quero apresentar-lhes o senhor Denizarth Lefreve.

Todos se voltaram e não pude sofrear uma exclamação de susto: Elga estava diante de mim. Mais mulher, mais adulta, mas era ela.

Quando me viu, seu rosto coloriu-se de indisfarçável rubor enquanto eu procurava conter o coração dentro do peito. Finalmente encontrara alguém que podia dar-me com certeza notícias de Ana e Karl.

Karl! A presença do menino e de Elga fizeram aumentar o desejo de conhecer a verdade. A simples suspeita de que meu filho vivesse tornou-me emocionado e fez vibrar em mim, mais do que nunca, a determinação de investigar e ir até o fim.

Madame Genet tornou surpreendida:

— Já se conheciam?

— Sim — respondi procurando dominar a emoção. — Como vai, Elga?

— Bem... — balbuciou ela um pouco perturbada.

— O noivo de Elga, senhor Erick ...

Mas, eu nem ouvi os nomes dos demais. Balbuciei palavras convencionais, mas, eu precisava falar a sós com Elga. Não podia perder essa oportunidade. Compreendi pelos olhares enraivecidos do noivo que o momento não era oportuno, mas eu precisava saber.

Procurei conversar com ambos, mas a certa altura não me contive e perguntei:

— Elga! Quero notícias de Ana e de Karl!

Elga pareceu-me extraordinariamente nervosa e não respondeu minha pergunta. Perturbado, sem conseguir controlar-me, segurei seu braço com mão nervosa e renovei a pergunta. A confusão e o desassossego de Elga eram tão evidentes que seu noivo, pálido e lançando-me olhares furiosos, interveio:

— O senhor está importunando Elga. Não posso admitir isso.

Pela primeira vez olhei de frente o rosto claro do rapaz.

— Você não pode compreender — respondi com voz entrecortada, procurando falar baixo para não despertar a atenção de ninguém. A fisionomia preocupada de madame Genet continha-me. — Há muitos anos que espero notícias. Há muitos anos que busco encontrar Ana e meu filho.

Pela expressão surpreendida do moço, compreendi que ele não sabia a verdade, mas ao mesmo tempo seu rosto descontraiu-se e a expressão de ciúme desapareceu.

Elga, sem querer dar-me resposta ou encarar-me, tremia e seu semblante tornara-se muito pálido. Parecia que ia sofrer um colapso.

Mas, eu estava insensível a seu sofrimento. Sofrera demais para poder apiedar-me de sua estupefação.

Madame Genet, percebendo nossas dificuldades, com tato e delicadeza ofereceu solícita:

— Acho que há muito tempo não se encontravam. Talvez queiram conversar a sós na sala ao lado.

Assenti com a cabeça, mas, Elga fez menção de retirar-se. Segurei seu braço com força.

— Sou marido de Ana, quer queira, quer não. Tenho o direito de saber tudo quanto aconteceu — minha voz tornou-se súplice. — Tenho procurado por ela e Karl todos esses anos, mesmo sabendo que estavam mortos. Por favor, tire-me deste sofrimento, desta dúvida...

Erick segurou a mão nervosa da noiva e pediu:

253

— Vamos esclarecer tudo de uma vez. Irei com você. Não tenha medo.

— Por aqui — pediu madame. — Queiram acompanhar-me.

Nós três nos encaminhamos para o outro lado da sala, mas, antes de transpormos o seu limiar, ouvimos uma voz infantil que dizia:

— Tia Elga, não vamos embora ainda, não é?

Voltei-me como que impulsionado por uma mola. Era Karl. Hans vinha com ele.

Naquele instante, não sei explicar o que se passou comigo: as pernas tremiam, a visão toldou-se enquanto meus olhos enchiam-se de lágrimas. Não podia haver dúvidas: Karl era meu filho! Estava vivo, estava ali, perto de mim.

Nesse instante senti uma mãozinha na minha ao mesmo tempo que vi o rostinho aflito de Hans enquanto me perguntava:

— Papai, o senhor está doente?

Procurei conter-me. Uma cena ali seria desagradável. Esforcei-me por sorrir.

— Não, meu filho. Encontrei velhos amigos e vamos conversar na sala ao lado. Depois conversaremos. Vá brincar com Karl.

Hans custou a desvencilhar-se de mim e foi afirmando:

— Estou aqui, papai. Se precisar de mim, é só chamar.

Beijei-lhe a testa e ele se foi com Karl, lançando olhares desconfiados sobre os demais. Finalmente entramos na sala e madame nos deixou a sós. Deixei-me cair em uma cadeira e afundei o rosto nas mãos.

Ainda não me refizera da surpresa. Meu filho está vivo! Meu filho estava ali, a poucos metros de mim. E Ana? Tinha medo de perguntar, mas meu coração batia forte pensando na possibilidade de estar viva.

Elga sentara-se por sua vez e parecia mais calma. As cores já lhe recompunham as faces e olhava-me agora entre surpreendida e penalizada.

Erick olhava-nos curioso, aguardando nossas palavras.

— Elga. Por muito tempo tenho procurado Ana e Karl. Ludwig disse-me que ambos tinham morrido. Estive em Dresden e não obtive senão a informação de que a casa tinha sido parcialmente destruída pelos bombardeios. Diga-me, por favor, Ana está viva?

Olhos arregalados e aflitos, voz entrecortada, mãos estendidas, todo o meu ser revelava ansiedade e angústia. Dando um suspiro, Elga respondeu:

— Sim. Ana está viva!

Fechei os olhos e meti a cabeça entre as mãos, exclamando:

— Deus seja louvado!

Elga, tendo revelado a parte mais importante, mostrou-se comunicativa e falante:

— Durante todo esse tempo lutamos para evitar que você viesse a saber a verdade... mas, agora, é impossível. Você viu Karl e não me adiantaria tentar enganá-lo. Seria pior. Você descobriria tudo com facilidade. Quando nossa casa foi destruída, não estávamos lá. Retiramo-nos para o campo, fugindo, quando os bombardeios recrudesceram. Fixamos residência em Berlim, onde Ana conseguiu emprego e mantém seu filho.

Entretanto, eu não compreendia muito bem o que ela dizia. Meu coração vibrava de alegria enquanto pensava: "Ana está viva! Ana está viva!".

Levantei-me de um salto:

— Elga, você não sabe como eu me sinto, como isso é importante para mim. Preciso vê-la imediatamente. Diga-me onde Ana se encontra.

— Isso é o que todos temíamos. O que deseja de Ana? Já não chega o quanto a fez sofrer? Não chega tudo quanto a fez passar com seu procedimento infame e vil? Ela sofreu muito. Julga-o morto há muito tempo. Agora vive feliz e tranquila. Não tem o direito de roubar-lhe novamente a paz.

Fez ligeira pausa e continuou:

— Sei que tem um filho. Sei também que o adotou. Conheço Hans, e sei sua história. Jamais pensei que seu pai adotivo fosse você. Viva com ele e para ele, e deixe-nos em paz.

As palavras cruéis de Elga atingiram-me fundo.

— Ana me ama — tornei procurando justificativas para vê-la.

255

— Engano seu — tornou Elga com voz fria. — Ela o amou aos dezesseis anos, quando o supunha sincero e companheiro. Julgava-o um dos nossos. Agora não é mais criança. Tudo passou. Não sente mais por você nenhum sentimento, pelo contrário: está comprometida com um ótimo moço que certamente a fará muito feliz. Deixe-a em paz, é o mínimo que pode fazer depois de tudo.

Senti-me arrasado. Ana comprometida! Ana!

— Ela é minha esposa! — tornei enraivecido.

— Esquece-se de que legalmente nunca se casaram e que seus documentos são de solteira.

Senti-me profundamente confuso. As emoções, as notícias! Ana me esquecera! Tinha eu o direito de perturbá-la novamente?

Enterrei a cabeça nas mãos. Era como se o mundo tivesse desabado sobre minha cabeça. Como pudera ser tão ingênuo?

As emoções entrechocavam-se dentro de mim e os pensamentos contraditórios invadiam-me a mente conturbada. Quando serenei e olhei ao redor, a sala estava vazia. Elga tinha fugido! Eu encontrara Ana e a perdera! Como pudera acontecer?

Engolfado por pensamentos dolorosos, não sei por quanto tempo permaneci ali. Despertei da modorra quando vi diante de mim o rosto simpático de madame Genet e o de Hans.

O menino olhava-me com ternura e sua mão procurou a minha num gesto amigo. Comovi-me. Procurei sorrir para ele e aconcheguei-o de encontro ao peito. Fui arrancado de meus pensamentos contraditórios pela voz grave de madame Genet:

— O senhor permite-me algumas palavras?

Olhei-a de frente e seu rosto enrugado inspirava-me confiança e interesse.

— Certamente, madame. Deixe-me dizer-lhe primeiro quanto lamento ter lhe causado transtorno. Afinal, sua reunião foi prejudicada por minha causa.

— Absolutamente. Nossa reunião era simples e tudo decorreu normalmente. O senhor sempre me inspirou extrema simpatia. Gostaria que fosse meu filho!

— Obrigado, madame. Gostaria de explicar-lhe o que se passou aqui. Devo-lhe essa satisfação.

Madame Genet colocou a mão fina e bem cuidada sobre meu braço enquanto dizia:

— Não me deve nenhuma satisfação. Entretanto, se me contar tudo, talvez possa fazer algo pelo senhor. Pelo que ouvi, meu aluno Karl é seu filho.

— Sim. Julgava-o morto há muitos anos, bem como sua mãe. Acabo de ver Karl e saber que ela também está viva.

— A notícia é boa e deveria alegrá-lo!

— Sim, certamente, mas apesar de sabê-los vivos eu há muito os perdi!

— O senhor tem a mim — tornou Hans com carinho.

— Certamente, meu filho — respondi com firmeza e sinceridade. — Você é e será sempre meu filho mais velho e muito querido. Mas um pai pode amar igualmente todos os seus filhos e sofrer, quando por qualquer razão um deles lhe é tirado. Compreende?

— Sim — respondeu o menino comovido. — Se eu encontrasse vivos minha mãe e meu pai, sentiria a mesma coisa.

Madame Genet levantou-se, ajeitou as almofadas, acomodou-se e disse com voz convicta:

— Vamos, rapaz. Conte-me tudo. Por que se lamentar? Vamos analisar as coisas.

Sua simpatia confortou-me e pude contar-lhe toda a minha história sem omitir detalhe algum. Quando terminei, disse-me com um alegre sorriso:

— Meu caro, vou ajudá-lo. Se você a ama, tudo se arranjará.

— A senhora se esquece de que não posso procurá-la. Não sei onde reside. Depois, ela está comprometida e não quer ver-me mais.

— Bah! Um homem tão vivido e não conhece as mulheres! Eu sei onde ela mora. Sei também que guarda boas recordações do senhor...

— Como sabe?

— Não sou ingênua. Por que o filho de uma moça alemã aprenderia francês? Conheço Ana. Tenho estado com ela

257

algumas vezes. Noto-lhe no olhar, quando fita o filho, um brilho diferente de emoção, orgulho e saudade. Tenho certeza de que pensa no senhor.

Essas palavras aqueceram-me o coração, mas mesmo assim tornei:

— E seu compromisso com outro homem?

— Não acredito nele. Recurso que Elga utilizou para afastá-lo de Ana. Ouça um conselho de quem já viveu muito: procure sua mulher e não tome nenhuma decisão sem ter com ela uma conversa franca e decente. Há muitas coisas a serem esclarecidas entre vocês.

De repente, cobrei novo ânimo. Era verdade. De qualquer forma eu precisava ver Ana, ter com ela um entendimento que seria decisivo para nós dois. Esse pensamento acordou em mim o desejo de vê-la, de falar-lhe. Não poderia resignar-me a perdê-la antes desse encontro.

A lembrança de nosso convívio, de nossa vida em comum, reapareceu impetuosa reacendendo a esperança que há tanto tempo eu havia perdido. Ana em meus braços! Ana carinhosa! Ana feliz! Essas emoções aqueciam meu coração no entusiasmo fácil dos que amam.

Num arroubo, tomei as mãos rugosas de madame Genet e as beijei com desenvoltura:

— Não sabe o quanto lhe devo!

Madame sorriu compreensiva e, num trejeito muito seu, disse:

— Não se precipite. Disse que vou ajudá-lo e, quando me disponho a uma coisa, quero fazê-la bem. Temos que analisar a situação e estabelecer um plano de ação.

Surpreendido, aventei:

— Irei hoje mesmo procurá-la em sua casa e resolveremos tudo.

Madame Genet abanou a cabeça:

— Não. Isso não. Você não é bem-visto pela família de Ana. Atrapalhariam tudo. Não iria entender-se com ela de maneira satisfatória.

Estaquei indeciso:

— Como então?

— Precisamos pensar. Talvez não seja oportuno vê-la em casa. O primeiro encontro entre vocês precisa ser a sós!

— Sim — concordei de pronto —, mas onde?

— Deixe comigo. Vou dar-lhe o endereço, mas, receio que não a deixem sair.

— Teriam coragem?

— Não ostensivamente, é claro. Elga não deve ter contado a Ana o que se passou aqui. Mas, o resto da família deve estar agora tramando contra você. Alegra-me embaraçá-los! Naturalmente, evitarão que ela saia a qualquer pretexto. Se fosse dia útil, sei onde ela trabalha, poderia vê-la com facilidade. Mas é o último do ano! Hoje e amanhã ela ficará em casa! Não acho prudente esperar.

— Eu arrebentaria — retorqui num desabafo.

— Foi o que pensei. Faça o seguinte: vá até lá e fique observando a casa discretamente. Quando ela sair, será fácil abordá-la.

— Farei isso. Ficarei lá até que possa vê-la.

— Mas, contenha-se. Se ela não sair, aguarde com paciência. É importante que se vejam a sós.

— Está bem. Não sei como agradecer-lhe.

— Eu sei. Dê-me notícias assim que puder. Se quiser, pode trazê-la à minha casa, não importa a hora, e eu os deixarei à vontade para aclarar as coisas.

Apanhei o papel com o precioso endereço e saí com Hans, sentindo o coração bater descompassado na expectativa emocionante de um reencontro com Ana. Estava tão emocionado, tão preocupado que nem notei a neve que começava a cair. Foi preciso que Hans dissesse algo para que eu saísse do emaranhado em que intimamente me encontrava.

Ao subirmos no carro, disse-lhe que o levaria para casa. Ele reagiu:

— Ficarei com você. Quero ajudá-lo!

Passei a mão com carinho por seus cabelos louros.

— Obrigado, meu filho. Você agiu hoje como um adulto. Compreendeu a situação. Saiba que meu amor por você é muito grande. Nada nem ninguém poderá modificá-lo. Se tudo der certo, formaremos uma família feliz. Você e Karl se estimam e tenho a certeza de que Ana será uma boa mãe.

— Eu sei, papai. Gosto de Karl. É meu amigo. Vou rezar por você.

Comovido, beijei-lhe a testa, apertando-o com força contra meu coração.

— Entretanto, é preciso que você vá para casa agora. Não sei quanto tempo ficarei à espera de Ana. É uma noite fria... Prometo que logo que puder virei contar-lhe tudo.

Hans suspirou resignado.

— Está bem, papai. Irei para casa.

Recostei-me no assento do carro, aliviado. A compreensão de Hans facilitava muito as coisas. Deixei-o em casa em companhia de Hilde. Saí.

Conhecia o bairro em que Ana morava, mas, ignorava o local onde ficava a rua. Perdi algum tempo consultando o mapa viário da cidade até que a localizei.

A neve diminuíra um pouco, mas, assim mesmo, dificultava muito a velocidade. O chão escorregadio e a falta de visibilidade prejudicavam a marcha.

Finalmente, cheguei. Desci e procurei o número. A rua era de residências da classe média, muito bonitas, recém-construídas.

Parecia incrível que em tão pouco tempo a cidade já estivesse novamente de pé.

Parei em frente ao número que procurava e observei a casa de Ana. Era moderna e confortável. As luzes indicavam que, como de hábito, comemoravam a passagem do ano. Receoso de que pudessem ver-me, voltei ao automóvel e manobrei, colocando-me em posição de ver bem a casa. E, de olhos fixos na porta principal, sofregamente, comecei a esperar!

Ana! Tão perto e ao mesmo tempo tão distante! Tive ímpetos de entrar na casa, tomá-la em meus braços e levá-la comigo!

Mas e se ela me houvesse esquecido? Se realmente estivesse apaixonada por outro?

Os pensamentos contraditórios entrechocavam-se em minha mente, aumentando minha angústia. Olhei o relógio. Havia meia hora esperava e já me parecia um século. Sem poder conter-me, disse num desabafo que saiu incontrolável:

— Ana! Vem que estou esperando! Não sente que estou aqui? Ana! Vem! Eu a espero!

Alguns segundos depois vi a porta abrir-se e um vulto de mulher saiu. Não pude ver bem porque ela estava envolvida por longo abrigo e tinha um xale na cabeça.

Saiu cautelosa e uma vez na rua olhou de um lado e de outro como se procurasse alguém. Não lhe vi o rosto, mas, senti que era ela! Ana!

Minha vista turvou-se, ao mesmo tempo que uma dúvida atroz lancinou-me o coração. Ana saíra como quem espera alguém. Não eu, com certeza. Quem? O pretendente a que Elga se referira?

Não. Eu não permitiria. Ana era minha mulher. Nenhum outro homem tinha o direito de tocá-la. Sem poder conter-me, saí e caminhei para ela, que, sentindo a minha proximidade, voltou-se rapidamente:

— Ana!! — chamei com voz embargada.

Ela me fitou e, apesar do pranto que me rolava dos olhos ávidos, pude ver claramente o seu rosto amado. Seus olhos azuis muito abertos pareciam querer sair das órbitas. Abriu os lábios, mas não pôde dizer palavra.

Tomei-a nos braços ali mesmo e estreitei-a freneticamente.

— Ana! Quanto a tenho buscado! Quanto tenho sofrido!

Senti que seu corpo tremia em meus braços, sacudido pelos soluços. Alucinado, beijei-lhe o rosto, repetidas vezes, enquanto lhe dizia o quanto a amava! Ela estremecia a cada carícia e pude sentir que seu coração ainda pulsava por mim. Quando acalmei um pouco o primeiro impulso, disse-lhe ao ouvido:

— Venha, Ana. Precisamos conversar.

Ela me seguiu docilmente e levei-a até o carro.

— Importa-se de sairmos daqui?

Ela sacudiu a cabeça negativamente. Liguei o motor e saímos. Minhas mãos tremiam na direção, e por mais que procurasse palavras que expressassem meus sentimentos, não conseguia pronunciá-las.

Alguns quarteirões depois, parei em um local deserto e num impulso irresistível tomei-a novamente nos braços beijando-lhe os lábios repetidamente. Naquele momento esqueci tudo. Ana era minha vida, e tê-la em meus braços de novo tocava-me fundo o coração.

— Eu o amo! — disse ela num repente inesperado.

Para mim era como se nada mais existisse ao nosso redor.

— Repita isso, Ana.

— Eu o amo, Kurt... — parou, embaraçada por recordar-se certamente de que esse não era meu nome verdadeiro.

Tomei-lhe o rosto entre as mãos e fixei-a com o olhar apaixonado:

— Ana! Eu sempre a amei! Tenho sofrido muito por julgá-la morta! Se soubesse que tudo não passava de mentira para nos separar, teria revolvido o mundo todo para encontrá-la. Meu nome é Denizarth. Você sabe, penso eu. Mas, o nome, a nacionalidade não importam. Somos marido e mulher e nos amamos! Que felicidade poderá ser maior do que a nossa?

— Denizarth — repetiu ela meio embaraçada —, há muitas coisas que preciso saber! Foi difícil suportar tudo. Mas, eu o amei sempre com sinceridade. Jamais poderia esquecê-lo, mesmo julgando-o morto.

Sobressaltei-me:

— Morto?! Eu? Como foi isso?

— Vou contar-lhe tudo.

— Sim. Conte-me tudo. Também desejo fazer o mesmo. Precisamos nos entender para que nenhuma sombra de dúvida paire entre nós de agora em diante.

— Sim. Eu sinto que isso é preciso. Vivemos em um clima de sofrimento e guerra. Sofremos por isso, mas agora tudo precisa ser diferente. Entretanto, ainda que nos cause sofrimento, precisamos recordar aqueles tempos odiosos.

Apertei-lhe as mãos com força, encorajando-a a prosseguir.

— Quando soube que você estava preso, pensei que fosse um engano. Mas, não me deixaram vê-lo. Chamada ao quartel, o capitão Rudolf fez-me entender que todos corríamos perigo. Contou-me que você era um espião francês. Disse-me ainda que eu tinha sido usada para acobertar suas atividades em nossa cidade.

Beijei-lhe a fronte com carinho. Ela continuou:

— Não sei como pude suportar aquilo, nem o que doía mais, se sua traição ou o risco que sua vida corria. Foi sob ameaças, para que lhe poupassem a vida, que eu consenti em dizer-lhe aquelas coisas horríveis. Em casa, as coisas também não eram fáceis. Meu irmão enfureceu-se quando soube, e foi graças a sua amizade com um general que me deixaram em paz. Sabia que estava sendo vigiada e meus passos eram seguidos por toda parte. Minha mãe era a única que não tocava no assunto e procurava ajudar-me. Rezei muito para que nada lhe acontecesse. Você tinha falado comigo. Seu olhar era desesperado e, apesar de tudo, contra todos, quando eu recordava nossa vida, seu olhar, seu carinho, no fundo, bem no fundo, eu sentia que, assim como eu o amava, você também me queria. A notícia de sua morte quase me matou. Estive doente por muito tempo. Só o amor de nosso filho inocente me incentivou a viver. Quando os bombardeios varreram a cidade, fugimos para o campo. Muitos dos nossos fizeram o mesmo. Vivemos meses em uma cabana, passando necessidades, comendo o que conseguíamos colher. Quando a guerra acabou e voltamos, nossa casa fora destruída. Desgostosos, resolvemos aceitar o conselho de Ludwig, que ainda se encontrava preso, e a vendemos. Viemos para Berlim, a fim de podermos estar perto dele. Além do mais, meu avô falecera e eu precisava ganhar a vida. Nossa casa, destruída, valia muito pouco e o dinheiro que apuramos evaporou-se durante os primeiros tempos. Eu e Elga arranjamos um emprego. Ludwig voltou para casa após o julgamento. Um dia disse-me à queima-roupa que você tinha morrido!

— Mas ele sabia que eu estava vivo! Encontrei-o no dia em que foi preso e pedi-lhe notícias suas! — exclamei indignado.

— Entretanto, ele me contou que o tinha encontrado em Paris. Que você tinha milagrosamente conseguido escapar, tendo sido dado por morto pela SS, seus cúmplices o ajudaram a fugir. Mas, ao tentar colocar uma bomba no Comitê de Cooperação, você tinha finalmente sido morto. Que um cão o descobriu, e tendo reagido à prisão, mataram-no.

Cerrei os lábios com força para não dizer o que me ia na alma. Ludwig era irmão de Ana. Como eu pudera ser tão ingênuo? Por acaso não conhecia o temperamento dos alemães? Seu orgulho, seu desprezo a tudo que não fosse germânico?

— Chorei muito. O tempo foi passando e julguei que tudo fosse verdade. Procurei viver para nosso filho. Tinha vontade de conhecer seu povo, seus costumes. Queria que Karl o amasse e respeitasse. Por isso, o coloquei com madame Genet para estudar francês. Eu tenho aprendido com ele. Era meu sonho conhecer sua terra.

— Foi isso que nos uniu de novo. Agora, vou contar-lhe tudo.

E sentindo o calor de seu corpo entre meus braços, o perfume de seus cabelos ao alcance de meus lábios, comecei a falar. Abri meu coração. Voltei aos tempos idos de minha infância, falei de meus entes queridos. Contei-lhe sobre a guerra. Tudo sem omitir detalhe algum. À medida que eu falava, era como se as barreiras que o mundo erguera entre nós fossem sendo destruídas.

O coração de Ana, pulsando junto ao meu, rindo e chorando comigo, fazia-me grande bem. Nosso amor derrubara o fantasma da separação das raças que o falso conceito humano erguera entre nós. Éramos dois corações apaixonados que se afinavam e se completavam. A nacionalidade de cada um desaparecera naqueles instantes, o que nos faz pensar que, quando existe amor no coração, não há crise social e política que não possa ser solucionada pacificamente, em benefício de todos, e que as guerras são fruto do egoísmo e da ambição.

O tempo passou rápido e Ana, um pouco assustada, lembrou:

— Já devem ter estranhado minha ausência. Disse-lhes que ia ver uma vizinha.

— Como soube que eu estava aqui?

— Recebi um telefonema. Uma voz infantil me disse que você estava aqui e queria ver-me. Que eu saísse às escondidas e o encontraria!

— Hans! — murmurei comovido. — Ele tem o telefone de Karl.

— Talvez. Não me disse o nome. A princípio pensei que fosse brincadeira, mas, depois refleti que aqui ninguém sabia nada a seu respeito. Quase desfaleci. Meu coração batia tanto que receei que percebessem.

— Foi Hans. Esse menino é meu filho muito querido. Graças a ele que a encontrei.

— Jamais esquecerei o que ele fez! Nunca me ocorreu que Ludwig poderia estar mentindo. Sei que ele o odiava. Culpava-se também por ter confiado em você.

— Eu lhe disse, quando nos encontramos, que pretendia buscá-la. Naturalmente não consegue perdoar-me.

— Receio que não. Entretanto, agora ele também tem que ser perdoado. Temo que jamais compreenda...

Uma sombra de tristeza empanou a fisionomia de Ana.

— Gosto de minha família, Denizarth.

Era a primeira vez que Ana pronunciava meu nome, e isso me emocionou.

— Naturalmente, Ana. Esse afeto e essa dedicação enobrecem seu caráter. É justo.

— Também o amo! Não quero perdê-lo! O que vamos fazer?

— Por enquanto, não sei. Minha vontade é ir até lá agora, falar francamente. *Frau* Eva é uma excelente criatura. Talvez me perdoe.

— Não sei. Ludwig está lá.

— Melhor. Procurarei falar-lhe. Talvez compreenda e não nos guarde rancor.

— Tenho medo. Ludwig ultimamente não tem andado bem. Dorme mal, alimenta-se pouco e parece excessivamente nervoso. Não acho oportuno. Conserva ainda muitas feridas da guerra. Capitulou pela força, mas não foi vencido. Não hesitaria em recomeçar tudo se pudesse. Por favor, não vá!

— Pretendo voltar para minha terra. Quero levá-la comigo!
— Iremos com você.

Abraçamo-nos com força.

— Ana, prometa que nunca mais me deixará!
— Prometo — murmurou ela com firmeza. — Todavia dê-me um pouco de tempo para que possamos solucionar nossos problemas. Agora preciso ir. Amanhã telefono.

Preso de incontrolável emoção, beijei-lhe os lábios repetidas vezes. A custo ela conseguiu desprender-se.

— Até amanhã, meu amor!

Saiu rápido. Foi com o coração cantando que acionei o automóvel. Faltavam cinco minutos para a meia-noite. Precisava correr para estar com Hans, que deveria estar à minha espera. Mas, dentro de mim, os sinos de uma nova vida já cantavam a volta do amor e da felicidade!

CAPÍTULO XXV

CEGO FANATISMO

O que se passou naquela noite em casa de Ana, soube-o depois, no dia seguinte, por ela.

Quando Ana entrou em casa, mal teve tempo de tirar o grosso capote e sacudir a neve e já os sinos repicavam festivos anunciando o nascer de um novo ano.

Correu para a sala, aproveitando o instante em que todos se abraçavam em torno da mesa posta para a ceia, para encobrir a emoção que lhe ia na alma.

Abraçou a mãe, em cujo olhar percebeu uma interrogação muda. Abraçou o irmão, o futuro cunhado e alguns amigos da casa. Com redobrada emoção e alegria, beijou efusivamente o filho querido. Procurou controlar-se e, ao abraçar Ludwig, observou-lhe o rosto e comoveu-se. Não parecia mais o rapaz alegre e amoroso de antes. Estava magro e seu rosto pálido e contraído não refletia saúde. Mal retribuiu o abraço da irmã e, quando Erick propôs um brinde ao ano-novo, ajuntou com amargura:

— Bebam vocês à felicidade e ao ano-novo. Quanto a mim, brindo pela Alemanha, pisada, dividida, mas não vencida. Brindo à formação do nazismo, que sairá das cinzas para a vitória final.

Diante do olhar consternado de todos, continuou:

— Eu estarei aqui para lutar quando isso acontecer. Um brinde à vitória!

Procurando refazer o ambiente, *frau* Eva brindou pelos amigos e com voz entrecortada iniciou um hino de boas-vindas ao ano-novo. Pelos seus olhos, algumas lágrimas caíam insopitáveis, mas ela continuava cantando. Todos a imitaram. Teve início a ceia, mas, sem a alegria e a serenidade que seria de se desejar. Elga e o noivo conversavam baixinho, a um canto. Ludwig, com seu mutismo ou com as reminiscências das vitórias alemãs no início da guerra, não era companhia desejável e todos o evitavam. Só a mãe tinha paciência de ouvi-lo.

Depois dos horrores e dos sofrimentos da guerra, da qual ninguém conseguira sair ileso, a paz voltara. Com a derrota, é verdade, mas, agora havia oportunidade de recomeçar a viver, reconstruir a felicidade perdida, sonhar com o futuro.

Todos queriam esquecer. Dar-se ao luxo de comer bem, vestir-se melhor e usufruir a vida em família e em sociedade. Fugiam de tudo quanto lhes recordasse os dias de dor e de angústia.

Mas, Ludwig fora longe demais. Politizado desde a adolescência, jamais pensara sequer na possibilidade de uma derrota. Dedicado e inteligente, obedecendo cegamente, colocando em primeiro lugar o nazismo e depois sua família ou seus interesses particulares, foi subindo dentro do Partido, gozando de poder e prestígio. Sua autoridade como membro da SS era incontestável. Bastava sua presença para que o cercassem de atenções e gentilezas.

Não conseguira conformar-se com a derrota dos princípios que constituíam a razão de sua existência. Preso, sonhava com uma possível reação alemã. Quando obteve liberdade, não tinha condições para adaptar-se à vida civil. Habituado a mandar, não conseguia obedecer. Era inexperiente em qualquer ramo industrial ou comercial para que pudesse estabelecer-se.

Estava desempregado, praticamente vivendo às expensas das irmãs, que trabalhavam para manter a casa.

Esse estado de coisas agravava ainda mais a situação, tornando-o mais amargo e mais introvertido.

A capacidade do povo em esquecer o feria fundo. Desiludira-se. Ninguém mais desejava a luta como ele. Ninguém mais pensava em libertar a Alemanha escravizada e vencida.

Foi a custo que Ana manteve alguma conversação com os demais. Seu desejo era ir para o quarto, pensar em Denizarth, estabelecer planos para o futuro. Sentia ímpetos de ir correndo a seu encontro para nunca mais deixá-lo.

O tempo não apagara o seu amor. Separara-se dele com o coração partido e agora, vendo-o mais amadurecido, mais adulto, mais apaixonado, não conseguia conter a alegria.

Sentia vontade de dizer tudo, de rir, de cantar a volta à felicidade. Mas, a presença de Ludwig a continha.

Retirou-se a pretexto de colocar o filho na cama e demorou-se o mais que pôde. Assim que os amigos partiram, ia recolher-se quando *frau* Eva disse-lhe baixinho:

— Ana, preciso conversar com seu irmão. Vou ao seu quarto depois.

Ana sobressaltou-se.

— Está bem, mamãe. Estarei esperando.

Vendo-se a sós com o filho, *frau* Eva aproximou-se dele, colocando a mão em seu ombro com delicadeza:

— Meu filho, você parece tão triste!

— Não mais do que o costume — respondeu ele amargo.

— Sei como se sente. No entanto, você é jovem. Tem muitos anos de vida pela frente. Por que não reage? Todos nós sofremos nesta guerra. Todos nós fomos atingidos, mas a vida continua. É preciso viver! Muitos companheiros seus morreram ou ficaram mutilados. Você teve a felicidade de sair ileso. Não acha que é motivo de felicidade?

Ele teve um sorriso irônico.

— Felicidade? Eu, que teria dado mil vezes a vida pela vitória da Alemanha? Ter que viver para suportar o peso da derrota? Ver a Alemanha repartida como se fosse deles e ter que calar?

Eva abraçou-o com ternura:

— Ludwig. Seu pai morreu na guerra. O que adiantou? A paz apenas serviu de preparação para nova matança! Para quê? Não acha que todos nós precisamos de paz e de tranquilidade para viver? Acha que valeu a pena a perda dos melhores anos de sua juventude, da vida de Ema, nas delícias do noivado, sem ter quase vivido? Para quê? Ainda que a vitória nos sorrisse, o que faríamos com ela? Teria nos devolvido a vida de sua noiva e de tantos outros jovens que se foram?

Tomada de súbita emoção, sacudiu-o com violência dizendo com rancor:

— Ludwig, odeio a guerra! Odeio Hitler, que nos arrastou à miséria e à dor, à vergonha e ao opróbrio. Odeio o nazismo, que matou meu filho, tornando-o um indiferente e um fanático!

Ludwig empalideceu de súbito, olhou-a com raiva e ia responder bruscamente, mas notou que sua mãe estava branca como cera e mal se sustinha. Nunca a vira assim agitada. Jamais ela lhe falara com tal dureza, sempre controlada, sofrendo com dignidade.

Assustado, correu para ela, amparando-a e obrigando-a a sentar-se. *Frau* Eva levou a mão ao coração e sua cabeça pendeu sobre o peito.

Aterrorizado, Ludwig gritou por ajuda e em poucos segundos Ana acudia aflita. Nervosamente desapertou as vestes e correu para o quarto, voltando com uma pílula que colocou entre os dentes trincados da mãe. A custo fê-la ingerir. Depois, com voz enérgica, ordenou a Ludwig que a colocasse na cama. Vendo-a acomodada e sua respiração mais regular, chamou o irmão para fora do quarto, inquirindo com energia:

— O que houve?

Com voz trêmula, Ludwig tornou:

— Não sei, Ana. De repente ela começou a falar da guerra e sentiu-se mal.

— É preciso que você saiba que mamãe está muito doente. As emoções fortes que passamos abalaram-lhe os nervos e seu coração está por um fio.

— Culpa de nossos inimigos!

— Culpa da guerra! — tornou Ana colérica. — E culpa sua! Não sabe falar noutra coisa? Quase a matou!

Ludwig parecia arrasado.

— Desde quando ela tem essas crises?

— Desde que deixamos nossa casa em Dresden. Acho que foi terrível para ela.

— A nossa casa!

Por um momento, no olhar de Ludwig refletiu-se um brilho emotivo. Enterrou a cabeça nas mãos, permanecendo assim por alguns minutos. Via-se que sofria. Ana procurou confortá-lo colocando a mão em seu ombro com carinho.

— Fui dura com você. Mas, é preciso que saiba. Sua atitude tem feito mamãe sofrer muito. Você precisa aceitar a realidade. Sair do passado, recomeçar a vida! Preparar-se para trabalhar! Você é inteligente, culto, pode casar, constituir família! Sei que Ema é insubstituível em seu coração, mas é preciso viver, amar, constituir um lar! Temos sorte. Estamos do lado ocidental. Podemos trabalhar livremente. Estamos no uso de nossas liberdades civis, liberdades que no tempo do nazismo não tínhamos.

Ludwig levantou-se como se sua irmã lhe tivesse vibrado uma bofetada:

— Traidora! Reles traidora é o que você é. Fala assim porque se juntou àquele traidor que em tão boa hora foi morto! Tem coragem de dizer isso?

Vendo o rosto do irmão transfigurado pelo ódio, Ana teve medo. Parecia um louco. Temerosa de despertar a mãe enferma, calou-se, esperando que a raiva de Ludwig diminuísse. Ele, porém, caminhava pela sala a passos nervosos, resmungando contra todos e contra tudo. Preocupada, Ana pediu:

— Vamos esquecer este assunto agora. Mamãe pode ouvir!

Com passos leves, dirigiu-se à cabeceira materna. Seu rosto traduzia desânimo, tristeza e dor.

"Denizarth!", pensou. "Quando poderemos ser felizes?"

Contemplando o rosto pálido da mãe, Ana sentiu o coração apertado.

CAPÍTULO XXVI

FRAU EVA

— Ana! Ana! Mal acredito que você está aqui, em meus braços.

Beijei-a com ardor.

Quando acalmei um pouco a torrente de emoções que me envolvia, Ana continuou com ternura:

— Aí, tem tudo quanto se passou ontem em minha casa! Denizarth, eu o amo! Entretanto, o que posso fazer para evitar uma desgraça? Como abandonar minha mãe velha e doente? Vim à sua casa porque precisava vê-lo. Não quero perdê-lo de novo. O que devemos fazer?

— Minha querida! Ninguém poderá tirá-la de mim agora. Estou disposto a tudo. Farei qualquer sacrifício, menos separar-me de você. Encontraremos uma solução, tenho certeza.

Ana abraçou-me com força. Grossas lágrimas caíam-lhe pela face enquanto dizia:

— Sim. Você está aqui, é o que importa. Mas, às vezes, sinto que, apesar de a guerra ter acabado, ainda vivemos suas consequências. Está dentro de nós. Ninguém nunca mais poderá ser o mesmo, depois de tudo. Suas garras penetram de tal forma que até nós, sobreviventes angustiados, ela quer dominar.

Beijei-lhe os cabelos com ternura:

— Tudo passou, Ana. Seu irmão está doente. Conheço vários casos como o dele. Precisa de tratamento médico e ajuda espiritual. Venha, sente-se aqui a meu lado, quero conversar com você. Precisamos ajudar seu irmão.

Ana olhou-me admirada:

— Como você é bom! Apesar de tudo quanto ele nos fez, quer ajudá-lo? Eu sou sua irmã e o estimo, por isso, perdoo. Mas, você...

— Ana, precisamos aprender a perdoar. O ódio nos envenena o coração. Acaba nos afetando a saúde. Empana nossa felicidade, embrutece nosso espírito. O que seria de mim se não procurasse perdoar? Você sabe o que passei. O que fizeram comigo na Enfermaria 2. Sabe de Ernst, sabe de tudo. Se eu não procurasse esquecer, se não tivesse perdoado, estaria até hoje torturado e aflito, guardando angústias e sofrimentos. Não é fácil. Às vezes, a fera que ainda existe em nós é atiçada e duro se torna dominá-la, mas, quando temos Deus em nosso coração, e a Ele recorremos, encontramos forças para isso. Depois, com o passar do tempo, longe dos acontecimentos, mais serenos, podemos compreender melhor a fraqueza dos outros. Encontramos nessa compreensão a verdadeira serenidade.

— Admira-me sua maneira de pensar. Nunca vi ninguém como você. Isso me torna muito feliz! Anseio por essa paz, por uma vida normal, com os probleminhas do cotidiano, longe das grandes paixões e dos sofrimentos. Quisera ser como você. O que lhe dá tanta força e tanta compreensão?

— É a Doutrina dos Espíritos. É preciso que eu fale sobre as leis espirituais que regem a vida. É preciso que você aprenda que a morte do corpo não é o fim! Que a vida continua e o espírito é eterno! Que nascemos, morremos, tornamos a nascer na Terra, tantas vezes quantas nos sejam necessárias para a evolução de nosso espírito eterno e indestrutível. É por meio da reencarnação que a justiça de Deus se manifesta, dando a cada um segundo suas obras. Permite ao criminoso voltar sofrendo doenças e provações em seu próprio corpo, para sensibilizar seu espírito, ensinando-o a respeitar a vida! Ninguém sairá da Terra sem pagar até o último ceitil do mal que tiver feito a seu semelhante! São palavras de Jesus para nos ensinar. Quando aprendemos com amor o Evangelho e procuramos aplicá-lo à nossa vida prática, corrigindo nossos erros, procurando amar o nosso semelhante como a nós mesmos, estamos semeando o bem que um dia tornará para nós, trazendo-nos a paz e a felicidade!

— Você me surpreende! Nunca o imaginei um religioso! Sua maneira de pensar é muito diferente. Se todos pensassem assim, como o mundo seria bom! Não haveria crimes, guerra, vinganças. Gostaria de ser como você.

— Você é melhor do que eu. Quero que aprenda a olhar a vida sem as ilusões humanas. Quero mostrar-lhe a realidade, o que vi, o que aprendi. Um dia, Ana, todos os homens compreenderão essas verdades. Então a Terra não será mais um mundo de provas e de expiações. Será um mundo de regeneração, onde as almas imperfeitas e devedoras como nós, arrependidas e desejosas de retificarem o próprio caminho, poderão renascer para trabalhar, aprender, amar e progredir, sem o peso terrível do ódio e da vingança.

Os olhos de Ana brilhavam eloquentes.

— Como será bom! — tornou ela comovida.

— Sim. Isso será no futuro. Por agora, precisamos orar por aqueles que não têm possibilidade de compreender. Orar por Ludwig. Só Deus pode ajudá-lo. Acredite, ele sofre muito mais do que nós. Perdeu a medida do equilíbrio. É um doente necessitado de ajuda. Convença-o a ir ao médico. Embora seu caso seja psíquico, os medicamentos poderão ajudá-lo a resistir à depressão e ao nervosismo.

— Tenho procurado ministrar-lhe calmantes, mas se recusa a tomá-los.

— Ninguém poderá impedi-la de orar por ele sempre que o vir nervoso e inquieto.

— Denizarth, quero aprender com você. Quero adquirir esses conhecimentos que o tornaram tão bondoso. Afinal, Ludwig nos separou todo esse tempo e guarda-lhe rancor... Seria penoso para mim, mas seria natural que você também o odiasse. Entretanto, pede-me para orar por ele e parece interessado em ajudá-lo.

— Houve tempo em que eu quase o odiei. Mas, depois, compreendi que ele tinha suas razões. Lamento que não possamos viver em paz. Isso simplificaria muito as coisas.

Ana suspirou com tristeza:

— É verdade! Temo que ele nunca se modifique.

— O tempo é remédio eficaz. Por isso, pedi suas orações. Façamos nossa parte, não desejo ainda agravar a culpa que me cabe nessa inimizade.

Ana abraçou-me com ternura.

— Há muito tempo não desfrutava de tanto conforto, de tanta paz! Vem de você uma brisa suave que pouco a pouco vai dissipando meus receios. Nossa conversa de agora trouxe-me grande bem. Eu temia um choque entre vocês. Amo-o e não quero perdê-lo, mas Ludwig é meu irmão e companheiro de infância, amoroso e alegre!...

Beijei-lhe a fronte num gesto compreensivo.

— Por certo, meu bem. Esse sentimento de amor enobrece seu espírito. É justo que agora não o abandone, envolvido na angústia do inconformismo e da revolta. Mas, você virá comigo. Pretendo tentar convencê-lo ainda uma vez a não me guardar rancor.

— Tenho medo.

— Faremos nossa parte com decência. Preparei os papéis para nosso casamento. Poderemos nos casar com ou sem o consentimento de sua família, mas, eu gostaria que todos estivessem presentes.

Ana tinha lágrimas nos olhos:

— Tentaremos.

— Se não conseguirmos, paciência. Não seremos nós que os abandonamos, mas, eles que nos deixam por não quererem participar de nossa felicidade.

Quando Ana se foi, senti-me só. Custava separar-me dela ainda que por minutos.

Fui ver madame Genet. Tecemos planos, ofereceu-nos a casa para o casamento caso a família de Ana não me aceitasse. Bondosa madame Genet! Quanto lhe sou grato! Fez-me contar detalhe por detalhe tudo quanto se passara.

Nos dias que se seguiram, tratei de pedir a um secretário da embaixada que providenciasse tudo. Finalmente, meu sonho ia tornar-se realidade!

Escrevi uma longa carta a Gisele. Pedi-lhe que rezasse por nós. Confiava em suas orações. Ela era tão boa! Tinha certeza de que ela e Ana se tornariam grandes amigas. Quanto a minha mãe, era um pouco conservadora, mas, tinha bom coração. Um neto, já crescido, tocaria as fibras sensíveis de seu coração.

Encontrava-me com Ana todas as tardes. Ia buscá-la na saída do trabalho. Eu queria ver Karl, conversar com ele, era meu filho!

Combinamos sair no domingo. Ana preparara o espírito do menino sem lhe contar que eu era o seu verdadeiro pai. Entretanto, a tão esperada entrevista não se realizou. *Frau* Eva, que tinha melhorado, teve outra crise, passou mal. Ana telefonou-me em lágrimas, porque seu estado inspirava sérios cuidados.

Fiquei ansioso e angustiado. Ana sofria e eu não podia fazer nada! Nem sequer estar a seu lado, confortando-a naquela hora difícil. Tinha ímpetos de ir até lá e enfrentar as consequências. Mas, Ana fez-me prometer que não o faria. Ludwig não estava bem. Ela temia que não aceitasse minha presença. Uma altercação daquele porte poderia ser fatal ao coração cansado de *frau* Eva.

Eu telefonava com frequência. Quando era homem que atendia, eu desligava. Fazia oito dias que eu não a via e estava desesperado. Nossos papéis arrumados, tudo à espera da data.

Finalmente, Ana consentiu que eu fosse até lá. Eu insistia em visitar *frau* Eva. Temia que ela morresse e queria explicar-lhe os fatos do passado.

Ludwig tinha saído após o almoço e só voltaria noite alta. Com o coração aos saltos, toquei a sineta da casa de Ana. Minha emoção era enorme.

Ana abriu e abraçamo-nos enternecidos.

— Como está sua mãe?

— Um pouco melhor. Mas, o médico aconselha repouso absoluto.

— Por certo.

— Ela vai recebê-lo. Sabia de sua volta. Elga tinha lhe contado. Ludwig não sabe. Mas antes quero que veja Karl. Vou buscá-lo.

Um pouco amedrontado a detive:

— Contou-lhe?

— Sim. Toda a nossa história em palavras simples, mas, ele apesar de sua pouca idade, compreendeu o essencial. Espera-o.

Senti-me acovardado. Já estivera com ele, mas não como pai. Como me receberia?

Sentei-me à espera. Difícil descrever o que me ia na alma. Pouco depois, Ana estava de volta trazendo nosso filho pela mão.

Levantei-me. Olhei seu rostinho corado. Uma onda de ternura brotou-me no peito. Seus traços reuniam os de Ana e de meu pai. Estreitei-o carinhosamente.

— Meu filho — disse depois com voz emocionada. — Meu filho!

— Você não vai embora, não é, papai?

— Claro que não. De agora em diante estaremos sempre juntos.

— Que bom! Hans também?

— Claro, meu filho. Hans será seu irmão mais velho.

— Que bom! Mamãe, você também será mãe dele?

— Certamente, se ele me aceitar — respondeu Ana, sorrindo.

— Ele aceita — tornou Karl convicto.

— Como pode ter certeza? — brincou Ana com ternura.

— Hans sempre me disse que gostaria de ter uma mãe como a minha!

Abraçamo-nos felizes. Meu coração estava envolto em um sentimento de intraduzível emoção. Não me cansava de olhar para Karl, de notar com orgulho sua postura elegante, seu olhar vivo e terno. Um filho! Meu filho! O que no mundo poderá representar fortuna maior?

A custo consenti que Ana nos separasse. Mas, eu precisava ver *frau* Eva. Conduzido por Ana, entrei comovido no quarto. Sentei-me ao lado da cama. O rosto bondoso e enérgico da mãe de Ana modificara-se muito. Envelhecera extraordinariamente. Estava magra, e a penumbra do aposento não podia ocultar sua palidez.

— Mãe, Denizarth está aqui.

Frau Eva abriu os olhos e fitou-me com curiosidade.

— Acenda a luz, Ana — pediu num sopro.

Imediatamente a lâmpada da cabeceira foi acesa. Vi que não tinha me enganado. Seu aspecto não era bom, mas seu rosto era sereno. Olhou-me esperando que eu falasse.

Perturbado, disse-lhe com suavidade:

— *Frau* Eva. Há muito desejava vê-la, falar-lhe. Lamento encontrá-la adoentada.

— Fez bem em vir. Precisamos conversar.

— Gostaria que soubesse. Sou-lhe muito grato, por tudo quanto fez por mim durante a guerra. Quero dizer-lhe que não pretendi abusar de sua hospitalidade. Era jovem, apaixonei-me por Ana. O que aconteceu foi minha culpa, mas não tive forças para evitá-lo. Sempre amei Ana. Vim para pedir seu consentimento para fazê-la minha esposa, legalizando nossa situação.

Frau Eva fechou os olhos, parecendo um tanto fatigada:

— Pretende levá-la para sua terra?

— Sim — respondi com firmeza. — Mas, primeiro quero contar-lhe tudo. Abrir meu coração, porque não desejo que paire qualquer dúvida em seu espírito.

Continuei falando, tocado de emoção e sinceridade. Falei-lhe sobre minha terra, suas belezas, seus costumes. Sobre nosso povo, minha infância, meus pais, minha irmã, minha profissão, meus anseios, sobre Hans, e meu amor por Ana. Não falei nos sofrimentos da guerra. Não queria recordar-lhe esse período de dor.

Minha voz emoldurada pelas emoções suavíssimas da sinceridade, vibrando em saudosos lampejos, derramava-se no ar, enquanto ambas ouviam atentas, e, quando me calei, a mão de Ana procurou a minha num aperto silencioso e eloquente. Duas lágrimas rolavam pelas faces de *frau* Eva. Esperei. Depois de alguns instantes ela me fixou com emoção, dizendo:

— Deus o abençoe pelo bem que me fez! Ana nunca o esqueceu. Sei agora por quê. Você fala de amor, não de ódio. Você sabe perdoar de coração. Você é fiel ao amor. Ana teve razão em dar-lhe seu coração. Você o mereceu.

Num impulso ajoelhei-me ao lado do leito e beijei-lhe a mão enrugada.

— Quer dizer que não me guarda rancor? Que aprova nosso casamento?

Frau Eva respirou fundo:

— Sim, meu filho. Você atravessou essa guerra odiosa sem se contaminar de ódio e de vingança. Refez sua vida, é homem útil e respeitado, honesto e decente. Ana o ama, que felicidade pode ser maior?

— Obrigado. Suas palavras tranquilizaram meu espírito. Que Deus a bendiga por sua bondade!

— Faça minha filha feliz. É tudo quanto desejo.

Fechou os olhos evidenciando cansaço. Ana passou a mão com carinho por sua fronte enrugada. Seu rosto refletia imensa ternura. Segurou minha mão com força.

— Mãe, a senhora vai melhorar, para assistir ao nosso casamento. Vai ficar boa e seremos ainda muito felizes.

Frau Eva abriu os olhos esboçando um gesto negativo.

— Minha filha, estou no fim. Sei que não vou longe — fez ligeira pausa e prosseguiu: — Para mim, o casamento de vocês foi aquele que fizemos. Quanto a isso estou tranquila. Entretanto, peço-lhes, por favor, tenham pena de Ludwig... Ele está transtornado... Não é o mesmo. Vive imerso no ódio e na vingança — e dirigindo-se a mim: — Meu filho, por favor, tenha pena dele! Ajude-o. Temo partir e deixá-lo assim...

Seu peito arfava desassossegado, e seus olhos muito abertos refletiam angústia e dor. Tomei-lhe as mãos com carinho e comecei a falar.

— Não se perturbe por ele. Faremos tudo para ajudá-lo, eu prometo. Descanse, não se fatigue. Compreendemos sua preocupação.

Ela se acalmou um pouco, pareceu cobrar ânimo e tornou:

— Mas ele o odeia! Ludwig odeia a todos os povos dos países aliados. Peço-lhe que não o leve a mal. Foi sempre um bom filho, a guerra o transtornou.

— Eu sei, *frau* Eva, compreendo. Não guardo nenhum ressentimento. Ele é um doente que precisa de nosso carinho e de nossa compreensão. Saberemos convencê-lo! O amor tudo vence! Depois, Deus é pai bondoso e justo. Jamais nos abandona. Pense nisso e não se desespere. A vida é eterna. O espírito não morre. Quando o nosso corpo é entregue à terra após a morte, nosso espírito liberto, livre do peso da carne, haure novas forças em mundos de regeneração e de refazimento. Reencontramos nossos entes queridos que partiram, recapitulamos nossas experiências. Se mantivermos serenidade no esforço do bem, auxiliados por nossos superiores, poderemos assistir e velar por aqueles que ficaram na Terra, no cadinho árduo da dor e da experiência. Não podemos desanimar, mas preparar-nos para aceitar os sábios desígnios de Deus com serenidade.

Frau Eva cerrou os olhos. Estava serena.

— Será mesmo verdade que poderei velar por Ludwig depois de minha morte?

— Certamente, mas tem que estar bem preparada, para que sua presença só lhe traga benefícios.

— O que preciso fazer?

— Confiar em Deus, aconteça o que acontecer, sem se desesperar. A fé move montanhas!

Frau Eva suspirou aliviada:

— Suas palavras fazem-me grande bem. Venha sempre, meu filho. Gosto de ouvi-lo falar de vida nova e de esperança, depois de ver ódio e morte por tanto tempo.

Vendo-a tranquila, murmurei com ternura:

— Procure descansar agora, *frau* Eva. Preciso ir. Se Ana permitir, virei amanhã.

Beijei-lhe a testa com respeito filial e ela disse baixinho:

— Deus o abençoe, meu filho.

Minha vontade era não sair mais dali, mas Ana, angustiada, temia a presença de Ludwig. Vi-me forçado a partir.

Saí com o coração sereno. Apesar do receio quanto ao estado precário da saúde de *frau* Eva, suas palavras fizeram-me enorme bem. Saber que não me guardava nenhum ressentimento, e até me tratara como a um filho, dava-me grande alegria.

Olhando o céu, que apesar do inverno se apresentava estrelado, intimamente orei a Deus, pela bondade e pelo amor com que me ajudara, reconciliando-me, por meio do perdão de *frau* Eva, com a própria consciência.

CAPÍTULO XXVII

A TRAGÉDIA

— FIM DO DIÁRIO DE DENIZARTH —

Por duas vezes visitei *frau* Eva e mantive com ela carinhosa entrevista, antes de sua morte. Quando uma semana depois, Ana, em prantos, telefonou-me para contar que ela morrera, confortou-me recordar tudo quanto lhe falara sobre a sobrevivência do espírito e nossa felicidade futura. Minhas palavras de fé reconfortaram-lhe a alma em sofrimento, renovando-lhe as concepções de fé e da justiça infinita de Deus. Não há nada que nos proporcione maior alegria do que reconduzir a serenidade, a compreensão, a resignação e a fé a uma criatura que, curvada sob o peso das lutas, deixa-se arrastar pela angústia e pela depressão.

Como é infinita a bondade de Deus, permitindo-me, apesar de minha inferioridade, falar das coisas divinas, perlustrar com ela o caminho da redenção! Lágrimas de gratidão rolaram-me pelas faces. Sentia que aquela boa e dedicada mulher unira-se a mim pelos laços imorredouros da amizade. E Deus o permitira! Alguém poderá compreender como me senti?

A pedido de Ana, não compareci aos funerais, ou melhor, não me aproximei, mas, à distância, coração em prece, acompanhei seus despojos. Quando todos partiram, orei em sua sepultura, rogando a Deus por sua libertação.

No dia imediato estive com Ana. Precisávamos resolver nossa situação. Agora que *frau* Eva partira, eu desejava partir também. Os papéis para legalização de nosso casamento estavam prontos.

Em uma fria manhã de janeiro, numa sala da embaixada, eu e Ana nos unimos perante os homens.

Madame Genet e um amigo meu serviram de testemunhas. Elga e Erick estavam presentes. A irmã de Ana abraçou-me chorando, pedindo-me para fazer Ana feliz.

Hans e Karl, muito sérios, compenetrados durante a cerimônia, ficaram muito alegres ao nos abraçar.

Ali mesmo servimos bolo e abrimos o champanhe em meio aos votos de felicidade dos funcionários da embaixada. Todos nós estávamos contentes. Elga anunciou-nos que se casaria com Erick dali a três meses. O único senão a empanar nossa alegria era Ludwig. Fomos para minha casa, contudo, Ana ainda não queria ficar comigo. Tentei convencê-la.

— Não adianta protelar. Vai ter que lhe contar. Quanto antes, melhor. Se quiser, posso procurá-lo. Vou até lá e falo com ele.

Ana levantou-se assustada:

— Não. Assim, não. Eu conto. Sei que ficará furioso. Mas, você sabe, ele está doente. Com a morte de mamãe, ficou transtornado. Não tem parada, precisamos vigiá-lo constantemente. Vive com a arma ameaçando uns e outros. Já escondi dois revólveres, mas não sei como ele sempre obtém outro. Preciso contar-lhe algo.

— O que é?

— Mamãe falou com ele antes de morrer! Disse-lhe que você tinha voltado. Que ela consentia em nosso casamento. Queria que ele não interferisse em nossa vida.

— Deus a abençoe por isso. E ele?

— Ficou agitadíssimo. Fechou-se no quarto e não saiu o dia inteiro. Inúmeras vezes ouvi-o praguejar. Preocupada, colei o ouvido na porta e ouvi:

Traidores! Dentro de minha própria casa! Os inimigos invadiram-me a casa! Preciso preparar-me! Agir com astúcia! Ele pensa que me vai derrotar. — Ria nervosamente: — *Engano! Puro engano. Eu o mato! Acabo com sua raça de víbora peçonhenta. Vou procurá-lo, acabar com ele!*

— Desde esse dia, não falou mais conosco. Tem uma arma da qual não se separa um minuto. Você não deve ir lá. Ele pode matá-lo. Ludwig está louco!

As lágrimas corriam pelas faces de Ana, e Karl, assustado, abraçou-a aflito.

— Está certo — concordei, procurando acalmá-los. — Farei como você quiser, mas, Ana, não é justo. Tantos anos de separação e agora...

— Eu sei, meu bem, mas, com calma resolveremos tudo. A violência não constrói nada.

— Está certo. Sempre pretendi resolver tudo com serenidade. O que sugere?

— Hoje vamos para casa. Falarei com ele que nos casamos e que vou embora com Karl.

Abracei-a contente.

— Fará isso por mim?

— Por nós, meu bem. Anseio por um lar onde possa viver com você e nossos filhos sem preocupação e sem angústia.

— Certamente, Ana. Deus nos dará essa alegria!

Era já noite quando acompanhei Ana e Karl até a rua. Assim que eles partiram, Hans e eu subimos para nosso apartamento. Eu pensava em minha solitária noite de núpcias. Recordei com emoção a noite em que Ana pela primeira vez viera sorrateiramente a meu quarto havia tantos anos.

Entramos em casa e, ao fechar a porta, divisei a figura de Ludwig. Estremeci. Seu olhar frio e cheio de ódio causou-me inesperado mal-estar.

— Finalmente o encontrei! Traidor maldito. Vou acabar com sua raça odiosa!

Reconhecendo a crítica situação, procurei ganhar tempo.

285

— Ludwig, precisamos conversar. Pretendia procurá-lo. Ana não permitiu.

Vi o brilho da arma em sua mão. Tentei num esforço supremo evitar a tragédia.

— Ludwig, ouça primeiro o que eu tenho para dizer, depois faça o que quiser.

— Não vou ouvir nada, vou acabar com você já...

Acionou o gatilho. Saltei tentando evitar o tiro, ouvi um grito e estarrecido vi Hans caído no chão. O pobre menino, no supremo desejo de proteger-me, colocara-se entre mim e a arma, tendo sido atingido.

Nesse instante, entraram dois policiais que ordenaram a Ludwig que largasse a arma. Como ele não o fizesse, procurando atingir-me, abateram-no ali mesmo.

A cena fora rápida e inevitável. Atirei-me sobre Hans desesperado, sentindo que meu coração se partira de dor. Chamei-o, chorei, rezei, pedi a Deus, mas, foi inútil. A bala o atingira na testa. Morreu sem dar um gemido.

Fiquei aparvalhado, nem compreendi a história da governanta, que em lágrimas narrava aos policiais como saíra pelos fundos para chamá-los, vendo o que se passava na sala, tentando evitar a tragédia.

Olhei o cadáver de Ludwig estendido no chão e naquela hora não me senti capaz de perdoar. Como é difícil, santo Deus! Meu amor por Hans era imenso. Sua dedicação extrema fora rasgo generoso de seu nobre coração.

Senhor, por que não eu? Por que fui poupado? Eu, tão cheio de fraquezas e de inferioridade? Por que não eu, soldado que no cumprimento de meus deveres cívicos truncara tantas vidas?

Por que Hans, tão bom, tão companheiro, quando eu iria devolver-lhe o lar que perdera?

Quando Ana chegou, horas mais tarde, choramos juntos, mas, não encontrei nenhuma palavra de fé para dizer-lhe. Estava vazio e só. Olhava o pequeno corpo imóvel, estendido no chão, e um aperto indescritível invadia-me o peito, causando-me sensação de esmagamento e de desespero.

Não sei descrever meu estado de espírito. Exigi sem nenhuma compaixão a remoção de Ludwig. Não podia olhá-lo sem que uma vontade de saltar sobre ele, castigá-lo, puni-lo, me invadisse a alma.

"Assassino! Assassino!" gritava intimamente.

A dor de Ana, pálida e transfigurada, não me comoveu. Apesar de amá-la tanto, naquela hora não tinha condições de sentir outra coisa senão dor, uma dor imensa, uma dor sincera, um amor tão grande por Hans que jamais me julguei capaz de sentir.

Que será de nós de agora em diante? Que destino cruel o nosso, que sempre teria que haver entre nós um mar de sangue... Por mais que faça, não consigo recordar-me dos acontecimentos nos dias que se seguiram. A cena brutal se repetia muitas vezes em meu pensamento e eu, alucinado, me perguntava se não teria podido evitá-la. Não conseguia dormir, os pesadelos voltaram a atormentar-me. Voltei à Enfermaria 2 e sofri novamente os tormentos daqueles tempos. Vi as faces de Ludwig e de Hans...

Ana, apesar de sua dor, foi de uma dedicação sem limites. Não me deixou mais. Elga foi quem providenciou o transporte de seus pertences para meu apartamento. Entretanto, eu não estava bem. O choque fora grande demais. Eu estava doente. A fé que eu tanto proclamara e pregara aos outros estava esquecida.

Julgava-me abandonado. Deus me abandonara. Se assim não fosse, não teria permitido a morte estúpida de Hans, tão inocente e tão bom. Lutar contra o mal, para quê? Não leva ele a melhor em um mundo triste como o nosso? Eu fora vencido, não tinha mais condições de lutar...

O diário de Denizarth terminava aí. Nunca mais ele tivera ânimo para voltar a grafar suas impressões, porque não mais conseguira subtrair a mente daqueles dias de dor e de angústia. O tempo parara para ele, que não podia perceber que a vida continuava ininterrupta, movimentando seu ciclo de ação, acionando a justiça de Deus e dando a cada um segundo suas obras.

287

CAPÍTULO XXVIII

O AMPARO DO PLANO ESPIRITUAL

Desconcentrei-me. Volvi o olhar pelo aposento e olhei Hans com carinho. Ele correspondeu a meu olhar com ternura e lucidez. Com profundo respeito, aproximei-me do grupo que silencioso e em prece procurava transmitir a Denizarth vibrações de alegria e paz.

— Preparemos nosso Denizarth para um encontro com Hans logo mais, quando seu corpo adormecer. Laura — disse *miss* Lee dirigindo-se a outra enfermeira —, precisamos evitar esta noite o comprimido que Ana coloca no chá do marido. Nosso irmão precisa conservar a lucidez. Encarregue-se das providências.

Laura saiu rápida e, curioso, olhei para *miss* Lee.

— É receita do médico, um calmante para dormir. Vá com ela e verá.

Confesso que quis ver Laura em ação. Cheguei à cozinha na hora exata. O chá já estava na chávena e Laura aproximando-se de Ana colocou a mão em sua testa dizendo-lhe ao ouvido:

— O remédio não está aí. Você não vai enxergá-lo.

Ana passou a mão nervosa pela fronte e abriu um armário: o remédio lá estava. Laura repetia a frase aos ouvidos de Ana. A jovem senhora fixou a prateleira:

— Não está aqui — tomou indecisa. — Onde o terei posto?

Sem se dar por vencida, abriu e fechou o armário diversas vezes. Vasculhou gavetas e aparadores. Precisava dar o remédio ao marido.

Laura sugeriu:

— Só um dia não faz mal. Afinal, o remédio não tem mesmo adiantado!

— É — disse Ana em voz alta. — Um dia só não faz mal.

Tomou a xícara e subiu ao quarto. A presteza de Laura, sua eficiência encantaram-me.

Ana aproximou-se do marido com carinho:

— Trouxe o chá. Você não comeu nada hoje.

Sem sair da apatia, ele tornou:

— Não tenho fome.

Ana suspirou com tristeza. A depressão do marido a contagiava. Também se sentia culpada. Ludwig era seu irmão. Assassinara o pobre menino. Mas, ao mesmo tempo, sabia que Ludwig estava fora do normal. Era um doente. A guerra o destruíra! Era-lhe impossível arrancar do coração amoroso a figura do irmão nos tempos felizes, nas cenas agradáveis da primeira juventude.

Sempre fora compreensivo, afável e bom. Como pudera mudar tanto? Apesar disso, procurava esconder sua dor profunda, seu sofrimento, no desejo veemente de salvar a felicidade de seu lar.

Seu marido era bom. Nenhum outro teria sofrido tantas ofensas com tanta compreensão. Sem ódios nem rancores. Há, porém, um certo limite que cada um possui de resistência. Denizarth atingira o seu e não conseguia sair da prostração.

Tentando deter as lágrimas, Ana procurou sorrir. Abraçou o marido e tornou com suavidade:

— Denizarth! Karl já se foi deitar. Você não o viu esta noite. Ele sente falta de sua presença.

— Sinto muito. Mas não estou bem. Não tenho forças. Parece-me que a vida se me esvai.

Ana olhou o semblante pálido do marido com tristeza. Que fazer?

Miss Lee aproximou-se dela, colocando-lhe a mão sobre o peito enquanto de seu coração partiam pequenos flocos de luz que penetravam o tórax de Ana, que pareceu mais aliviada. Abraçou o marido e tornou com ternura:

— Meu bem, é preciso reagir. Os desígnios de Deus são sábios. Aprendi isso com você. Confiemos na sabedoria do Pai. Nós, que tantos benefícios recebemos, que apesar da guerra conseguimos a bênção de nosso lar, por que não procurar recomeçar? Por que lamentarmos o passado, se Deus é Pai bom e justo, e tudo determina para nosso bem? Não estaremos sendo ingratos para com Ele?

Por um instante Denizarth olhou-a admirado. Ana nunca lhe falara assim. A jovem senhora continuou:

— A vida na Terra é passageira e o espírito é eterno. Você me ensinou quando perdi minha mãe. Quem nos garante que não estava na hora de Hans partir? Não sabe que não se move uma folha sem a vontade do Pai?

Denizarth fixou o olhar nos belos e luminosos olhos azuis da esposa. Suas palavras pareciam-lhe diferentes. Ele dissera isso?

De repente, porém, sua fisionomia transformou-se e uma expressão de dor desfigurou-lhe o semblante:

— Veja! É ele! De novo! Não o deixe matar o menino. Contenha-o! Contenha-o!

Denizarth torcia as mãos convulsivamente em desespero atroz. Ana, aflita, não sabia o que fazer.

— Já passou, meu bem. Não há ninguém aqui.

Mas, pudemos ver novamente pela mente de Denizarth a figura sinistra de Ludwig entrando no apartamento e a cena do crime se repetindo.

Hans, com um gesto de amor, abraçou Denizarth e procurou transmitir-lhe pensamentos de paz e de equilíbrio.

Todos nós nos reunimos em preces pedindo a Jesus que nos socorresse naquela hora. Aos poucos, pude perceber que da cabeça de Denizarth saía um fio escuro que se perdia na distância. Fixei nele o pensamento, desejoso de saber o que havia na outra extremidade. Pude ver um caminho escuro e nevoento, e perceber um vulto sombrio e enegrecido. Fixando melhor a estranha criatura que se encontrava ligada pelo cérebro à outra extremidade do cordão, reconheci Ludwig.

Seu estado era deplorável. Olhos esgazeados, peito perfurado, trazendo duas chagas sanguinolentas, sujo, desgrenhado, parecia ter descido os degraus negros da loucura. Ao seu redor, vozes ora lamentosas, ora satíricas, tornavam ainda maiores seus padecimentos.

— Assassino! Covarde! Onde está agora sua valentia?

— Que fez você do meu dinheiro? Onde o escondeu, ladrão imundo? Vai devolver tudo, franco por franco!

Outro dizia:

— Deixem-no. Ele é da SS! Pois não, senhor capitão! Veja como bebe meu vinho, mora em minha casa, é tudo seu! Covarde! Veja como você ficou, ladrão, assassino!

Apiedado, procurei orar por ele. Fixando-lhe a mente, percebi pensamentos de ódio:

— Deixem-me, vagabundos! Judeus malditos! Vou pegá-los um a um! Usurários. Pensam que me escapam? Já verão, malditos!... Mandarei cremar a todos!

Com gestos de ódio, procurava atingir seus inimigos e ouvia suas gargalhadas sarcásticas:

— Apareçam, malditos! Apareçam e verão...

Espumando de raiva, Ludwig distribuiu golpes a esmo até cair extenuado no chão lamacento. Para seu tormento, quando as vozes cessavam, voltava em sua mente a cena brutal da tragédia que lhe ceifara a vida.

A figura de Hans no chão, com sangue escorrendo, perseguia-o dolorosamente.

— O culpado é ele! É o traidor...

Nesses momentos, a figura de Denizarth desenhava-se em sua mente:

— Maldito! Não pude matá-lo! Mas, vou buscá-lo. Há de vir para cá e poderei destruí-lo. É o culpado de tudo...

O cordão escuro agitou-se e pareceu mais denso. Preocupado, voltei meu pensamento para Denizarth, procurando evitar que aquela fortíssima vibração de ódio o atingisse.

Todo o nosso grupo concentrou-se com firmeza vibrando amor e paz para ambos.

Apesar do amparo de nossos superiores que nos assistiam, não foi possível evitar que Denizarth recebesse um pouco daquela carga letal.

Tornou-se muito pálido e parecia que ia perder os sentidos. Assustada, Ana afrouxou-lhe as vestes e apanhou um copo de água que Laura com presteza e eficiência fluiu orando ao Senhor.

Aos poucos a crise passou e nosso amigo foi serenando. *Miss* Lee aplicara-lhes passes calmantes enquanto amigos dedicados, nossos companheiros, vieram ter conosco para auxiliar-nos na tarefa.

Foi com alguma dificuldade que Denizarth adormeceu. Assim que seu espírito deixou o corpo, fixou angustiado a olhar em torno. Apesar de estar amparado pelas duas enfermeiras, não percebeu nossa presença. Parecia magnetizado.

Em seu pensamento aflito pudemos ver a cena do crime.

Miss Lee, pedindo-nos preces, procurou tornar-se visível a ele ao mesmo tempo que com carinhosa energia lhe dizia:

— Denizarth, perdoe. Seu coração precisa libertar-se do ódio e da vingança! Perdoe Ludwig!

Nosso amigo pareceu registrar aquelas palavras:

— Quem me fala? — inquiriu com voz angustiada.

— Uma amiga que deseja conversar com você. Trago-lhe um recado dele.

Ouvindo mencionar o menino, Denizarth estremeceu:

— Ele está morto! Assassino! Assassino!

A figura de Ludwig desenhou-se novamente na mente.

Prevendo a presença de Ludwig e uma cena desagradável, *miss* Lee orou a Jesus com fervor e conseguiu finalmente ser vista, porque Denizarth olhou-a enquanto dizia:

— Uma enfermeira? O que quer? Hans está morto. Não precisa de você. Agora é tarde!...

Sem desviar os olhos dos dele, *miss* Lee aproximando-se tomou-lhe as mãos dizendo com serena energia:

293

— Denizarth, você sabe que a vida continua... Sabe que o espírito é eterno! Hans vive!

Um brilho de lucidez fulgiu nos olhos de Denizart para depois desaparecer com rapidez enquanto dizia:

— Não acredito. Ele está morto!

— Não. Ele vive! Perdoe Ludwig... Ele é nosso irmão, necessita de nossa ajuda... Perdoe!

Denizarth por um instante pareceu meditar, depois, olhando ao redor com desconfiança, disse:

— Já sei. Você sabe que vou procurá-lo. Sabe que desta vez ele vai pagar pelo crime que cometeu! Você sabe que a tudo perdoei, seu ódio, seu desprezo contra mim, as mentiras para afastar-me de Ana, mas esse crime... Hans! Meu pobre e amado filho! Sua vida destruída, sua felicidade aniquilada para sempre... Como não defender uma criança inocente? Como permitir que esse assassino desfrute de impunidade depois de tudo?

Seu rosto contorcia-se em um ricto de dor. Hans abraçou-o com ternura. Lágrimas desciam-lhe pelas faces ao dizer-lhe ao ouvido:

— Pai, estou aqui! Estou vivo! Piedade por aquele que está escravizado nas redes do crime e da dor! Ele sofre!... Perdoe, para que possamos nos unir de novo, cada vez mais!

O rosto de Denizarth refletiu mais calma. Não ouviu a amorosa rogativa, mas sentiu o efeito das sublimes emanações daquele coração que suplicava perdão para seu algoz.

Denizarth caiu novamente em profunda apatia. *Miss* Lee pediu a Laura e mais um outro assistente que conduzissem nosso tutelado para um local de tratamento, onde ele pudesse receber energias vivificantes da natureza.

Aproximei-me de *miss* Lee, que com bom humor esclareceu:

— Vamos indo bem, meu caro Lucius. Nosso trabalho de recuperação já teve início.

— Parece-me difícil, por ora, a recuperação — aventei.

— É natural. Nosso amigo fixou a mente na dolorosa cena do crime. Ludwig é seu antigo inimigo de outros tempos. Submetido a testemunhos no reencontro inevitável, nosso Denizarth, espírito generoso lutando pela regeneração, conseguiu vencer, enfrentar-lhe as arremetidas com serenidade e compreensão. Contudo, submetido a prova extrema, não encontrou forças para vencer desta vez, deixou-se agarrar pelas tramas do desalento e, embora não confesse abertamente seus sentimentos para não ferir a esposa amada, intimamente não consegue perdoar. Dessa maneira, fixando a mente na cena e na lembrança odiosa do assassino, a ele se ligou. A cada dia, envolvido pelos pensamentos rancorosos de Ludwig, mais e mais vai minando suas possibilidades de resistência. Ao dormir, seu espírito sai do corpo no desejo de ver Ludwig para poder gritar-lhe todo o rancor, toda a angústia de seu coração.

"Temos mantido aqui severa vigilância procurando evitar que se digladiem fisicamente. Não podemos, contudo, impedir que, sintonizados na mesma faixa mental, permutem energias destruidoras."

Comovido, retruquei sincero:

— Denizarth é um moço bom. Passou pela guerra sem se contaminar na crueldade e no ódio!

— É verdade. Mas, não podemos nos esquecer de que todos nós guardamos pontos fracos no sentimento e na resistência que nos podem conduzir à queda...

— Tem razão... — concordei, perdido por instantes em reminiscências dolorosas. — Mas, é assim que Deus nos fortalece o espírito, oferecendo-nos ocasiões de lutar e de vencer.

Naquele instante a comitiva assistencial voltava trazendo Denizarth com carinhosa atenção. Com infinito carinho, Hans, que os acompanhara, ajudou a acomodá-lo novamente no corpo, alisando-lhe a fronte com ternura, e murmurou-lhe ao ouvido:

— Dorme em paz, paizinho querido. Nós estamos aqui. Jesus nos abençoe.

O espírito de Denizarth acomodou-se novamente no corpo profundamente adormecido.

Miss Lee aproximou-se de Hans, aconchegando-o com carinho:

— Muito bem, meu filho. Agora temos que ir. Ficarão dois assistentes aqui. Amanhã voltaremos. Há algumas providências a tomar, por isso, viremos mais cedo.

Reunimo-nos prontamente e iniciamos a viagem de volta. A noite se findava e tênue claridade prenunciava os primeiros albores do amanhecer, mas, ainda brilhavam as estrelas convidando-nos à admiração e ao respeito pela beleza sublime das obras da Criação.

CAPÍTULO XXIX
O SUBLIME PERDÃO

Passava das doze horas quando no dia seguinte retornamos ao lar de Denizarth. Sentado em uma confortável poltrona na sala de estar, nosso tutelado saboreava uma chávena de chá. Pela sua fisionomia, notava-se o esforço que fazia para parecer melhor e mais alegre. Porém, a palidez de seu semblante bem como as olheiras denunciavam sua exaustão.

Ana e Karl procuravam animá-lo. O menino falava animadamente, tentava interessá-lo pelo lado alegre da vida, descrevendo fatos pitorescos e travessuras de seus companheiros escolares. Notava-se, entretanto, que no ambiente havia vibrações de tristeza.

Denizarth nos pareceu ligeiramente melhor. Ele esforçava-se por melhorar a cada dia.

Todavia, o cordão escuro ainda permanecia ligado a seu coronário, anulando e destruindo os pensamentos de melhora.

— Vamos trabalhar — disse *miss* Lee. — Laura, pode começar.

Laura aproximou-se de Ana, colocando a mão sobre sua fronte. De seu tórax partiam jatos de luz enquanto dizia-lhe ao ouvido:

— Vá à casa de Gisele, é preciso. Há necessidade de sua ajuda!

Ana lembrou-se de Gisele. Sua cunhada era tão boa! Tinha tanta ascendência sobre o irmão... e se fosse procurá-la?

Levantou-se. Um pensamento de desânimo a acometeu. Tantas vezes Gisele vinha visitá-lo! Tudo inútil. Ele a tratava com carinho, mas não melhorava. Para que incomodá-la? Sentou-se novamente.

Laura continuou sussurrando-lhe ao ouvido:

— Vá, Ana. Desta vez será diferente. Nós precisamos dela. É preciso fazer uma reunião aqui!

Ana tornou a erguer-se. "E se desta vez fosse diferente?", pensou. "E se fizessem novamente uma oração em conjunto?"

Tomou a resolução, foi a seu quarto, apanhou a bolsa.

— Vai sair? — indagou Denizarth com voz fraca.

— Sim. Preciso fazer uma compra. Volto logo. Karl lhe fará companhia, não me demorarei. Karl, se sua avó perguntar, diga--lhe que venho logo.

Miss Lee, voltando-se para mim, pediu:

— Vá com elas.

Saímos. Acomodamo-nos no automóvel de Ana. Laura abraçava carinhosamente a jovem senhora, cujo abalo era evidente.

Ana suportara exaustivas lutas com coragem, mas, agora também se encontrava próxima da exaustão. Temia que o marido, arrastado pelo desequilíbrio que a cada dia mais se acentuava, tal qual acontecera ao irmão, enveredasse pela violência e pela tragédia.

Pelos seus belos olhos, lágrimas rolavam copiosas. Não culpava ninguém. Contudo, pensava com amargura: "É a guerra!"

A guerra que, um a um, crestara seus sonhos de felicidade e de paz. Envenenara os dias de sua mãe, matara seu pai, transformara seu irmão em um louco e lhe roubara o direito à paz mesmo depois de tudo ter terminado.

Chegamos. Enxugou os olhos vermelhos e tocou a sineta da porta. Entramos.

Gisele, vendo-a, abraçou-a com carinho:

— Ana! O que aconteceu?

— Preciso de sua ajuda. Não posso mais!

Assustada, Gisele acomodou-a em um sofá. Bertrand tomou-lhe o pulso:

— Você está muito nervosa. O que houve?

Na fisionomia dos dois liam-se a preocupação e o desgosto.

— É Denizarth. A cada dia está definhando. Mal se alimenta. Quase não dorme. Desculpe-me o desabafo, mas é que me venho contendo há muito tempo. Tenho procurado sorrir diante dele. Perdeu o gosto de viver, está triste e abatido. Queria pedir-lhes que nos ajudassem.

— Certamente, Ana. Iremos. Tenha calma. Deus não desampara ninguém. Devemos confiar, ter esperança.

— Vocês são espíritas. Acham que ele ficará bom?

— Tenho fé. Porém, Ana, a Deus pertence o futuro. Se ainda não o permitiu, é certamente porque Denizarth necessita passar pelas provações regeneradoras. Mas, nós jamais poderemos perder a esperança — respondeu Bertrand com seriedade.

— Hoje mesmo iremos até lá — completou Gisele com voz suave. — Hoje à noite.

Senti-me comovido. Gisele, embora preocupada com o irmão querido, não se deixara envolver pelos pensamentos enfermiços de Ana. Envolvia a cunhada em pensamentos de amor e eu senti uma vontade imensa de ajudar. Olhei para a enfermeira Laura, que assentiu com um sorriso.

Aproximei-me de Gisele com delicadeza. O trabalho mediúnico sempre me infundiu profundo respeito. Liguei-me a ela e procurei transmitir-lhe novas energias. Gisele continuou:

— Ana, desejo também pedir-lhe ajuda! Não deixe que a amargura e o desânimo tomem conta de seu coração valoroso. Os pensamentos negativos minam nossa resistência física, envenenando e destruindo nossas possibilidades de alegria e equilíbrio. Confiemos em Deus, que guiou nossos passos mesmo quando parecia que tudo estava perdido, que nos sustentou nos momentos difíceis e não nos há de faltar agora. Pense em quantos perigos Ele desviou de todos nós, preservando-nos a vida, reunindo-nos para juntos encontrarmos o caminho da redenção. Não, Ana. Não chore mais. Coragem. Vamos lutar, plantando o bom ânimo, e Deus nos levantará.

Ana, como que tocada pelas vibrações de amor de Gisele, aos poucos foi se acalmando e murmurou confundida:

— Estou envergonhada. Deus tem sido bom para nós, apesar de tudo. Devolveu-me Denizarth quando eu mais precisava dele. Não nos há de desamparar agora.

Gisele abraçou a cunhada com carinho:

— Muito bem, Ana. É assim que quero vê-la. O desespero, a revolta, o desânimo retratam nossa falta de fé na Providência Divina. Neste mundo, os sofrimentos são inevitáveis por representarem precioso recurso de aferição de nossos valores morais e por permitirem o nosso reajuste com as leis de Deus que tantas vezes nas múltiplas encarnações vividas já transgredimos. Contudo, o amparo do Pai não nos abandona em nenhum momento. Saibamos orar e esperar. Haveremos de vencer!

Nossas companheiras já se haviam aproximado e vibrávamos intensamente, transmitindo energias restauradoras a Gisele, que nos servia de instrumento. De seu tórax partiam formosos e coloridos raios luminosos que penetravam no plexo cardíaco de Ana, que suspirou aliviada.

— Só de vir aqui, de desabafar, já me sinto melhor.

Retirei a mão da cabeça de Gisele. A reunião ficara marcada para logo mais à noite e Ana, preocupada com o marido, apressou-se em regressar. Voltamos com ela. Íamos satisfeitos. Nossa pequena missão fora cumprida e Ana regressara mais refeita, o que facilitaria a tarefa.

É impressionante a força do pensamento otimista. Se os homens entendessem o valor da confiança em Deus, do cultivo constante da alegria no bem, lutariam para varrer da mente o menor pensamento depressivo. Não deixariam de forma alguma que eles se instalassem em seu íntimo anulando as possibilidades de progresso espiritual e abalando o equilíbrio da saúde física. Mas os homens não sabem ainda, apesar de Jesus haver ensinado a orar e vigiar e tantos espíritos do bem darem seu testemunho ensinando-nos a higiene mental.

Um dia todos entenderão e lutarão valorosamente para libertar-se da obsessão e da angústia.

O importante era plantar a semente, porquanto Deus a fará germinar em momento oportuno.

Ao chegarmos à casa, *miss* Lee, satisfeita com os resultados de nossa comitiva, começou os preparativos para a reunião noturna. Pouco depois, alguns companheiros humildes, dedicados ao trabalho de limpeza do ambiente, entraram em ação.

Empunhavam curiosos aparelhos que aspiravam as formas escuras que gravitavam na sala. Estabeleceram pequeno campo de força no local onde mais tarde se realizaria a sessão. Foi com esforço conjunto que o conseguimos. Para mantê-lo, havia necessidade de constante vigilância e mentalização dos trabalhadores desse setor que, concentrados e em preces, sustentavam e mantinham o ambiente que, aos poucos, foi se tornando mais delicado e luminoso.

O pai de Denizarth, apesar de confortado pela fé, não alimentava muitas esperanças quanto à cura do filho. "A guerra deixara sua marca", pensava ele, pedia resignação e forças a Deus. Quanto à sua mãe, naqueles dias, esquecera completamente sua antipatia para com a Doutrina dos Espíritos. Não que a aceitasse, mas, seu amor pelo filho deixava-a desesperada. Dentro dessa dor, condescendia em aceitar e participar da reunião como tentativa extrema, sem, no entanto, alimentar esperanças. Trazia o coração cheio de pensamentos depressivos e angustiosos.

De todos, só Ana, sustentada por nossos companheiros nas vibrações de otimismo, colaborava conosco.

Com olhos brilhantes, recebeu os cunhados apertando a mão de Gisele com força e sussurrou-lhe ao ouvido:

— Gisele! Será esta noite! Há algo no ar que me faz confiante e otimista!

Gisele sorriu.

— Sim, Ana. Ajude-nos com pensamentos positivos. Eu também sinto que nossa reunião hoje será especial.

Enquanto se preparava no lar a mesa para o início da reunião, a movimentação de nosso lado era intensa. Mas, um pouco antes dos nossos amigos encarnados se sentarem ao redor da mesa, o assistente encarregado da direção de nossas atividades já se dera por satisfeito, e reunidos nos preparávamos em prece e concentração.

Sentaram-se em torno da mesa. Bertrand com voz comovida iniciou a prece:

— Senhor Jesus, Mestre generoso, humildemente rogamos proteção. Sentimos que sempre nos tem assistido, mas, Senhor, não temos tido condições e forças para nos manter sob Sua tutela amorosa, espíritos enfermos que somos, inseguros e fracos. Temos errado muito, Senhor, temos nos afastado das leis santas do Criador. Por isso, sofremos e nos emaranhamos nas provações sem fim. Entretanto, Senhor, agora desejamos nos libertar desse passado doloroso. Almejamos alçar voo rumo aos planos superiores da vida! Aspiramos, Mestre, ser felizes para sempre, na renovação e no progresso da vida maior. Sustenta-nos nas horas de provação e de luta para que não venhamos a perder o fruto de anos e anos de trabalho incessante, no momento mesmo de colhê-lo! Dai-nos forças para manter acesa a chama viva da fé, resignados e fortes, ainda quando tudo e todos estejam aparentemente contra nós. Ainda que a dor nos atormente. Piedade, Senhor, para nossos inimigos! Ajuda-nos a perdoar do fundo de nossas almas como na hora extrema o Senhor perdoou a seus algozes. Abençoa-nos e ampara-nos agora e sempre!

Estávamos calados e comovidos. Do coração generoso de Bertrand saíam vigorosos jatos de luz que subiam até nós, envolvendo-nos com amor e bem-estar, facilitando a tarefa dos sustentadores do meio ambiente, que vigilantes trabalhavam para conseguir melhor padrão de vibração e de limpeza.

Eu estava afeito a esse gênero de trabalho, mas, pensava na surpresa dos homens se pudessem ver o que acontecia naquele momento.

Hans, a um sinal do assistente Aurélio, postou-se ao lado de Denizarth junto a *miss* Lee. A fisionomia de Denizarth não se modificara. As vibrações luminosas que o envolviam, selecionadas pelos auxiliares socorristas, não conseguiam penetrar a camada viscosa de fluido cinzento-escuro que o envolvia.

Aurélio aproximou-se colocando a mão sobre o córtex cerebral e começou a trabalhar com segurança e rapidez:

— Vou tirá-lo do corpo — disse com voz serena.

Nesse instante, *miss* Laura acercou-se de Gisele, colocando a destra em sua testa:

— Vamos orar em pensamento — disse a jovem senhora.
— Nossos companheiros querem ajuda e prece. Pensamento firme voltado a Deus em benefício de Denizarth.

Notamos que todos procuraram orar mentalmente, cada um dentro de sua forma usual, mas com o mesmo desejo de ajuda ao ente querido. Em poucos segundos, a cabeça de Denizarth pendeu, e um pouco atordoado e sonolento seu espírito largou o corpo e veio para nosso lado. Contudo, não conseguia registrar senão a presença de *miss* Lee. Olhou-a e teve um gesto de medo:

"É o pesadelo", pensava ele. "A guerra de novo."

Ela sorriu e olhando-o fixamente falou:

— A guerra acabou, Denizarth. Estamos em paz. Viemos ajudá-lo.

Ele registrou as palavras e conseguiu balbuciar:

— Ajudar-me? Ninguém pode.

— Deus pode — lembrou *miss* Lee com certa firmeza.

— Talvez eu não mereça — volveu ele sucumbido.

— Talvez não — respondeu ela com seriedade.

Habituado ao aconchego e ao carinho familiar, Denizarth não esperava essa resposta. Olhou-a surpreendido. Pareceu-nos mais lúcido e mais desperto.

— Você não merece mesmo. Durante muitos anos Deus o tem assistido com Sua misericórdia e proteção. Quantas vezes salvou-lhe a vida durante a guerra? Quantas vezes preservou seu equilíbrio mental nas lutas dolorosas nas quais foi envolvido? Quantas vezes lhe permitiu conhecer Suas leis de amor e abeberar-se da luz da vida maior, arrancando o véu da sobrevivência do espírito, comprovando sua existência para fortificar sua fé? Quantas alegrias lhe reservou preservando-lhe a família e permitindo que todos pudessem viver reunidos e amparando-se mutuamente? Que mais quer você?

Chamado a brios, Denizarth abandonou um pouco a depressão e a pena de si mesmo e começou a pensar em defender-se. Apesar de seus sofrimentos, havia algo nele que se comprazia em ser uma vítima.

Com serena energia, *miss* Lee continuou:

— Imagine os sofrimentos de seus companheiros que morreram no campo de luta e que, ainda hoje, dementados e enlouquecidos, estão nos hospitais de recuperação? E os que perderam a família e os bens na guerra, e na miséria enfrentam o drama da solidão? A dor dos que mutilados e cegos, neuróticos e angustiados, sentem-se morrer a cada dia? Você não relacionou ainda todas as bênçãos que Deus lhe concedeu?

Denizarth olhou-a envergonhado. De repente, um brilho de mágoa reluziu em seu olhar:

— Não posso esquecer o crime! Não posso — gemeu ele contorcendo-se em pranto. — Hans, meu filho, meu filho... Aquele assassino! Assassino!

Nesse instante entrou na sala uma figura sinistra: Ludwig.

Trazia os olhos esgazeados e o peito sangrando horrivelmente. Um cheiro nauseante se desprendia, determinando providências urgentes para conservação do ambiente.

Vendo-o, Ludwig trincou os dentes de ódio. Emanações escuras e destruidoras partiam de seu pensamento na direção de Denizarth, que imediatamente foi envolvido por uma camada de energia protetora e isolante.

Envolto pelo magnetismo dos assistentes de nosso plano, Ludwig foi colocado ao lado de Gisele, que amparada por duas enfermeiras preparava-se para o trabalho edificante da mediunidade.

Ludwig, semiconsciente, apenas podia vislumbrar a figura de Denizarth. Colocado ao lado de Gisele, cujas forças o atraíam como um ímã, colou-se a ela, sentindo renovar sua vitalidade.

O rosto de Gisele contorceu-se e seus olhos abriram-se desmesuradamente. Levou a mão ao peito e bradou com voz rancorosa:

— Hei de pegá-lo agora! Hei de matá-lo de vez!

Apavorado, Denizarth quis retornar ao corpo adormecido.

— Tenha calma — respondeu *miss* Lee com serena energia. — Confiemos em Jesus e oremos ao Pai por esse infeliz.

Envolvido pela força mental dela, Denizarth pareceu aquietar-se um pouco.

Alçando o punho cerrado, Ludwig, utilizando-se do corpo de Gisele, bramiu:

— Por que foge o covarde? Um dia teremos que acertar nossas contas. Um dia... Hoje é o dia. Eu pude voltar, ninguém poderá impedir-me. Venha, covarde traidor, e tome seu corpo para que face a face possamos nos enfrentar.

Denizarth não se conteve. Atraído por uma força violenta, mergulhou no corpo adormecido, fazendo-o estremecer. Ainda emocionado, olhou a fisionomia transtornada de Gisele e assustado viu o rosto de Ludwig a fitá-lo com rancor.

Ludwig desejava atirar-se sobre Denizarth, mas ao seu redor fora criado um campo de força do qual ele não podia sair.

— Se não me tivessem amarrado, certamente eu poderia pegá-lo de uma vez. Soltem-me, covardes, e verão!

Tomada de profunda emoção, Ana chorava. Seu irmão falava em alemão, voltara do túmulo para continuar a sua implacável perseguição. Sem compreender bem o que ele dizia por meio de Gisele, Bertrand pediu-lhe que se pronunciasse em francês, o que ele pareceu não escutar. Ana, preocupada, foi traduzindo suas palavras para os demais. Denizarth encontrava-se indeciso e preocupado. As palavras de *miss* Lee calaram fundo em seu coração. Afinal, a figura horrenda de Ludwig, dementado e infeliz, deveria inspirar-lhe mais piedade. Ao mesmo tempo, o corpo de Hans, caído em uma poça de sangue, antepunha-se a esses pensamentos de compreensão, deixando-o confuso e traumatizado.

— Vamos orar por ele pedindo a Deus que possa esclarecer-lhe a mente enferma — tornou Bertrand penalizado.

Voltando-se para ele, continuou: — Por que tanto ódio em seu coração? Por que tanta angústia?

Ouvindo outra voz, Ludwig calou-se por alguns segundos. Depois continuou:

— Quem está interferindo em nosso ajuste de contas?

Já agora Gisele, assistida por uma das enfermeiras, podia traduzir o pensamento de Ludwig falando em francês.

— É um amigo que deseja ajudá-lo.

— Bah! Não acredito. Não tenho amigos franceses. Isso é uma cilada!

— Engana-se. Veja como você está doente, ferido, precisamos socorrê-lo.

Ludwig permaneceu silencioso alguns instantes. Depois tornou:

— Estou ferido, mas ainda posso lutar!

— Para quê? Não acha que a guerra já causou muitos sofrimentos? Não será melhor trabalharmos em favor da paz?

— Paz! Só a aceitarei quando a Alemanha dominar o mundo! Voltaremos ainda e então todos se curvarão diante de nós!

— A violência leva à destruição e à morte! Não gostaria de esquecer? Você não gostaria de perdoar e repousar em um hospital para tratamento?

— Não posso ainda. Preciso vingar-me!

— Por que insiste nisso? Não vê que essa insistência aumenta seu sofrimento?

Era verdade. Podíamos observar que, quando falava em vingança e ódio, a ferida de seu peito sangrava de novo.

— Terei forças para liquidar o inimigo. Quero pegá-lo. Traidor imundo... Invadiu-me o lar honesto. Roubou-me a honra da família, trabalhou sempre na destruição de meu país. Não satisfeito queria roubar-me os entes queridos! Víbora perversa... Eu o destruirei!

— Você matou Hans — tornou Denizarth, sem poder controlar-se. — Por que feriu uma criança inocente?

Havia profunda angústia em sua voz. Ludwig estremeceu:

— Criança imprudente! Não queria matá-la. Postou-se na frente no momento exato em que eu iria matar você! Mas, isso não me impedirá de fazê-lo agora, assim que me soltarem.

— Acalme-se, Denizarth. Deixe-me conversar com ele — pediu Bertrand. Voltando-se para Ludwig, continuou: — Não lhe pesa na consciência esse crime?

Ludwig pareceu perturbado:

— Ele era um dos nossos. Não queria matá-lo... Não queria... Não tenho culpa. Nem sequer o tinha visto!

— Não acha que diante de Deus terá que responder por esse crime?

Ludwig enfureceu-se:

— Não é você que vai julgar-me! Tenho pena só de não ter conseguido meu intento. Por isso, vim. Tenho esperado a cada minuto poder estar frente a frente com ele! Desta vez é definitivo! Se não estivesse amarrado!...

Lágrimas escorriam pelos olhos de Denizarth. Tanto ódio fazia-o sentir-se profundamente deprimido. Sentia-se culpado pela morte do menino. Fora ele que, com seus atos, dera origem ao desequilíbrio de Ludwig. Hans fora vítima indefesa dessa tragédia.

Vendo-o sucumbido pela dor sem oferecer nenhuma resistência, Ludwig procurou tirar proveito da situação. Sentia-se novamente forte fisicamente, parecia que suas energias estavam renovadas. Quis atirar-se sobre Denizarth, mas, não tendo ainda uma vez conseguido sair do campo de força que o trazia retido, procurou atirar sobre seu inimigo todo o seu potencial de ódio enquanto dizia:

— Você foi o culpado, único culpado da morte do menino. Não lhe pesa esse crime na consciência? Você o matou com sua covardia!

Apesar do esforço, uma nuvem escura partiu da mente de Ludwig em direção a Denizarth. *Miss* Lee, rapidamente, orou em voz alta e conseguiu isolar nosso tutelado. Apenas um pouco daquela energia letal o atingiu, deixando-o em franco mal-estar.

Laura aproximou-se de Bertrand pedindo orações e imediatamente o ouvimos dizer comovidamente:

— Senhor Jesus! Assisti-nos nesta hora. Quando nossos argumentos são impotentes para esclarecer; quando nossos corações são tão pobres e pequenos para poder ajudar; quando nos sentimos todos culpados por nossos erros, recorremos a Vós. Derramai sobre nós Vossa misericórdia para que possamos aprender convosco a amar e a perdoar! Apagai, Senhor, as chamas enegrecidas do ódio e permiti que a compreensão nos ilumine a alma! Socorre-nos, Jesus! Socorre nosso irmão dementado! Vós, que acalmastes a tempestade, acalmai também as tempestades das almas sofredoras que ainda não aprenderam a perdoar!

Sentimo-nos comovidos. Bertrand orava com calor e suas palavras eram emitidas com profunda sinceridade.

Nesse instante, um espírito de mulher entrou na sala. Vinha abraçada a uma enfermeira, mas sua cabeça estava nimbada de luz. Refletia emoção nos belos olhos azuis.

Conduzida ao lado de Ludwig, alisou-lhe a cabeça com indizível carinho:

— Meu filho! — chamou com voz serena. — Meu filho. Vim buscá-lo!

Ludwig, apesar de enraivecido, estremeceu ao som daquela voz:

— Quem me chama? — indagou assustado.

— Sou eu, meu filho. Vim buscá-lo! — repetiu ela. — Olhe para mim, Ludwig.

A um sinal de *miss* Lee, nós vibramos intensamente para que ela pudesse tornar-se visível para ele:

— Mãe! — bradou Ludwig angustiado. — Quer levar-me para a morte?

— Não. Quero devolver-lhe a vida! Venha comigo. Esqueça as lutas do mundo! Esqueça o ódio que destrói seu coração. Venha comigo!

— Não posso — bradou ele angustiado. — Preciso acabar com ele!

— Perdoe, meu filho! Perdoe e iremos para um lugar de renovação e progresso. Lutaremos juntos e eu o ajudarei a subir passo a passo os degraus da redenção!

Ludwig, envolvido pelas vibrações amorosas que partiam daquele coração dedicado, pareceu modificar-se. Um lampejo de lucidez perpassou-lhe o olhar de alucinado e logo bradou aterrorizado:

— Mãe! Quero ir com a senhora... Leve-me para que eu possa encontrar a paz!

— Sim, meu filho — tornou ela, acariciando-lhe a fronte. — Tal como quando você era criança e eu o agasalhava em meus braços!

Ludwig esforçou-se por deixar Gisele e abraçar-se ao espírito de *frau* Eva, mas não conseguiu romper o emaranhado de fios escuros que o ligavam a Denizarth. Apavorado, Ludwig tornou:

— Não posso. Estou preso, sou um assassino!

Em sua mente novamente a cena do crime, o corpinho de Hans estendido no chão em uma poça de sangue!

— Eu matei um inocente! Um dos nossos! — tornou ele, sentindo de maneira insuportável a consciência de seu crime. — Não posso, não mereço! Preciso ser castigado!

Profundamente comovido, Hans não se conteve. Aproximou-se de seu ensandecido assassino e orou sentidamente suplicando a Deus ajuda para Ludwig.

Lágrimas comovidas rolavam-lhe pelas faces e, diante de nós, seu espírito transfigurou-se em luz. Suas vibrações amorosas envolviam a figura dementada de Ludwig, que por momentos, pôde vislumbrar-lhe a figura iluminada.

— Ele vive! — bradou. — Ele vive! Perdoe-me... Perdoe-me!

Vendo Gisele cair em pranto, Denizarth, que como os outros encarnados, apenas ouvia o que Ludwig dizia por intermédio de Gisele, sentiu-se estremecer.

Percebendo que ele se referia a Hans, pensou angustiado: "Meu filho! Você está aí!".

Hans olhou Ludwig com bondade e lhe disse:

— Eu o perdoo. Nunca lhe guardei rancor. Mas, peço-lhe o perdão para meu pai adotivo! Perdoe e você se libertará.

Ludwig, tocado por seu olhar bondoso e envolvido por suas vibrações amorosas, baixou a cabeça envergonhado. Depois disse por entre lágrimas:

— Se você me perdoa, a mim, que sem nenhuma razão lhe tirei a vida, como poderei odiar? Mãe, ajude-me a esquecer! Quero descansar! Por agora não quero mais lutar. Eu perdoo... Eu quero perdoar!

Hans aproximou-se de Denizarth, que pressentindo a sua presença rogava a Deus a felicidade de vê-lo. Unimos nossas energias em favor de Denizarth, que imerso em profunda concentração, conseguiu finalmente divisar a figura querida. Hans estendia-lhe os braços e sorria!

— Estou vivo! Papai, perdoe Ludwig. Eu precisava partir, era minha hora! Perdoe para que ele se liberte e você possa reconquistar a felicidade! Eu lhe rogo, papai, perdoe!

Denizarth foi sacudido por grande emoção. Com voz entrecortada pelos soluços, bradou:

— Sim, Ludwig. Eu o perdoo. Vá em paz.

Tal foi sua sinceridade que imediatamente os fios negros que o uniam ao cérebro de Ludwig desapareceram e quase inconsciente, Ludwig pôde ser conduzido por algumas enfermeiras de nosso plano para um hospital sob os cuidados amorosos de sua mãe que, comovida, depositou um beijo nas faces de Denizarth e de Ana.

Cabeça sobre o peito, Denizarth, sacudido pelos soluços, não conseguia expressar seus sentimentos.

Hans estava vivo! Hans suplicara seu perdão para Ludwig. Sentia-se envergonhado. Fora fraco e inseguro. Crente das verdades da vida espiritual, procurara divulgá-las confortando quantos encontrasse pelo caminho. Entretanto, submetido ao testemunho doloroso, fracassara na fé e no entendimento! Como estivera cego!

Comovidos, todos nós continuávamos em preces agradecidas ao Pai pela libertação daquelas almas sofredoras. Aos poucos, o ambiente completamente modificado absorvia as vibrações confortadoras que das esferas superiores se derramavam sobre todos nós, provindas da infinita bondade do Pai.

Aos poucos, Denizarth foi serenando, envolvido pelas emanações suavíssimas daquele instante de oração. Profundamente comovido, a um pedido de *miss* Lee acerquei-me de Gisele. Fora encarregado da alocução final daquela memorável noite. Consciente de minhas deficiências naturais, orei ao Senhor e, envolvendo Gisele com carinhoso respeito, comecei:

— Prezados amigos, Jesus vos abençoe. Confiemos na justiça de Deus! Todo sofrimento representa valiosa aquisição de experiência para nosso espírito, principalmente na conquista da paciência e do amor, da humildade e da fraternidade legítima que transformará o mundo em um só país na coexistência pacífica e no entendimento, no respeito ao idioma, à bandeira de cada grupo, eliminando as guerras e transformando o homem por dentro, abrindo-lhe o entendimento na construção do bem comum e à livre iniciativa de trabalho e de progresso.

"Trabalhemos, meus amigos. Respeitemos as leis civis que disciplinam a sociedade, mas, acima de tudo procuremos respeitar e divulgar as leis morais, únicas possíveis de transformar o homem e torná-lo fraterno e bom.

"Procuremos compreender que os criminosos do mundo, bem como aqueles que fomentam a indústria da guerra para haurir proventos materiais, são doentes cegos que um dia serão arrastados no torvelinho de sangue que sua inconsciência estabeleceu, sofrendo por sua vez, na própria carne, todos os malefícios que fizeram.

"A divina justiça é indefectível. Saibamos compreender e perdoar! Nós erramos muitas vezes. Como poderemos julgar? Aprendamos a construir o bem dentro de nós mesmos e ele se refletirá ao nosso redor, multiplicando-se em bênçãos sobre todas as criaturas que nos cercam.

"Sobretudo, cultivemos a fé. O otimismo vence barreiras intransponíveis e a alegria representa poderoso tônico para a alma.

"Trabalhemos! Juntos, sob a égide do Cristo, levemos sua mensagem de amor e de paz ao coração sofrido da humanidade, que, apesar das conquistas dos segredos da natureza, não aprendeu ainda a balsamizar o próprio coração.

"Trabalhemos e que Jesus nos abençoe!"

Calei-me. Sentia-me envolvido por forte vibração de entusiasmo e de esperança. Meus companheiros, orando em silêncio, aureolados de luz suave, emitiam energias diversas que convergiam para mim, que por um processo natural retransmitia-as a Gisele, cujo coração irradiava jatos de luz de cores diversas que penetravam no coronário dos presentes e percorriam todos os seus centros de força.

Bertrand, em comovida prece, encerrou a reunião e, quando as luzes se acenderam, Ana olhou o marido com amor.

Denizarth, embora um tanto pálido, sorriu com alegria. Ana correu para ele, abraçando-o com ternura:

— Denizarth, Deus ouviu minhas preces. Agora tudo acabou.

Denizarth beijou-lhe as faces com emoção:

— Engana-se, Ana. Estive cego. Agora acordei. Foi neste instante que tudo recomeçou. Estou envergonhado, mas não derrotado. Fracassei uma vez, mas, de hoje em diante, trabalharemos pela compreensão entre os homens. Propagaremos o Evangelho de Jesus!

Observei madame Lefreve, que, sentindo o olhar do marido preso ao seu, procurou disfarçar sua adesão à doutrina consoladora que sempre recusara. Pigarreou e tornou com significativo sorriso:

— Vou à cozinha preparar um café. Todos nós precisamos de um.

Compreendendo a razão de sua saída, a risada foi geral. E nós, agradecidos e alegres, nos preparamos para o regresso.

Saímos olhando o grupo familiar reunido e sereno e sentimo-nos felizes. Como é bela a vida! Como é reconfortante o perdão, o sentimento de paz e o entendimento!

Quando os homens compreenderão isso?

E o céu crivado de estrelas parecia-nos responder que tudo virá a seu tempo, que o universo é infinito, e incomensurável é a glória de Deus.

Lucius

FIM

GRANDES SUCESSOS DE
ZIBIA GASPARETTO

Com 19 milhões de títulos vendidos, a autora tem contribuído para o fortalecimento da literatura espiritualista no mercado editorial e para a popularização da espiritualidade. Conheça os sucessos da escritora.

Romances
pelo espírito Lucius

A força da vida	O matuto
A verdade de cada um	O morro das ilusões
A vida sabe o que faz	Onde está Teresa?
Ela confiou na vida	Pelas portas do coração
Entre o amor e a guerra	Quando a vida escolhe
Esmeralda	Quando chega a hora
Espinhos do tempo	Quando é preciso voltar
Laços eternos	Se abrindo pra vida
Nada é por acaso	Sem medo de viver
Ninguém é de ninguém	Só o amor consegue
O advogado de Deus	Somos todos inocentes
O amanhã a Deus pertence	Tudo tem seu preço
O amor venceu	Tudo valeu a pena
O encontro inesperado	Um amor de verdade
O fio do destino	Vencendo o passado
O poder da escolha	

Sucessos
Editora Vida & Consciência

Amadeu Ribeiro

A herança
A visita da verdade
Juntos na eternidade
Laços de amor
O amor não tem limites
O amor nunca diz adeus
O preço da conquista
Reencontros
Segredos que a vida oculta vol.1
A beleza e seus mistérios vol.2
Amores escondidos vol. 3
Seguindo em frente vol. 4

Amarilis de Oliveira

Além da razão (pelo espírito Maria Amélia)
Do outro lado da porta (pelo espírito Elizabeth)
Nem tudo que reluz é ouro (pelo espírito Carlos Augusto dos Anjos)
Nunca é pra sempre (pelo espírito Carlos Alberto Guerreiro)

Ana Cristina Vargas
pelos espíritos Layla e José Antônio

A morte é uma farsa
Almas de aço
Código vermelho
Em busca de uma nova vida
Em tempos de liberdade
Encontrando a paz
Escravo da ilusão
Ídolos de barro
Intensa como o mar
Loucuras da alma
O bispo
O quarto crescente
Sinfonia da alma

Carlos Torres

A mão amiga
Passageiros da eternidade
Querido Joseph (pelos espírito Jon)
Uma razão para viver

Cristina Cimminiello
A voz do coração (pelo espírito Lauro)
As joias de Rovena (pelo espírito Amira)
O segredo do anjo de pedra (pelo espírito Amadeu)
Além da espera (pelo espírito Lauro)

Eduardo França
A escolha
A força do perdão
Do fundo do coração
Enfim, a felicidade
Um canto de liberdade
Vestindo a verdade
Vidas entrelaçadas

Floriano Serra
A grande mudança
A outra face
Amar é para sempre
Almas gêmeas
Ninguém tira o que é seu
Nunca é tarde
O mistério do reencontro
Quando menos se espera...
A menina do lago

Gilvanize Balbino
De volta pra vida (pelo espírito Saul)
Horizonte das cotovias (pelo espírito Ferdinando)
O homem que viveu demais (pelo espírito Pedro)
O símbolo da vida (pelos espíritos Ferdinando e Bernard)
Salmos de redenção (pelo espírito Ferdinando)
Cheguei. E agora? (pelos espíritos Ferdinando e Saul)

Jeaney Calabria
Uma nova chance (pelo espírito Benedito)

Juliano Fagundes
Nos bastidores da alma (pelo espírito Célia)
O símbolo da felicidade (pelo espírito Aires)

Lucimara Gallicia
pelo espírito Moacyr

Ao encontro do destino
Sem medo do amanhã

Márcio Fiorillo
pelo espírito Madalena

Lições do coração
Nas esquinas da vida

Maurício de Castro
Caminhos cruzados (pelo espírito Hermes)
O jogo da vida (pelo espírito Saulo)

Meire Campezzi Marques
pelo espírito Thomas

A felicidade é uma escolha
Cada um é o que é
Na vida ninguém perde
Uma promessa além da vida

Priscila Toratti
Despertei por você

Rose Elizabeth Mello
Como esquecer
Desafiando o destino
Livres para recomeçar
Os amores de uma vida
Verdadeiros Laços

Sâmada Hesse
pelo espírito Margot
Revelando o passado

Sérgio Chimatti
pelo espírito Anele
Lado a lado
Os protegidos
Um amor de quatro patas

Stephane Loureiro
Resgate de outras vidas

Thiago Trindade
pelo espírito Joaquim
As portas do tempo
Com os olhos da alma
Maria do Rosário

**Conheça mais sobre espiritualidade
com outros sucessos.**

 vidaeconsciencia.com.br  /vidaeconsciencia  @vidaeconsciencia

ZIBIA GASPARETTO
Eu comigo!

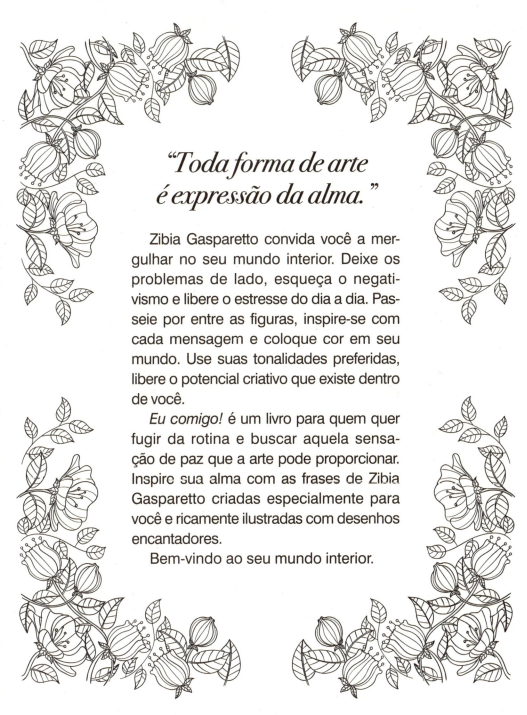

*"Toda forma de arte
é expressão da alma."*

Zibia Gasparetto convida você a mergulhar no seu mundo interior. Deixe os problemas de lado, esqueça o negativismo e libere o estresse do dia a dia. Passeie por entre as figuras, inspire-se com cada mensagem e coloque cor em seu mundo. Use suas tonalidades preferidas, libere o potencial criativo que existe dentro de você.

Eu comigo! é um livro para quem quer fugir da rotina e buscar aquela sensação de paz que a arte pode proporcionar. Inspire sua alma com as frases de Zibia Gasparetto criadas especialmente para você e ricamente ilustradas com desenhos encantadores.

Bem-vindo ao seu mundo interior.

www.vidaeconsciencia.com.br

Rua das Oiticicas, 75 — SP
55 11 2613-4777

contato@vidaeconsciencia.com.br
www.vidaeconsciencia.com.br